唐シルクロード十話

LIFE ALONG THE SILK ROAD

スーザン・ウィットフィールド
山口静一〈訳〉

白水社

チベット軍を打破して敦煌に帰還する張議潮将軍

「フェンタの父は昔、フェンタを連れて……洞窟の壁画を見に行ったことがあった。壁画の一つに、勝利を収めた将軍とその軍勢を描いた絵があった。」（本文228ページ）〈The Dunhuang Academy, China〉

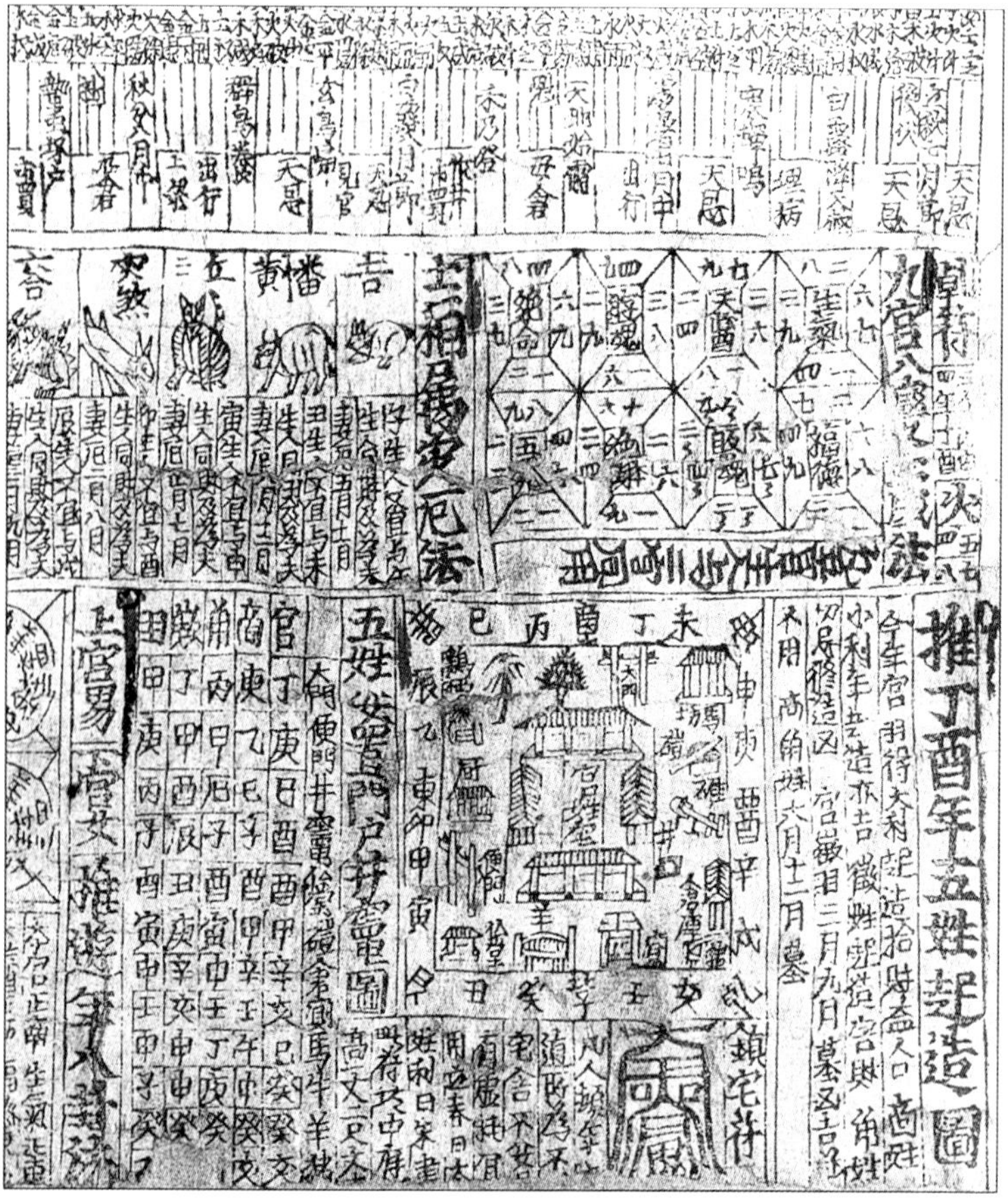

暦

「フェンタが熱心に調べた877年版の暦の中段には……十二年周期の動物たちが描かれていた……下段には護符と地卜の解説があった。」(本文235ページ) 〈Ⓒ The British Library〉

唐シルクロード十話

サー・オーレル・スタインの
シルクロード発掘を記念して、
またエドワード・シェーファー教授の
同様に厳密な研究上の発掘を記念して。
本書の公刊は各氏によって発見された
貴重な遺物に負うところがきわめて大きい。

First published in 1999 by John Murray Ltd.

This translation published by arrangement with
John Murray Ltd., London through The English Agency (Japan) Ltd.

唐シルクロード十話✣目次

装丁　小泉弘

はしがき

本書は包括的な史書ではなく、西暦七五〇年から一〇〇〇年までの間の東方シルクロードの特質や登場人物を一瞥させることを目的としたものである。この期間の異なった時代に生きた十人の人物を中心に置き、それぞれの個人的体験を通してその歴史を物語らせてある。物語は二百五十年間にわたっており、きわめて複雑な歴史を分かりやすくするため、話はもっぱら少数の重要な政治的事件を中心とし、一人ないし数人の目を通してそれを物語らせた。重複を故意に避けなかったのは、読者の多くがおそらくこの地域、その民族、文化、また歴史に親しんでいないだろうと考えたからである。

登場人物の生活上の事件はすべて同時代の資料に依拠した。人物のうちの数人――皇女、画家、尼僧、役人、寡婦――は実在した。しかし彼らの現存する伝記といっても、生活上の事件記録から二、三の古文書に散見するわずかな言及にすぎぬものまでさまざまであり、そのため人物の性格を「借用」し、他の人物の生活から抜き取った細部でその人物を肉づけした。人物像はこの意味ではすべてが合成的産物である。

これらの物語がシルクロードに沿った生活の多様さを示すものであるとはいえ、すべてが中国的見方に立っている。これは一つには第一級資料の多くが中国語で書かれているためであり、また一つには私が中国史を専門に研究してきたためでもある。たとえば最後の四話はすべて、名目上中国支配の下に置かれた時代の敦煌の町にまつわる話である。しかしまた中国は西暦最初の一千年の初めから終わりまで続いた唯一の帝国で、イスラムが東方シルクロードに版図を拡大する以前は、その文化の多くを中央アジアから輸入していた。このことがこれらの物語に反映されていればよいと思う。

　このような著書は、もし他の研究者の成果に依存することがなければ、とうていまとめることはできなかった。以下、英語で書かれたきわめて重要な著作のうちから少数のみを挙げておきたいと思う。実はそれ以外に中国、日本、フランス、ドイツ、ロシア、インドおよびアメリカの研究者たちの論文でここに謝辞を捧げねばならぬものは少なくないが、これらはより学術的な著作を出版したときその脚注に挙げたいと思う。筆者がとくに参考としたのは、Valerie Hansen, *Negotiating Daily Life in Traditional China : How Ordinary People Used Contract, 600-1400*（Yale University Press, New Haven and London, 1955）; Gregory Schopen, *Bones, Stones and Buddhist Monks*（Yale University Press, New Haven and London, 1995）; Stephen Teiser, *The Scriptures of the Ten Kings and the Making of Purgatory in Medieval Chinese Buddhism*（University of Hawaii Press, Honolulu, 1994）; および Sarah E. Fraser, *Performing the Visual : The Wall Painting in Tang China*（未刊）である。これらの著書によって本書のもっとも魅力ある登場人物の何人かを、とくに寡婦アーロン、尼僧院長ミャオフ、役人チャイ・フェンタ、画家トゥン・パオテを存分に活躍させることができた。上記四書はすべて最高の学術的研究であるが、同時に一般読者にもたいへん読みやすく、私のもっとも推薦したい著書である。

　またその研究論文、個人的助力、支援、特殊な問題への助言に対し、次の方々にも謝辞を申し述べたい。John and Helen Espir, Anne Farrer, Sarah Fraser, Jill Geber, Janice Glowski, Hao Chunwen, John Huntington, Graham Hutt, John Kiesnic, Charles Lewis, Burkhard Quessel, Ursula Sims Williams, Tsuguhito Takeuchi, Muhammed Isa Waley, Rong Xinjiang, Frances Wood, Marianne Yaldiz の諸氏である。とりわけ疲れを知らぬわが編集者 Gail Pirkis 氏、およびつねに助力を惜しまぬ、忍耐強いわがパートナー Anthony Grayling 氏に感謝したい。

略図

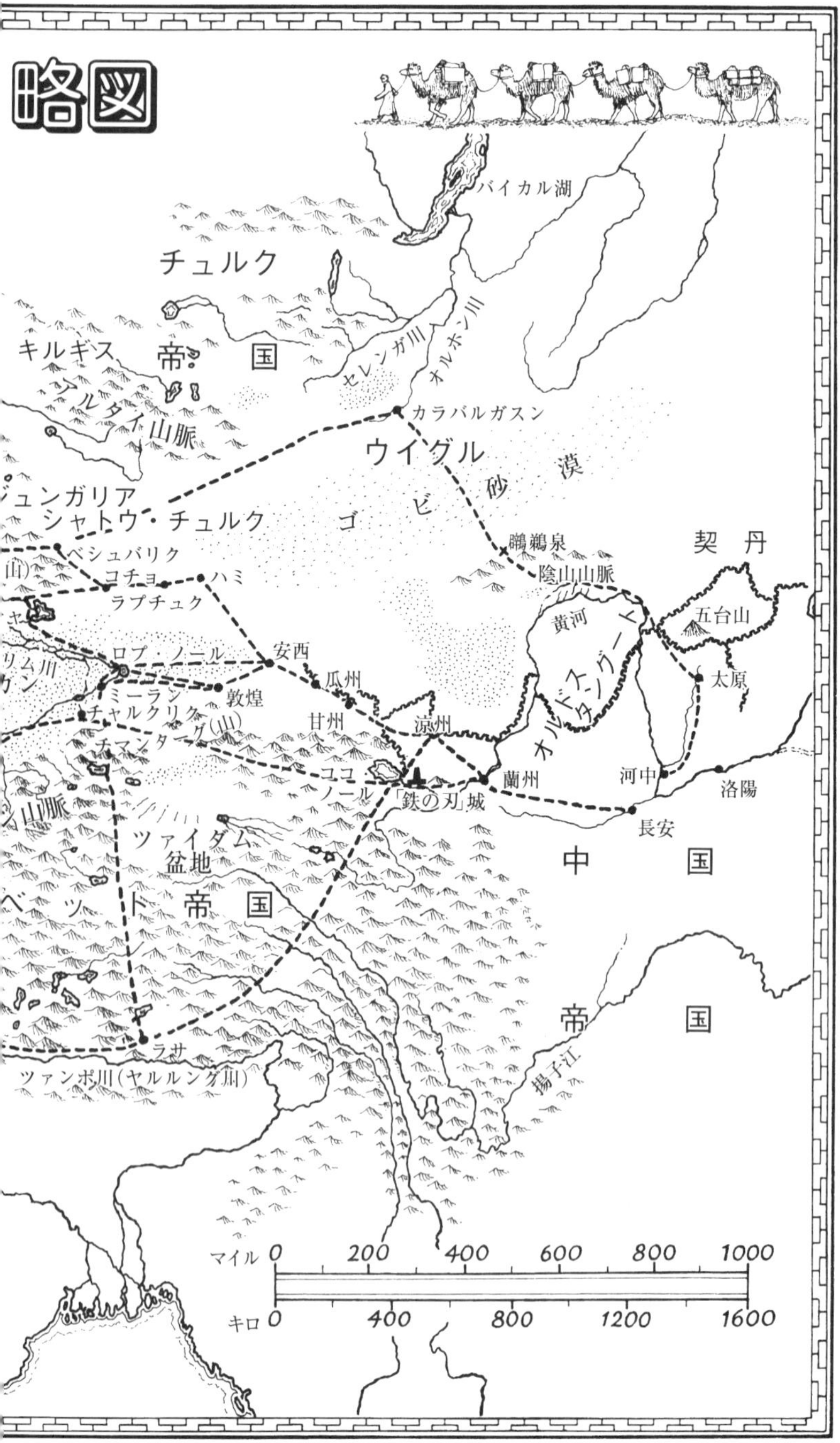

バイカル湖
チュルク
キルギス
帝 国
アルタイ山脈
セレンガ川
オルホン川
カラバルガスン
ウイグル
ゴ ビ 砂 漠
ュンガリア
シャトウ・チュルク
ベシュバリク
コチョ
ハミ
ラプチュク
鸊鵜泉
陰山山脈
契 丹
黄河
五台山
オルドス
タングート
太原
リム川
カン
ロプ・ノール
安西
瓜州
敦煌
ミーラン
チャルクリク
チマンターグ(山)
甘州
涼州
ココ・ノール
「鉄の刃」城
蘭州
河中
洛陽
長安
山脈
ツァイダム盆地
ベ ッ ト 帝 国
中 国
帝 国
揚子江
ラサ
ツァンポ川(ヤルルング川)
マイル 0 200 400 600 800 1000
キロ 0 400 800 1200 1600

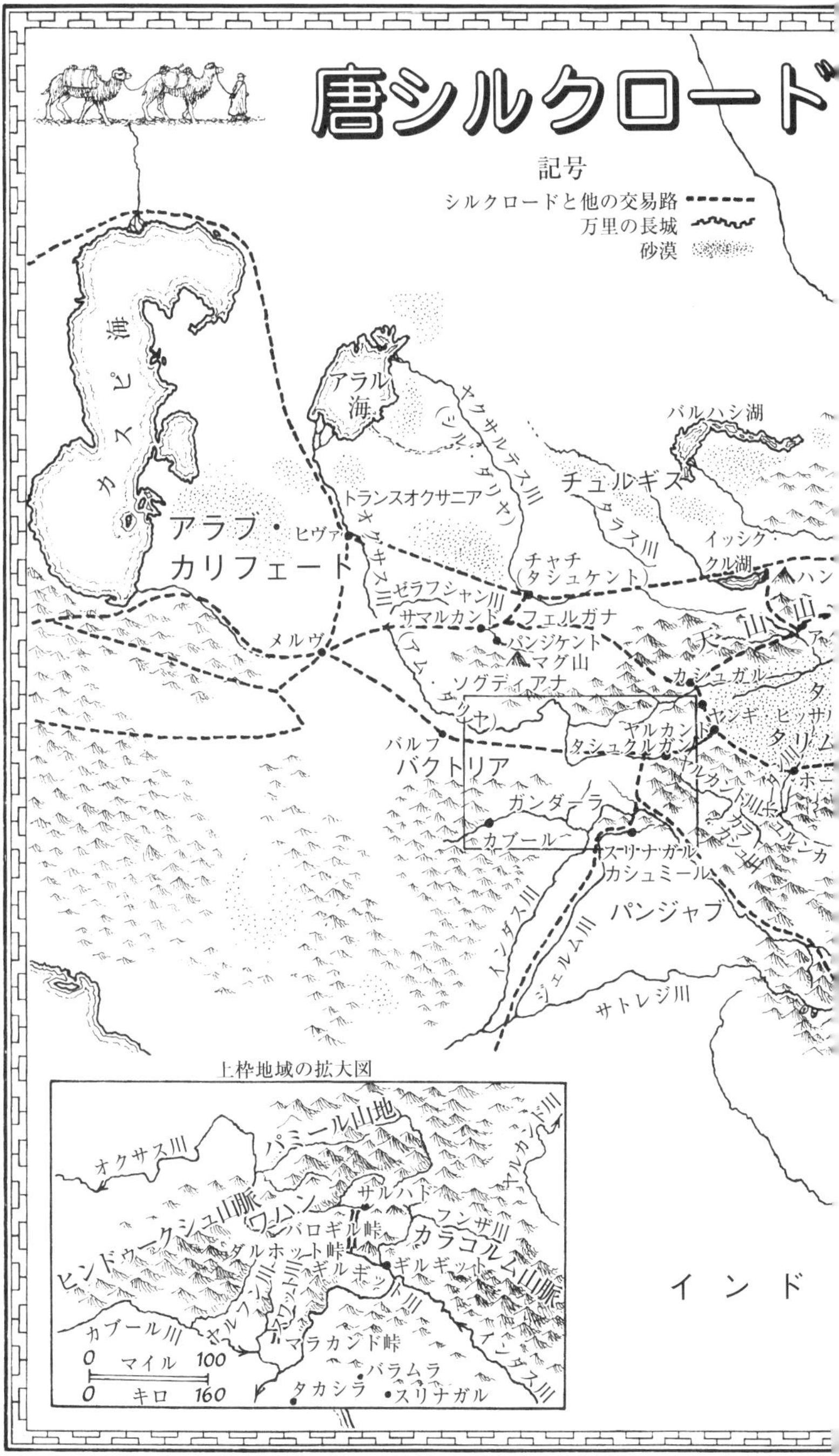
唐シルクロード
記号
シルクロードと他の交易路
万里の長城
砂漠
カスピ海
アラル海
アラブ・カリフェート
ヒヴァ
トランスオクサニア
ヤクサルテス川（シル・ダリヤ）
チュルギス
バルハシ湖
タラス川
イッシク・クル湖
チャチ（タシュケント）
ゼラフシャン川
サマルカンド
フェルガナ
パンジケント
マグ山
メルヴ
天山
カシュガル
ソグディアナ
ヤンギ・ヒッサル
ヤルカンド
タシュクルガン
バルフ
バクトリア
タリム
ヤルカンド川
ガンダーラ
カブール
スリナガル
カシュミール
パンジャブ
インダス川
ジェルム川
サトレジ川
インド
上枠地域の拡大図
オクサス川
パミール山地
ヤルカンド川
サルハド
ワハン
バロギル峠
ダルホット峠
ヒンドゥークシュ山脈
フンザ川
カラコルム山脈
ギルギット
ギルギット川
カブール川
マラカンド峠
バラムラ
タカシラ
スリナガル
インダス川
0 マイル 100
0 キロ 160

プロローグ

中央アジアといえば近隣の文明の境界線からはみ出した地域と思われるように、否定的に定義されるのが普通である。しかし、もし近隣諸国の年代記やこの地を通過した旅行者の記録を通してその総体を知ることができるならば、この地を文明も文化も育たない、都市も造営されず自身の歴史も形成されぬ遊牧民の土地、あっという間に消滅してしまうはかない地域であり続けたと考えるのは、誤りだと気づくであろう。過去百年間に出土した多くの証拠によって、まったく新しい歴史が明らかになっている。

中央アジアの戦略的な重要性は、その制圧を目指して戦った近隣文明諸国によって疑われたことはなかった。紀元後最初の千年間、世界の帝国の多く――アラブ、中国、チュルク、チベット――が東方ユーラシアに自分たちの基地をもった。本書が語るのは彼らの目を通して見た中央アジアの物語である。しかしこの物語の材源は十九世紀まで埋没していた。この時期、まったく別の二帝国――ロシアとイギリス――がこの地域の砂漠と山岳で雌雄を争い、軍事的、政治的使節が中央アジアに派遣された。その跡を追って、砂中の埋もれた都市から出土する貴重な遺物の話に魅せられた考古学者たちが続いたのである。

これら植民地考古学者たちの行為の当否について現在の人々がどう考えようと、彼らの作業があったればこそ本書の物語を語り得るのであり、彼らの発掘物によってはじめて研究者たちは中央アジアの歴史を再構築する意欲を与えられ、現在に引き継がれているのである。またおそらく、それが機縁となって中央アジアに多くを負っている東方の帝国は、近代におけるこの地域の重要性について再考し始めたと考えられる。一九三〇年代以降、東方中央アジアの考古学的作業の大部分は中国主導の踏査隊によって実施され、インドはムガール人の住んだ土地にますます関心を示し、ペルシアの後継国は東方中央アジアをパン・イスラム共和国に統合しようとする意欲を強めた。しかし今世紀初頭における考古学者、探検家たちの生国は、ドイツ、ハンガリー、ロシア、イギリス、フランス、スウェーデンおよび日本だった。

本書の地理的フォーカスは中央アジアの東西全域——カスピ海から中国まで伸びる広大な地域——ではなく、その東半分すなわち現在のウズベキスタン東部に当たるサマルカンドの地から、長安すなわち現在の中国西安まで。南北はだいたい今日のモンゴリア北辺からヒマラヤ山脈までである。サー・オーレル・スタインはこの地域の中心部を踏査した、おそらくもっとも高名な二十世紀初頭の考古学者だったが、この地域をフランス語から造語してセリンディア（「セル」はセレスすなわち中国の意）と名づけ、二大文明に挟まれた地域であることを示した。

その地理的領域……は、西はパミール山地から東は太平洋分水界まで広がる広大な排水なき地帯のほとんど全域から成り、一千年近くにわたって、交易と政治的浸透によって導入された中国文明と、仏教の普及するインド文化との、特殊な合流地を形成していた。

この地には道路のネットワークが縦横に走り、この道を通って商人、傭兵、僧侶その他の人々が旅行した。このネットワークを総称して簡略に「シルクロード」（十九世紀のドイツ人フェルディナント・フォン・リヒトホーフェン男爵の命名）と呼ぶが、実際は一本の道があるわけではなく、商人の運ぶ荷にはシルク以外に塩、羊毛、ジェードその他さまざまの商品が含まれていた。このシルクロードの最西端はソグディアナと呼ばれ、西のオクサス川（アム・ダリヤ）、東のパミール山地に挟まれた地域である。シルクロードの中央部はタリム盆地で、ここは西のパミール山地、東の敦煌に挟まれた低地の砂漠地帯を示す地理的名称。東端は甘粛回廊（近代中国の同名の省の名から名づけられた）で、西の敦煌から東の長安まで続いている。

スタインがこの地域を初めて旅行したのは一九〇〇年。長年にわたる準備と予備調査の末だった。彼はすでに二十年も前に、ハンガリー遠征隊の一員だったローツィ伯爵から考古学的成果の可能性に関する報告を聞いていた。スタイン自身もハンガリー生まれだったが、のちにイギリスの国籍を取得し、インド考古学測量研究所に所属していた。彼の三回にわたる中央アジア踏査の記録は謙虚で控え目な表現だが、旅行と踏査に対する彼の強い情熱があふれている。

スタインは北インドから出発し、カシュミールとヒンドゥークシュおよびパミール山地を通った。これは紀元後の一千年間に仏教の僧侶が取ったルートである（「僧侶の話」参照）。実際、これら僧侶のひとり玄奘はスタインを駆りたて、かつガイドとなった。玄奘は七世紀に、中国版仏教聖典にない経典を求めて中国からインドへ旅した。帰国してから十五年後に、彼は旅行で立ち寄った土地の様子を記述した旅行記を書いた。それがスタインばかりでなく、当時の、またその後の多くの人々の想像力をかきたてた。その旅行を小説にした物語は中国でベストセラーになり、伝統的な中国のオペラに編成され、つづいて映画化され、漫画となり、テレビ番組となっている。

スタインは玄奘の記述によって、発掘した数百の砂漠の廃墟のうち多くを中国の年代記に書かれている町の名と一致させた。砂漠の考古学は特殊な問題を提起する。まとまった地層がないので年代の確定は、残存する建物の建築上の特徴、現場で出土した遺物の様式や古文書などを手がかりにしなくてはならない。しかしながら砂漠は一つの利点を提供してくれる。その乾燥した砂によって、出土した遺物、とくに他の多くの地域ではとうに腐朽しているはずの有機的遺物（死骸、布地、木材、紙）の保存状態がきわめて良好なことである。スタインの発掘した数万点におよぶ遺物――木片や親指の爪ほどのシルクの断片までも含めて――はほとんど全品にわたって、彼自身の記した正確な出土地のマークが付けられている。われわれはこれによって、現在ブリティッシュ・ミュージアムに収蔵されている赤と黒の漆を塗った革製の鎧かたびらが、ミーラン城塞東側城壁の内側第三番目の部屋から出土したことを知ることができる。また、その遺蹟から出土したチベット文書と中国の史的記録によって、この城塞が八世紀後半チベット軍によって構築され守備されていたこともわかるのである（「兵士の話」参照）。

しかし発掘品のすべてが真物であるとはかぎらなかった。一八八〇年代以降カシュガル駐在のイギリスとロシアの領事が購入した写本と木版文書の真偽に関してスタインが疑念を抱いたのは、一九〇〇年の彼の最初の踏査旅行のときだった。スタインは主要な売人イスラム・アフンを追求して厳しく尋問した結果、ついに彼を追いつめて前後矛盾する回答を引き出した。イスラム・アフンは事が露見したことを知ると、文書はすべて偽物で、彼とその仲間が土地の紙をブラック・ポプラの樹液で染め火に焙って古色を出したものだとスタインに自白した。ヨーロッパの学者たちはその文字を解読するのに十年以上を費やし、これを従来姿を現わさなかった未知の言語と考えた。実はまったく逆で、それが虚構の偽物だったことがイスラム・アフンの自白で明らかになったのである。

イスラム・アフン一味の詐欺行為が成功したのは、それまでほとんど発掘されたことのない砂漠の廃墟から真物の古文書が実際大量に出土したからだった。これらは多様な言語で書かれ、なかにはたとえばカロ－シュティー文字（サンスクリット語、プラクリット語、ガンダーリ語のようなインド諸言語の書写用に用いられた）のようにインド北部と中央アジアに特有な文字も含まれていたが、これらは学者たちをとくに驚かすものではなかった。驚かしたのはその数量と古さと内容だった。スタインの発掘した文書類は三万点近くに達し、その内容は二、三のかすれた文字のみが残る紀元前二世紀の木片から、七世紀の職人が作った、もとのシルクの紐と巻軸をそっくり具えた、保存のすばらしい長さ七〇フィートの巻子《かんす》にまで及んでいる。そのなかには、マニ教の祈禱書類や戦争によって故郷遠くに取り残されたソグディアナ商人の手紙類、またロバ、料理用の鍋、作付用の穀類などの借用契約書類、儀礼所の役人の作った時候挨拶文の見本、詩文、初級教科書、訴状、処方箋、暦、春本、中国皇帝の告辞、その他さまざまのものがある。

これら文書類がもっとも豊富に出土したのは、現在の中国甘粛省敦煌の郊外にある仏教洞窟寺院の一小窟だった。この窟は仏教経典や仏画の宝庫で、四万点以上の文書類を収蔵していた。これが封印されたのは十一世紀（誰が封印したかは不明）だったが、一九〇〇年に偶然発見された。一九〇〇年、発見の噂を聞いてスタインが到着したとき、洞窟寺院の管理者はすでに写本と絵画の何点かを土地の役所に提出していたが、喜んで馬車数台分の文書をわずかな金額で譲渡してくれた――彼は寺院内の他の数百の窟を飾る壁画や彫像の修理費を集めようとしたのだった。スタインのあとを追うようにして、当時高名なフランス人中国学者ポール・ペリオが到着した。彼は残りの文書をすべて調査した（と主張している）あと、管理人を説得し、また馬車数台分を買収した。そのあと中国政府は、窟に残ったすべてを首都北京に移送する命令を出した。しかし不思議なことに、文書が政府教育部に収蔵されたあと何点かが姿を消した（これはのちに教育部に勤務する中国人愛書家のコレクションのなかから出てきた）。それでもなお、数年後日本とロシアの調査隊が敦煌に到着したとき、まだ写本の売りものがあった。スタインも一九一三年に近隣の町でさらに六〇〇点の巻子を購入している。これら後期の入手品のうち、はたして何点が偽物であるかは、いまだに鑑定が終わっていない。

敦煌文書の重要性は、いくら強調しても強調のし過ぎということはない。もしこの文書がなかったら、本書も存在しなかったであろう。私は第一にこの文書を用いてシルクロードに生きた人々の生活の再構成を試みたが、第二次的研究成果に負うところも多かった。敦煌文書の研究は専門の研究分野——敦煌学——を生み、大学の諸学科、研究雑誌、学会、およびこの研究に献身的な数百人の中国、日本の学者たちを擁している。敦煌から出土した文書の大半は中国語だが、チベット語もかなり多い。この町は最初のミレニアムは中国とチベット双方の支配下にあった。この洞窟はとくに仏教経典の貯蔵所だったように思われるが、経典のなかにはまったく別の目的で使用した紙の裏側に書かれたものもあり、当時の紙不足を示している。したがって仏教とは無関係の文書もあり、これらは一般男女の日常生活を覗くことができる点で中国の記録のなかでもユニークな存在となっている。たとえば寡婦アーロンの裁判（「寡婦の話」参照）に関する文書によってわれわれは、女性に土地を所有する権利があったこと、敦煌が子供をさらう盗賊に脅かされていたこと、そして法律制度がかなり整っており——少なくともこの場合は——司法の面で機能していたように思われること、などを知ることができる。

本書はまた、中国語以外の諸言語で書かれた研究や材源にも依拠している。たとえば敦煌文書のなかに古代チベット王の年代記が含まれていたにもかかわらず、初期チベット帝国史の研究が始められたのはごく最近のことである。ソヴィエト主導で、ソグディアナのパンジケント調査隊が「商人の話」で述べる驚嘆すべき壁画装飾を明らかにした。またアラブ使節の記録はウイグル帝国の貴重な詳細を提供してくれた。その他同時代の記録で今は現存していないもののあることは残念である。たとえば中国の兵士が七五一年アラブ軍の捕虜となりダマスカスまで護送されたのち、七六二年帰国して書いたという記録である。（この話は現代中国人の研究書に引用され、はじめてその存在が知られるようになった。）

以下の物語は紀元七三〇年に始まり、十世紀の最後の年すなわち最初のミレニアムの最後の年まで続く。これは任意に選んだ期間ではない。古代チベット史に関する基本的研究書で知られるクリストファー・ベックウィズはつぎのように指摘している——

八世紀中葉に……根本的変化が生じた。これはユーラシアのすべての帝国に見られる政治的叛乱の成功が共通の特徴だった。なかでもカロリング王朝、アッバース王朝、ウイグル・チュルクおよび反唐王朝〔すなわち反中国〕の叛乱の場合がもっとも顕著で、いずれもそれぞれの国の歴史のなかで大きな分水界をなしていると考えるのが妥当である。重要なことは、そのすべてが中央ユーラシアと密接に関連していたように思われる点である。

叛乱はすべて七四二年から七五五年の間に生じ、つづいて商業と文化が驚異的に発展して偉大なコスモポリタン都市の基盤を与えた。この急速に発展した時代に生きた人々の生活を本書の物語で述べることにする。しかし、それは多様なシルクロードの生活の一端にすぎず、たとえばマニ教徒や何人かの仏教徒は登場するが、ネストリウス派の教徒、ユダヤ教徒、イスラム教徒は登場しない。これらの選択は入手し得る材源と著者の知識の限界によるものである。

物語が十世紀末をもって終結するのは、この時期人々の交易に対する関心が海上ルートに向けられたためである。すでに何百年も前からインド人、インド・マレイ人の商船がインド東海岸の港市から中国南部の広東に向けて往来していた。紀元前二世紀からペトラを基地とするギリシア、ついでローマのキャラヴァンが紅海沿岸の港市からインドに向かい、のちにスパイス・ロードと呼ばれる交易路を形成していた。その後アラブ人、ペルシア人は引きつづきこの交易を続け、チグリス川の河口からペルシア湾まで航行している。八世紀、九世紀までには中国南部に広く人々が移住して、海港はかなりの数の外国人を擁するコスモポリタン都市として繁栄した。商船は帆と櫓を使う大型の船で、すでに羅針盤を用いて航行の指針としていた。（インドを中継する中国とアラビア間の交易は、ヨーロッパ人が参入する十五世紀後半にはまだ活発だった。しかしこの頃中国は遠くアフリカ沿岸まで遠征隊を送り、使用した船舶はヨーロッパのそれよりもはるかに大型だった。しかしこれは本書の扱う範囲を逸脱することになる。）

物語の始まる八世紀後半は陸路のシルクロードが支配的であり、この時代の事件を理解するためにはその歴史的背景をある程度大まかに捉えておく必要がある。以下は、当然ながら概念的な記述であり、この時代の中央アジアの歴史は複雑に絡み合って進展する権力闘争の連続が特徴であって、その詳細をここで語り尽くすことはできない。

われわれが中央アジアのことを知るのは歴史書の書かれる以前、主として遊牧民族の戦士たち——ヒッタイト人、ギリシア人、スキタイ人、スラヴ人、ゲルマン人、ケルト人——からで、彼らはウマを飼いならし戦車を発明したのち、紀元前三千年以来ヨーロッパとアジアの大部分を征服するようになった。やがて騎乗するようになってつねに戦場で優位を保ち、紀元前一千年の初めの頃には脚でウマを制御し、腕は自由に武器を振るうことができるようになった。中央アジア史のもっとも古い文献はこの頃から始まっている。ギリシアの歴史家ヘロドトスは紀元前五世紀に中央アジアのスキタイ人のことを書き、アレクサンダー大王はその一世紀後サマルカンドを越えインダス川渓谷に沿ってインドに進撃したが、このような初期の歴史はまだ推論的段階を脱していない。確実なことといえば、すでに交易上のルートが出来上がっていたこと、中央アジアに大きな都市居住区が存在していたこと、農業・鉱業・製造業・冶金学および商業が十分に発達していたことである。たとえば紀元前一五〇〇年の中国製シルクがバクトリア(現在のアフガニスタン)で発見されており、スキタイ人はアルタイ山脈産出の金製品を作っていた。またわれわれは中央アジアを横断する、あるいは中央アジアからヨーロッパへの民族大移動があったことを知っている。アーリアン民族はすでに紀元前一五〇〇年にインドに移動しており、さらに東進しておそらくタリム盆地に入ったのはその後の五〇〇年以内のことだった。民族移動は紀元後の最初のミレニアムに入っても続く。フン族が(アッティラに率いられて)ヨーロッパに到着したのは五世紀、チュルク族がアナトリア(現在のトルコ)に移動したのは紀元一〇〇〇年以前、そしてもちろんモンゴルが西漸してヨーロッパに押し出したのは十三、十四世紀である。

これら民族の発祥地が東か西か、またその後裔はどこにいるかは必ずしも解決不可能な問題ではないが、まだ不確定な要素が多い。もし組織的に発掘すれば多くの回答の得られそうな考古学的遺物もまだ豊富に残されている。中央アジア西部はソヴィエト占領時代には大いに研究が進められたが、多くの遺物は現在紛争の地――とくにパキスタン北西部とアフガニスタン――にあり、あるいは資料不足のため未調査のままに残されている。

紀元前三世紀の終わりから、中国帝国の建設とそれに続く版図の拡大とともにより組織的な文献が現われ、考古資料にそれほど依拠する必要がなくなった。この頃には、漢王朝の下に新たに統一を果たした中国と、中国の北西オルドス地方の「匈奴」と呼ぶ民族の作る帝国とは別に、数多くのシルクロードの列強が存在していた。いくつかのインド＝ギリシア系王国がオクサス川渓谷から北インド――アレクサンダー大王のなごり――にまで広がっていた。インドのマウリア王朝はヒンドゥークシュ山脈の南側を支配し、その領土はパンジャブ地方とタカシラ（現在のパキスタン領内、イスラマバードのすぐ西に位置する）を含んでいた。またパルティア人は現在のイランを支配し、月氏――おそらくスキタイ人――は甘粛回廊を制圧していた。そのほかタリム盆地と、南方チベット高原にも、多くの独立王国が存在していた。

しかし次の数百年間、この状況は激変することになる。ちょうど十九世紀「グレート・ゲーム」のエージェントたちが中央アジアに対する幅広い文化的関心の時代の先駆けとなったように、紀元前二世紀の中国の使節張騫が中央アジアの財宝に対する自国政府の関心に火を点じた。同世紀、匈奴は南部、東部に移住し、月氏と呼ばれる民族を駆逐して強大な帝国を形成した。この国は駿足の騎馬隊によって維持され、中国の漢王朝にも認識されていた。（匈奴の騎馬術に対抗して中国は戦闘用にそれまでの長衣に代わってチュニックとズボンを採用し、また騎兵隊も増強されている。）紀元前一三八年、張騫は前漢の武帝の命により、中国の匈奴との戦いで月氏の援助を引き出すために派遣された。この使命は失敗に終わったが、張騫はいわゆる「西域」――中国における中央アジアの呼称となったもの――に関する重要な情報を携えて帰国した。西域三十六の城壁都市の詳報、その財宝、その交易を含む情報だった。その結果、現存の交易ルートはさらに拡大し正規の外交的接触が始まった。

この時期から後の中央アジア史に関する難問は資料不足によるものではなく、文献の大部分が周辺諸帝国の歴史家の著述であり、したがって外見のみが捉えられている点である。これに依拠するのは、大西洋の生活をヨーロッパとアメリカの生態研究によって調査することに似ている。さらに比喩を拡大して、もし中央アジアを大洋と考えるならば、それは複雑に絡みあったさまざまな潮流の流れる海である。海水が絶えず周囲の陸地を侵蝕して周辺に地理的変化が形成される。これらの変化は陸地深くに影響を与えることがあり、とくに洪水で新しいもの——文化、宗教、思想——が流入し古いものが洗い流されるときに著しい。またときには海流が遠方の地域にまでものを運び、ちょうどメキシコ湾流の暖流がイギリスに温暖な気候を与えるように、これらの地域に長期的変化をもたらすこともある。

司馬遷とその父が編成し紀元前九〇年ころ完成した中国最初の歴史書は、中国的観点から中央アジアを語っている。中国は自らを文明国、周辺の国々——つねに朝貢国と記述される——を野蛮国と見なした。しかし実は、匈奴に始まって中国はつねに軍事的に優勢な隣国と、ときにはチベットのように文化的にも洗練された国と戦わなければならなかった。紀元前一〇八年匈奴と中国との間の和平協定の条文には、たとえば前漢の皇帝は匈奴の支配者に皇女を送って結婚させること、また黄金やシルクなどを毎年匈奴の王に贈ることが定められている。明らかに軍事力のバランスは匈奴が優勢であったにもかかわらず、中国の史家は彼らをたんなる従属国と述べている。しかしこの時期以降、両国の間には正規の交易が始まった。その頃月氏はさらに西進してバクトリアに移住しており、その地で張騫が彼らを見たのは紀元前一三八年のことだった。（張騫はその十年前から匈奴に捕えられ、幽囚中に結婚させられて一人の息子をもうけていた。）彼らの移住はそれまでヒンドゥークシュ山脈の北側を支配していたインド゠ギリシア系の王たちの多くを駆逐する結果となるが、一〇〇年後になると山脈の南側の王たちも勢力を失った。カシュミールの東方、現在のパキスタン領、アフガニスタン領にあった王国のインド゠ギリシア系およびマウリア王朝の支配者たちも、ギルギット川とスワット川の渓谷（「僧侶の話」参照）を通って来襲したサーキャ族（スキタイ人）やヒンドゥー・スンガ王朝によって同じように駆逐された。

紀元前一二一年、匈奴の貴族が前漢に亡命したことがあり、その後中国は甘粛回廊の支配権を獲得した。この時期から中国は西方タリム盆地の諸王国に侵入し、さらにパミール山地を越えてフェルガナにまで版図を拡大する。しかし匈奴は現在のモンゴリアの地域で、紀元前四八年内紛のため南北に分裂するまで強大な勢力を保った。南の匈奴は前漢の統治下にあったオルドス地域に移動し、北の匈奴は紀元後九三年、中国と南匈奴と他の民族の連合軍によって結局撃滅された。勝利した連合軍の一つシャンビ（鮮卑）族は今日のモンゴリアの支配権を握る。匈奴の一部は敗走して西に移動、その子孫はのちにアフガニスタン、インド、ローマ帝国に居住するようになる。バクトリアの月氏は紀元一世紀の初め、その臣従民族の一つクシャン族によって再び国土を追われた。クシャン族はその後勢力を、南はヒンドゥークシュ山脈を越えてパンジャブ地方にまで、東はカシュミールまで拡大した。

したがって二世紀の終わりまでには中央アジアの様相は激変している。匈奴の帝国はすでに消滅してシャンビ族の帝国に変わり、やがて同様に恐るべき国に成長する。中国の帝国は崩壊寸前にあり、五八九年まで一人の指導者によって統一されることはなかった。インド＝ギリシア系の王国もほとんど消滅し、それに代わったクシャン族もまた崩壊寸前だった。タリム盆地もチベットも寸断状態だった。

つぎの五〇〇年間がシルクロード諸国の主要な文化的、政治的変動の時期であった。はるか西方のイランではササン朝がパルティア王国に取って代わり、クシャンの諸王国をも支配するようになった。ササン朝の帝王たちはゾロアスター教徒だったが、この時期はゾロアスター教ばかりでなくネストリウス派のキリスト教、ユダヤ教、マニ教がすべてイランから東漸して中国にまで及んでいる。同じ頃ヒンドゥー教と大乗、小乗の仏教が北インドで新たに確立したグプタ王国で繁栄した。仏教はすでに中国にもたらされていたが、この頃は多くの僧侶がインドと中国間を往復した。農業と牧畜に支えられていたオアシスの独立諸都市も交易の発展で繁栄した。パミール山地の西側にあるソグディアナやバクトリア、またその東側、タリム盆地の都市国家ホータン、クチャなどがそれである。ソグディアナの商人はシルクロードの全域と中国に姿を現わした。北中国はこの頃、漢王朝崩壊後南進して諸王国を建設したシャンビ系諸族に支配されていた。同じ系統のアザ族は北チベットのココ・ノール周辺地域に移動。また他の部族も漢王朝末期に続く権力の空白に乗じてこの地域に居住した。そのなかには六世紀半ばから現在のモンゴリアの地に帝国を建設するチュルク族も含まれていた。

六世紀の終わりから七世紀の初めにかけて、本書の物語に関わる時代の推移が始まる。この頃には南チベット、ヤルルング渓谷出身の諸王が、それまでチベット高原全土に分立していた諸族を統合することに成功し、ココ・ノール周辺のアザ族とはなお戦闘が続いていたが、初めてチベット帝国を形成した。六〇八年、彼らは新たに隋王朝のもとに再統一を果たした中国との外交関係を樹立する。六一八年、唐が隋王朝を引き継ぎ、九〇七年まで統治した。チュルク族の諸族は連合してモンゴリアの地域を支配していた。アラビアではマホメットにより新しい宗教が確立し、アラビアのウマイヤ朝カリフェートはダマスカスから東方への進攻を開始、七世紀半ばにはアフガニスタン、六八〇年代にはオクサス川に到達し、翌年には対岸のソグディアナを征服した。また七世紀にはカルコタ王朝がカシュミールを掌握、その版図はタカシラの西方にまで及んだ。タリム盆地では中国政府が多くの保護領を作ったが、この半自治的都市国家は絶えずチベット、アラブ、その他トゥルギスなどの諸民族から攻撃されていた。

七三〇年、シルクロードは四大帝国とその軍隊の攻撃を受けた。まずアラブ・カリフェートがトランスオクサニアの西境に侵攻。南からはチベット帝国がタリム盆地の諸都市、オルドスおよびゴビのステップ地帯、またカシュミールへのルートをまたぐパミールの諸王国の制圧を狙った。北部すなわち現モンゴリアの地は何代にもわたってチュルク系の王国が抑え、首都を現在のウランバートルの西にかまえた。そして中国は東部で、婉曲的に「西域都護」と称する地域の支配権を主張することに汲々としていた。

この物語は、その後二百五十年間の、さまざまな時期に生活した個人について述べたものである。サマルカンドの住人でナナイヴァンダクという名の商人と、チベット軍の兵士セグ・ラトンは、この時期の最初すなわちチベットと中国の両帝国がもっとも拡大していたころの人物である。七一五年、この両大国の軍はトランスオクサニアのフェルガナ渓谷で、西方から進撃する別の大帝国アラブの軍勢と衝突。アラブ侵入軍はタリム盆地のカシュガルに達し、その後中国軍によってパミール山地の西側に押し戻された。七五一年、タラス河畔（トランスオクサニア北部）における中国とアラブの再度の戦闘ではアラブ軍が勝利を収めた。これはちょうどチベット、中国両帝国とも国内の政治的激変に見舞われた時期でもあり、敗戦によって両国ともその後拡張政策をかなり縮小せざるを得なくなった。七五五年の初めチベット皇帝は大臣たちの叛乱のさなかに殺され、その後深刻な内乱が続いた。七五五年十二月には中国軍の将軍安禄山が唐王朝に対する叛乱の兵を挙げ、十年近く権力を握った。叛乱軍は中国の首都その他重要な諸都市を占拠し、君臨する皇帝を退位に追い込んだ。安禄山が最後に敗北したのは中国がウイグル族の助力を得たからだった。ウイグルのことは、自身ウイグル人だったクムトゥグにより「馬飼の話」のなかで語られる。

叛乱の十年間、中国政府は西域都護から軍隊を召還せざるを得なかったが、その虚に乗じてチベット軍はシルクロードの大部分の町の支配権を握った。その結果甘粛回廊は閉鎖され中国との交易は途絶えたが、チベットと西方の国々との他のルートは存在していた。チベットは九世紀半ばまでその支配権を維持し、その間旅行者は黄河の北を通ってウイグル領に入ることを余儀なくされ、ウイグルは彼らに多額の税金を課した。

この物語の始まるころのウイグル族は、現在のモンゴリア地域を占拠していた西チュルク帝国に臣従する多くの種族のなかの一つにすぎなかった。しかし彼らの運命は中国のそれが衰退するに従って向上することになる。彼らは西チュルクのカガン（可汗、王のこと）を退位させることに成功し、自分たち自身の帝国を建設した。それは一世紀近く存続し、その間彼らは遊牧民から大部分農耕民に変身してマニ教を信奉した。彼らもまた版図の拡大を目標とした。八世紀後期中国進攻の計画が実行されなかったのは、たんに国内の政変があったからにすぎない。北西の辺境で彼らは遊牧民キルギス族と、また南西の辺境ではトゥルギス族と戦って自国を守った。チベット、中国、ウイグルの三国はその共通の国境、とくに甘粛回廊や、黄河がチベットから北に向かいオルドスに注ぐ流域でつねに衝突を繰り返していた。「皇女の話」でタイへがウイグルの首都へ花嫁として送られるのは、モンゴル・ステップをウイグルが支配する最後の数十年間である。

西方では第四の大国、アラブのウマイヤ朝カリフェートの軍勢が、一つにはメルヴ在住のソグディアナ商人からの財政的援助によって、オクサス川を越えソグディアナとフェルガナに侵入していた。彼らもまた政変に見舞われ、七五〇年がアッバース・カリフェート成立の年となった。アラブの首都はダマスカスからまずクファに移され、ついでバグダッドになる。アラブ軍がトランスオクサニアに勢力を占めるようになると、彼らはつねにチュルギス、チベット、中国の軍隊と衝突を繰り返した。七五一年のタラス川での戦闘は、参戦した国々の国境線を急激に変更するまでには至らなかったが、それぞれの勢力の限界を確定する上で重要な意味をもった。すべての国が首都から何千マイルも離れ、険悪で、場所によっては人跡未踏の地域に遠征して戦闘に従事していた。また、すべての国が主として土地で徴発した軍隊に頼った。同じ軍隊でも時によっては別の側につくこともあり、はなはだしいときは戦闘中に敵側に寝返ることさえあった。このような事情がタラス川でアラブ軍に勝利をもたらしたものと考えられる。

この時代の後半すなわち九世紀中頃以降、ウイグル帝国は滅亡し、ウイグル人はモンゴリアのステップ地帯を追われて南東の中国領内や南のシルクロード諸都市に移動した。イスラムはマニ教をもその主要な宗教の一つに加えたため、チュルク系イスラム文化はしだいにこれら都市国家で優勢となった。この時代はまた、シルクロードの諸都市の名目上の政治的支配権が再びチベットから中国に変わり、シルクロードが交易を回復した時期でもあった。チベットでは仏教の一修道士が排仏主義の皇帝を暗殺し、その後長く内乱が続いていた。

この頃になるとチベットもすでに仏教国家となり、初期の皇帝の一人はインド僧と中国僧との間で論争させた結果、インドのタントラ仏教を推進する方針を立てた。その後チベットの主要な文化的影響は中国的というよりインド的となるが、全階層にわたって仏教が普及するのは、なお数百年後のことである。相変わらずチベットの中国と接する東の国境では小競り合いが続いたが、両帝国ともこの頃は南西パミール諸王国の支配を諦め西方拡大政策を放棄したため、アラブ勢力のなすがままになった。

中国では唐朝の国内政治不安が続いた。八八〇年代に大きな叛乱（クチャ出身の音楽師で遊女になったラリシュカが目撃し、その体験は「遊女の話」に語られる）が起こったが、唐王朝が最終的に崩壊するのは九〇七年である。その後九六〇年まで分裂の時代が続いたのち、宋王朝が政権を取る。その間、他の地方勢力が台頭して領土を蚕食する。とくに著名な民族は東北部の契丹、タングートおよびモンゴリアンだった。これらの民族はその後数百年を経て深い影響力をもつことになるが、この物語では触れていない。中国はそれまでに西域文化の影響を大きく受けていたが、いまや目を国内に向け、自国の儒教再確認を目指すことになった。しかしながら以後一千年間に、中国帝国は二つの外来王朝に支配されることになる。一方シルクロードの諸都市は名目上中国の支配下にあり、その生活は本書の最後の四話で敦煌在住者――**尼僧、寡婦、役人、画家**――が語るように平穏であった。

中央アジア史の魅力ある時代は時のシルクロードの情況次第で光輝を失うことがある。今日タリム盆地の地域はチュルク系ウイグル人と中国からの移住者で占められている。その宗教はイスラム教である。しかし本書の扱う時代には、その都市の多くはインド＝ヨーロピアン系を特色とし仏教を信奉していた。その領土が狙われ獲得されたのは、たんに数十万の甲冑に身を固めた騎馬隊で構成される軍隊によるだけでなく、同盟――婚姻による同盟を含む――と官職や物品の供与によるものだった。ルート沿いの各都市はさまざまな国の軍隊が駐屯していたとはいえ、孤立し、かつ無防備で、名目上外国の支配下にあったときでも、半ば自治的都市国家として機能していた。また、コスモポリタン的都市でもあった。そのマーケットの場所では多くの言語が聞かれ、さまざまな民族――アフリカ人、セム人、トルコ人、インド人、中国人、チベット人、モンゴル人――が見られた。またこれらの民族は多様な宗教――マニ教、ユダヤ教、ゾロアスター教、イスラム教、ネストリウス派キリスト教、なかんずく仏教――の信奉者だった。

この時期の仏教の繁栄ぶりは、カシュミール出身の僧侶チュッダおよび敦煌の尼僧院長ミャオフの物語に反映している。「寡婦の話」も仏教信者と関わっている。仏教の創始者で歴史上のブッダ（仏陀）となったガウタマは、現在のネパールとインドの国境、カトマンズの南西に居住した部族サーキャ族――すなわちスキタイ人――の王子として紀元前六世紀に生まれた（のちの名サーキャ・ムーニすなわち「サーキャ族の聖人」はこれに由来する）。贅沢と快楽に満たされた何不自由のない生活を送って二十九歳のとき、彼は初めて老衰と病気と死の悲惨な場面を見た。彼はすでに結婚しており、初めての息子が誕生したが、その晩すぐに彼は宮殿を捨て、悟り（ボーディ）を求める決心をした。まず彼はインド哲学の師たちについたが、一年後早くも彼らの極端な苦行を拒否し、観想と瞑想の生活に入った。六年後、悪の神マーラに遣わされた誘惑の大群に襲われるが、菩提樹（フィクス・レリギオサ）の下で瞑想中に大悟成道した。

サーキャ・ムーニの悟りは四諦すなわち四つの貴重な真理――人生は苦であること、苦は欲望によって生ずること、欲望のなくなった状態が苦の滅する境地であること、苦滅の状態は八正道（正しい見解、正しい思惟、正しい生活、正しい言葉、正しい行為、正しい努力、正しい心の落ち着き、正しい精神統一）の実践にあること――を認識することにあった。苦の世界――サムサーラ（輪廻）――にあるすべての有情のものは過去の生におけるカルマの負債に応じて苦しみを受ける。もし人間がある生において悪事を行なうと、その負債は増大する。もし悪事を続けて善をなすことがなければ、人間として再生するほどの徳を積むことができず、死んで生まれ変わるときは動物か、それ以下の存在になってしまう。もし反対に善行が悪を上まわれば過去の生から引き継いだ負債は減少する。負債がすっかり支払われると、悟りすなわち「ニルヴァーナ」（涅槃）の世界への道が開ける。僧侶で仏陀に近い理解度に到達したものは「アルハート」（河羅漢）――「尊敬に値する」ないし「完成されたる」人――と呼ばれ、死に際して転生輪廻の苦から解放される。しかし彼らは最後の生時において前生の迷いの自我の跡をもち続け、また彼らの悟りは他の教示によるもので、自らの洞察によるものでない点が仏陀と異なるところである。仏陀はさらに、個人の霊はヒンドゥー教の説くように不滅のものではないこと、人間が死ぬと残るのはカルマの負債のみであることを教えた。

仏陀はこのような教えを説いて生涯を送り八十歳で入滅した。その後弟子たちは会議を開いて教理上の問題を討議し、その教説は世代から世代へと口頭で伝えられた。伝承によればマウリア朝のアショーカ（阿育）王治世のときの第三回会議で、仏陀の教説は筆記されて仏教聖典が作られたという。アショーカ王はインド北西部にあった自国から仏教使節を、遠くセイロン、シリア、エジプト、クレタ島、そしておそらく中国にも派遣した。紀元前二三二年の王の死はマウリア王朝崩壊の年でもあったが、後継クシャーナ帝国の四百年間にわたる平穏と寛容の時代は、交易とそれに伴う仏教の普及に理想的な環境をもたらした。

この時代までには仏教信者の間に多くのセクトが生まれていた。これらセクトの一つをその信者たちは「マハーヤーナ」（「大乗」）すなわち「大きな乗りもの」と呼んで「ヒーナヤーナ」（「小乗」）ないし上座部仏教と区別し、すべての衆生に完全な悟り――ブッダフッド――の可能性のあることを説いた。この派はインド北部の大部分、中央アジア、中国における有力な仏教形態となり、上座部系はスリランカ仏教に代表される。大乗仏教と上座部仏教との違いはボサツ（菩薩、「悟りを得たもの」）とアルハート（阿羅漢）の違い――前者は自らを顧みず他を助けて悟りを得させることを求め、後者はもっぱら自己の解脱のみを考える――に譬えられる。また大乗仏教はサーキャ・ムーニを数多くの仏陀の顕現の一つにすぎないと考え、したがってその図像には多種多様な仏陀が現われる。チベットで優勢となったタントラ仏教は大乗仏教の一セクトで、儀式と瞑想を悟りに至るための最重要手段と考える。同じ時期、他の宗教――ユダヤ教、ゾロアスター教、マニ教、ネストリウス派キリスト教など――もそれぞれの宣教師によってシルクロードからサマルカンドや中国に伝わった。

五世紀半ばササン朝ペルシアで短期間ユダヤ人が迫害され東方に移住したことがあった。六世紀になるとインドとサマルカンドにユダヤ人居住区が出来た。八世紀、九世紀にはユダヤ教はさらに広がって中国に達し、またカスピ海北岸に居住したチュルク系のハザル族の間に多くの改宗者を得た。ゾロアスター教はササン朝ペルシアの宗教だった。これも六世紀までにはサマルカンドに改宗者を得、以後商人や伝道者によって中国にもたらされた。七世紀初めには長安にゾロアスター教の寺院が建立されている。

ゾロアスターすなわちザラツシュトラは紀元前六世紀東イランに住み、古代イランのマギ教を改良した教えを説いた。ゾロアスター教には同じ頃発展したユダヤ教と共通する多くの教理、すなわちメシア、復活、最後の審判、天国に対する信仰があり、のちのキリスト教にも影響を与えることになる。ゾロアスター教のメシアは光と生命と真理の顕現アウラ・マズダ神である。暗黒と死と悪の権化アンラ・マンユがその身辺につきまとい、この二神はつねに闘争を繰り返している。人間はアウラ・マズダによって創造されたものだが自由意志を与えられ、善悪いずれの道をも選ぶことができる。ゾロアスター教は人間に思考、言語、行為の悪を斥けよ、しかし最後に救世主がこの世に現われ、善が悪に打ち勝つであろうと説く。アウラ・マズダのシンボルは永遠に燃える火であり、ササン朝のペルシア人は帝国全土に設けられた火の神殿を礼拝し、その火焔は決して絶やすことを許されなかった。

紀元三世紀ササン朝の皇帝シャプール一世の治世中、ゾロアスター教はマニという名のバビロン生まれの予言者によって挑戦された。マニは神の啓示を受け、まずこの世には明暗二界に顕現する善悪二つの要素が存在することを説いた。この大地そのものをも含め、汚れなき「明」によって創造された太陽と月を除いてすべてのものは「明」の分子を多様に含んでいるが、それらは「暗」の物質のなかに捕われている。「明界」への解脱を妨げるために人は悪魔の性交から生じた「暗界」の王子により、その情欲と生殖を介して「明」（精神）を「暗」（肉体）のなかに永遠に閉じこめるために創造されたる存在である。「明界」への解脱が実現しそうになると、大地は「暗界」に残された物質の罪悪と闘争によって必然的に戦争状態に落ちこむ。このとき「暗界」の王子とその家来たちは石で大きな穴に封じこめられ、世界は再び原初的状態に戻り、「明界」と「暗界」の領域に分離する。

マニ教は瀆神行為、肉食、飲酒を禁じ、仏教の場合と同様、聖職者は土地の耕作、収穫、作付、すべての殺生を許されていない。仏教徒の生命観は動物界に踏みこむことを躊躇させ、きわめて厳格な僧侶ともなれば虫を踏んづけ誤って生命を奪うことのないように、自分の歩く道の前を掃除するというが、マニ教徒は植物の植えられた土地さえ歩こうとしなかった。植物と、そのなかの「明」を傷つけることを恐れたからで、実際植物は動物にも増して「明」を含み、その生命力も動物以上に重要と考えられた。歩くこと自体、土地のなかの「明」を傷つけると考え、もっとも厳格な信者は歩行さえ避けた。マニはこれらすべての拘束の厳守は少数で可能と考え、信者を二つの階層――「選ばれたるもの」と「聴くもの」――すなわち「聖職者」と「在家集団」とに区分した。「選ばれたるもの」は戒律厳守の故に捕われた「明」を解脱させる地上の代行者となり、自分たちの食する果実や野菜のなかの「明界」の分子を清澄にし、げっぷを出すという行為によってそれを解脱させねばならなかった。（とくにメロンとキュウリに「明界」の分子がもっとも集中していると考えられた。）「聴くもの」は断食と祈禱と貧しい者への施しを実践して「選ばれたるもの」を援けるよう奨められた。彼らには蓄財も結婚も――生殖が奨励されるわけではなかったが――認められ、動物を自分の手で殺すことは許されなかったが肉食も禁じられていなかった。しかし、「選ばれたるもの」が死ぬとその霊魂は直接に「明界」に戻るが、「聴くもの」の霊魂は地上に残り、「明界」に達するためには最終的に「選ばれたるもの」の肉体に再生するまでなんども輪廻転生を繰り返さなければならなかった。

マニ教はマニの生存中に、「東方の弟子」マル・アンモによってまずソグディアナに伝えられた。伝承によれば、ソグディアナの国境でソグディアナの守護霊に遭ったとき、マル・アンモは、自分は飲酒と肉食と女を断つことを教えるために来たのだと告げた。守護霊はおそらくソグディアナの仏教徒集団のことを言ったのであろう、この国には戒律を守る人間が多いと答えた。そのときマル・アンモの目前にマニが幻影となって現われ、守護霊にわが教典の一部を読み聞かせよと命じた。マル・アンモが教典を読み聞かせたところ、守護霊は自分がたんに信者になるだけでなく、すすんで「真の教えの伝達者」たるべきことを認識して、彼を通過させたという。

マニ自身はシャプール一世の没後ササン王朝の寵を失い、投獄され磔刑に処せられた。その後弟子たちも迫害を受けて東方に逃れ、ソグディアナで強固な集団を形成してバビロニアの本教会と関係を断った。ソグディアナのマニ教徒たちはマル・アンモをそのセクトの開祖と考え、自分たちを自ら「清純なるもの」と称した。八世紀には、この東方教区の中心は北方シルクロードのコチョに移り、マニ教の僧院はサマルカンドから長安まで、いたるところに建てられていた。本教会との分裂は八世紀には修復され、東方教区の信者たちもバビロニア本教会の首長ミールの管轄権を認めた。本書の第一話に登場する商人ナナイヴァンダクもマニ教徒である。

キリスト教もキリスト布教に続く数百年間に東方に伝えられ、三世紀まではサマルカンドの南西にあるメルヴの町にキリスト教徒の集団が出来ていた。五世紀に至り、デュオフィサイトと称するグループがキリスト教本流の教会から分離し、キリストは人性と神性の両性の具有者とする説を奉じた。この説の主唱者の一人がネストリウスと呼ぶ人物で、のちのネストリウス派の名がこの宗派に与えられた。ネストリウス派は優勢なモノフィサイト（キリストを単一の神性と見る説）派の迫害によって東方に逃れた。しかし五世紀後半のイランのキリスト教は、ネストリウス派をもっとも優勢なセクトとして認めている。七世紀までにネストリウス派は当時バクトリアを支配していたチュルク系諸部族の間に改宗者を獲得し、八世紀初めにはすでに中国に達していた。

以上のように、本書の物語の始まる七三〇年までには、大都市サマルカンドと長安、およびその間の諸都市にはこれらさまざまな宗教集団が出現していた。イスラム教もまた東方に進出し、土着の諸宗教も存続していた。ボン教はチベットの貴族に信じられ、チベット人やチュルク系諸部族の間ではシャーマニズムが盛んであり、インド北西部から遠くバクトリアまでの居住者の間ではヒンドゥー教が普及していた。

シルクロードの多様性に寄与するのは宗教が唯一のものではなかった。交易と、外交使節や役人、軍隊を送って領土獲得を目指す周辺帝国の拡大計画もまたその役割を担った。八世紀のサマルカンドと長安は、当時のヨーロッパのいかなる都市もはるかに及ばぬ巨大都市で、その規模と富裕はシルクロードの交易に由来するものだった。商業と文化の両面において、実にシルクロードは当時世界の中心であった。

中央アジアの交易ルートは、そこに売買する人々が存在するかぎり存続した。たとえばバクトリアで紀元前一五〇〇年にさかのぼる中国のシルクが発見されたことはすでに述べた。紀元前二世紀、張騫が使節として月氏に赴いたとき、彼はチベット、インドを経てもたらされた中国のタケを発見している。しかし交易が発展するのは外交関係が樹立してからで、とくにローマ人がシルクその他東洋の奢侈品に対する嗜好をつのらせたときだった。紀元前一世紀のローマではシルクはたいへん珍しく、もっとも裕福な市民でも、わずかな切れ端をコットンやリネンやウール製のトーガの上の目立つ位置に縫いつけることがせいぜいだった。しかし紀元一世紀、中国と西洋との海上ルートが開発される頃からストックが増えはじめ、これが東洋の奢侈品に対するローマ人の欲望を刺激した。大プリニウスはその著『自然誌』のなかでつぎのように嘆いている。

> ……さて今度は……布地を求めてセレス〔中国〕への、真珠を買いに紅海の深淵への、そしてエメラルドを探すための地中深くへの旅に目を向けてみることにする。彼らはまるでこのような贅沢品をネックレスやティアラにつけることがあまりにつまらぬことであるかのように、これを挿すため体のなかに穴をあけるほどではないとしても、耳に挿すことを考えついた。……どんなに低く見積っても、インドとセレスと〔アラビア〕半島は結集してわがローマ帝国から毎年一億セスチルティウスを流出させている。それがわが贅沢品に支払う代価であり、わが婦人たちに要する価格である。

紀元一四年ローマの元老院は男性がシルクを着用することを禁じたが、その交易は減少しなかった。この頃ローマは中国産のシルク、中央アジア産の宝石に対し金と銀で支払っていたが、やがて両方面には物品の輸出が始まり、とくにクシャーナ王朝が中央アジアで権力を把握し陸上ルートの安全が確保されると物品交易が盛んになった。この時期、中国の使節が中央アジア西部に派遣された。彼がローマに到達できなかったのはおそらくパルティア人の狡猾さのゆえだと思われる。(パルティア人は中間商人の有利な立場の保持を狙った。したがって中国・ローマ間の土地の広さと状況に関しては両者を欺くことが彼らの利益となった。)それでも彼はさまざまな魅力的物資を発見し、以後中国はその購入を開始する。そのなかにはガラスとアスベストがあった。興味深いことだが中国は五世紀にはガラス製造技術を進展させ、同じ頃西洋でもシルク生産の秘密を学び、しかも両地域での生産体制が確立したあとでも双方で相手の生産物の輸入を続けていた。ローマ時代以前に中国で発達した鋳鉄技術も、西洋ではまだ知られていなかった。したがって鉄器も中国の古代輸出交易の一部となっていた。中央アジアはジェードその他ラピス・ラズリなど宝石類の主要な生産地であり、インドは各種の香料、コットン、象牙を中国および西洋に供給した。アストラカンの毛皮はジュンガリアで仕入れ、甘粛回廊の町、蘭州で販売された。商人たちはチベット高原で塩を買い、南モンゴリアのアルタイ山脈で採掘される金はチャチ(現在のタシュケント)やサマルカンドの金細工装飾の熟練した職人に売られた。

紀元後最初のミレニアムに、ソグディアナ人はシルクロード東部の商人として公認の存在となり、サマルカンド、バルフ、チャチなどソグディアナ人の都市には数千の倉庫が立ち並び、東西の交易品を貯蔵していた。商人の多くは自分では旅行をせず、シルクロード沿いの主要な各地マーケット・タウンに代理人を派遣していた。しかしナナイヴァンダクのようにサマルカンドから長安まで実際に歩き通す商人もいた。

この旅行はたんに距離(三〇〇〇マイル以上あった)ばかりでなく、途中の地理的障害からいってもかなりの難事業だった。ユーラシア平原の東端サマルカンドから東に向かうルートは何本かあったが、いずれもトランスオクサニア地方とタリム盆地に介在する大山脈を越えなければならなかった。一つのルートはパミール山地の前衛の山脈を越え、ヤクサルテス川（シル・ダリヤ）に通じていた。この川をさかのぼると道は肥沃な卵形の渓谷地を通る。ここはシルクロードで重視されるウマの飼育地で、渓谷に生える腰までの高さに育つアルファルファを餌としている。ヤクサルテス川の水源はフェルガナの渓谷で、ここは北東の天山山脈と南東のパミール山地という二つの大山脈に挟まれた土地である。渓谷の最奥部で道は二つの山脈が合するテレク・ダワン峠を越え、これを下るとタリム盆地にあるカシュガルの市街に入る。パミール山地の氷河と岩屑だらけの渓谷は川岸で海抜一万二〇〇〇フィートから一万四〇〇〇フィート。この渓谷は夏は緑に包まれるが、他の季節では、雪に覆われていないときはただ一面の砂と土と石の広がりを見せるだけで樹木もなければ耕地もない。天山山脈のほうも海抜一万八〇〇〇フィートを越える山嶺が連なり、恐ろしさはほとんど変わらない。チャチからハミの方向に伸び、中央アジアの北部と中央部との境界線をなしている。

パミール山地と天山山脈の自然の障壁を越えると、旅人はタリム盆地に直面する。ここはその名が示すように巨大なナシ形の低地で、西のカシュガルから東のロプ・ノールまでおよそ六〇〇マイル、北のタリム川から南はクンルン山脈の砂礫の斜面まで三〇〇マイルを越える。盆地の大半はタクラマカン砂漠——実際は砂のいわゆる砂漠ではなく、崩壊した岩の細片で出来た砂漠——で占められている。降雨はほとんどないが沖積黄土が肥沃なため、山地から水の流入する砂漠の周縁部では灌漑を利用して農業が可能だった。現在でもオアシスの町は果実の生産で知られている。砂漠の境界線上には植生——タマリスク、ワイルド・ポプラ、アシ——地帯が見られるが、中央部は土壌が風に吹き寄せられ、一〇〇〇フィートあるいはそれ以上の砂丘をいくつも形成している。

タリム盆地の最西端カシュガルから、シルクロードは砂漠の周囲をめぐる南路と北路に分かれる。南路に沿って三〇〇マイル行くとクンルン山脈の尾根が二万フィートの高さに聳え立ち、それより南にはとうてい進めない障壁を作っている。タリム盆地に注ぐ数少ない河川が深く抉《えぐ》れた、近づきがたい峡谷を流れ、クンルン山脈の外壁斜面も不毛で人を寄せつけない。このルートに沿った主要なオアシス都市はホータンだけで、この町は南方から、しかも夏季だけ、砂漠に注ぐ唯一の川筋に位置している。クンルン山脈はさらに四〇〇マイル北東に走ってロプ・ノールに至り、しだいに高さを減じて南山山脈に合流する。このコースは北側の斜面を越えてずっと七〇マイルほど、不毛の砂礫の坂道となって伸びている。一方、北路のほうはカシュガルから肥沃な土地と海抜三〇〇〇ないし四五〇〇フィートの高地にあるアクスやクチャの主要なオアシス都市を通る。このルートは北が天山山脈と接しているが、この路線上にはイッシク・クルやモンゴルのステップ地帯に通じるいくつかの峠がある。

タリム川の東端にはさらに盆地が続く。最初のロプ盆地は一連の湿地帯で、川は表面が砂で固められた巨大な乾燥した内海ロプ・ノールの中に消えてしまう。ロプ・ノールの東にはまた川底が続き、南はクンルン山脈、北は天山山脈のそれぞれ東端の山々に挟まれて二〇〇マイル以上伸びている。そこがダン川によって育まれた町、敦煌の所在地である。この地は北路と南路とが再び合流する地点で、北路は最後の主要な町ハミから方向を南東に転じ、著しく荒涼とした地域を通ってやっと安全な敦煌に到達する。敦煌の東に続く比較的小さな盆地が現在甘粛回廊と呼ばれる場所を形成している。この地域は低い、同じような形の砂山が北方に広がり、その北がまた大きな砂漠地帯となる。広大な、石ころだらけの水のない地域で、生き物の住めぬ、夏でも氷のように冷たい北東風の吹く場所、これがゴビ砂漠の一部である。南西側、タクラマカン砂漠と接しているところは砂とタマリスクがあるばかりで、ほかは岩の上に薄く砂の層と石ころが覆い、その上に丈の低い針金状の草、キャメルセージ、低い棘のある灌木が生えている。若い樹木は一本もなく、ところどころ乾き切った川床に、とうに立ち枯れたエルムの残骸があるだけだが、雨が降ると全面がうっすりと緑色になる。冬は気温が華氏マイナス五〇度まで低下する。

サマルカンドからは北東に向かうルートと南下するルートがあった。北東ルートは「紅砂の荒地」と呼ばれる砂漠地帯を通る。しかしこの地帯は砂漠と小さな山脈が点在するだけの実際はステップ草原であり、その先は肥沃な土壌となり、春は植生で覆われる。ヤクサルテス川を越えると道はさらに北東に続いて大きな城壁都市チャチに達し、そこから天山山脈の北側の渓谷に沿ってイッシク・クルに至る。ここは天山山脈とアルタイ山脈に挟まれた塩湖である。シルクロードの最北端ルートであるこの支道は天山山脈の北側を経てベシュバリク（現在の中国領ウルムチに近い）を通り、そのあとハミ山地の東側の前衛をなす低い山を越え、ハミでタリム盆地の北路と合流する。ベシュバリクから北東に向かい、ジュンガリアの牧草地とモンゴリアのステップ地帯を経て、当時チュルク族の都がいくつかあった故地オルホン川に達することもできる。ジュンガリアは山地に守られた自然の盆地で、チュルク人はここで彼らの厖大な家畜類――ウマ、ウシ、ヤク、ヒツジ、ヤギ、ラクダ――を飼育し、ここから騎乗してシルクロードの町々を襲った。またここからはチュルク族の都と中国とを結ぶ南東へのルートと、ステップ地帯を経由してイッシク・クルに戻る南西ルートがあった。この南西ルートは起伏のある地形で水路はほとんどなく、樹木もまったくといってよいほど欠如し、気温は冬は氷点以下に下がり、真夏でも華氏七〇度を越える程度である。

サマルカンドから南に向かうルートは、パミール山地の西縁とオクサス川に挟まれた低い平地を通ってバクトリアの地のバルフに至る。バルフから旅人は東行し、カシュガル川の水源地でパミール山地を越えタリム盆地に出ることもできたし、また南東に進んで北インドの諸州に行くこともできた。後者はヒンドゥークシュ越えのルートである。これはまったく不毛無人の山脈で、この道以外に接近可能な地点もなかった。主要な山嶺はつねに雪に覆われて一万八〇〇〇フィートの高さに聳え、山脈の平均高度も一万五〇〇〇フィートを下らない。

またサマルカンド・長安間のシルクロードをいくつかの地点で縦断し、北に、あるいは南に向かうルートもあった。南に向かうルート――その多くは古代の塩の交易ルートだった――はクンルン山脈の東部と南山山脈の峠を越えてチベット高原に続いていた。ここは平均海抜一万二〇〇〇フィート以上の高原地帯で、周囲はさらに高く聳える山壁に囲まれている。ここから南に一千マイル進むと、ココ・ノールを経てラサに至り、ラサからはさらに多くのルートがあらゆる方向に――東は中国南部に、南と南西はインドに、西はカシュミールに、北は東西シルクロードの他の地点に――通じていた。ココ・ノールの西にはまた自然の盆地ツァイダムがあり、この地はジュンガリアと同様、家畜の大群を飼育する理想的条件を備え、かつ武装した騎馬隊がクンルン山脈を越えてシルクロードの町々を襲った。

以下の物語は、サマルカンド出身のソグディアナ商人で旅行経験豊かなナナイヴァンダクの話から始まる。彼は交易者として二十年間、シルクロードをなんども往復した古強者であった。しかし長安のマーケットで買い手と交渉し、市内のレストランで踊り子と戯れているとき、彼はこれが最後の中国訪問となるとは夢にも思っていない。時は七五〇年代、シルクロードはまさに支配権交代の時期にさしかかっていた。

商人の話

ナナイヴァンダク（七三〇―七五一年）

サマルカンドの地域は周囲約五〇〇マイル、幅は南北より東西に広い。中心街は周囲六マイルほどで、外側は高低差の激しい土地に囲まれ、人口は稠密。世界各地の貴重な商品がこの地に集まっている。土地は肥沃で生産性高く、収穫は豊富。森林の樹木が濃密な植生を作り、花が咲き果実がたわわに実る。シェン馬（善馬）の産地。住民の技術と商売の腕は他国を抜きん出ている。気候は快適で温和、人々は勇敢で精力的である。

玄奘『大唐西域記』六四六年

それは西暦七五一年、イスラム暦一三四年、アラビアのアッバース朝初代カリフ、アル・サッファ王治世の第二年、中国唐代玄宗皇帝の天宝九年のことであった。商人ナナイヴァンダクはサマルカンド出身。この地はかつては独立の都市国家だったが、アラブに率いられた軍勢がオクサス川（アム・ダリヤ）の東へ進出して以来、いまやバグダッド・カリフェートの支配下にあった。彼は何か月も前に大商業都市サマルカンドを発ち、シルクロード沿いに聳え立つパミール高原を越え、タクラマカン砂漠の周縁を旅して中国唐朝の首都長安に向かっていた。

ナナイヴァンダクの一族はサマルカンドの東四〇マイルほど、ソグディアナとして知られる地域にあるパンジケントの町の出身だった。西方から侵入したアラブの軍勢はソグディアナの地を「オクサスの対岸」すなわちトランスオクサニアと呼んだが、実際はユーラシア大ステップ地帯の続きであった。パンジケントはその東端にあり、大パミール山地から東方に指状に突き出た二つの山に挟まれたゼラフシャン峡谷のなかに押し込められたように位置している。ソグディアナの他の町の例にもれず、パンジケントも小高い丘の上の厚い城壁に囲まれている。地勢は町の西側に傾斜してゼラフシャン川に達し、平原の向こうにパミールの山麓が見える。真夏の晴れた日には、雪を戴いた山頂もはるか遠方に眺めることができた。

城壁に囲まれた地域は三〇エーカーほどときわめて狭く、統治者と貴族たち、商人たちと比較的豊かな店舗経営者たちの住居があるだけだった。ナナイヴァンダクの時代以前は、人々は大きな二階建のアパートメント街区に住んでいた。アパートといっても部屋は広く、入口も別々だった。貴族や商人たちが独立した三階建の家を建てはじめたのは比較的最近のことである。しかしスペースが狭くなったため二階、三階は場所によっては迷路のような狭い道路の上を覆うように造られている。道は石造のアーチに支えられ、家々の間を縫うように走っている。メインストリートに面した一階は小さな仕事場で、商店主や職人に賃貸される。中庭や庭園、公園を設ける余地はない。低地には灌漑用水路が十文字に走って農地や数多くの庭園を潤しているが、城壁の内部では樹木もほとんど生えていない。町の狭い道路はごみ屑がいっぱいで汚ならしく、気温が華氏八〇度に昇り空気の澱んだ夏には、悪臭の堪えがたいこともあった。数日後、容赦なく照りつける太陽の熱が平原の夏草を焦がすほどであったが、酷熱の数日後北寄りの風が暴風雨を呼び、町の道路は雨に洗われてすっかりきれいになった。

町は城壁内ばかりではない。サマルカンドに向かう西側の大門の先には隊商やその使用人たちを宿泊させるキャラヴァンサライが何十軒も立ち並び、彼らの荷物を置く保管場所や動物たちを入れておく中庭が

シルク織りの典型的ササン・デザイン，敦煌出土，八世紀

続いている。バザールはここで開かれ、このあたりはいつも大勢の人々や動物で賑わう地域である。シルクの織物、各種の香料、その他贅沢品の値段の交渉ではいつも十か国以上の言葉がとびかい、これら商品の色彩と芳香で感覚が麻痺してしまうほどだ。キャラヴァンサライの先は低地に向かう下り坂で、比較的小さな家屋の住宅地が広がっている。

ナナイヴァンダクは典型的なソグディアナの服装を身にまとっていた。円錐形でトップが前に折れたフリギア帽をかぶり、紺シルク・ブロケードのオーバージャケットはベルトつきで丈が膝までであり、小円形飾り模様のなかに二匹のシカが向きあったデザインが浮き織りされている。細身のズボンはふくらはぎのところで、皮の踵のついたブロケード・ブーツにたくし込んであった。その服装と濃い髭面で、長安の西マーケットでは彼が中国人でもチュルク人でもチベット人でもないことはすぐにわかった。しかし彼はこの中国の首都における、おのが部族を代表する唯一の人物ではなかった。ソグディアナ人はシルクロード公認の商人である。彼らの言葉はリングァフランカ（共通語）であり、何百年も前からシルクロードの大都市にはかならずソグディアナ人町が出来ていたのである。

ナナイヴァンダクは中国国境の税関で役人たちにかなりの額の賄賂を提供しなければならなかったが、長安では羊毛、ジェード、宝石類の荷を売って大いに利潤をあげた。長旅の途中、彼は羊毛を詰め込んだ大きな梱《こうり》のいくつかに穴を開ける。そこから砂漠の砂を吹き込ませて重量を増すためである。それは一種の賭けであった。ベテランの買い手はたちまちこのトリックを見破ってしまう。そのため彼は同国人の経営する屋台店を避ける。売り手は決まって真実を隠すので、買い手は自分の手で感触を確かめたい、梱を破って一摑み引き出し、匂いを嗅ぎ手で揉んでみたいと要求する。自分と同じように、世間には、その羊毛がどの種のヒツジから刈ったものか、どこで草を食んでいたか——草原か、谷あいの放牧地か、それとも高山の峠道か——、またその放牧地が南斜面か北斜面か、それまでをすぐさま言い当てることのできる人間のいることを彼は知っていた。

ナナイヴァンダクは注意深く、穴を開けていない梱をひとつ選んで検査に出した。他の梱はそれよりほんのわずか重かったが、疑いの念をおこさせるほどではなかった。それでも取引が終わるまでに、彼の儲けは思いのほかのものとなった。残りの商品を彼は長安の代理店に売り渡し、またその代理店を通して美しいシルクを買い込んだ。シルクは故郷の人々や特にその北方辺境に住むチュルク人に愛好される織物で、彼はサマルカンドへ戻る途中で彼らにこれを売るつもりである。中国人は何百年間シルク生産の秘密を保持していたが、ついに西方の人々はマグワの柔らかな若葉で育てたカイコの繭からクモの巣のように細い糸を繰り出す微妙な技術を習得したのだ。ナナイヴァンダクの時代には、シルクはソグディアナでも作られており、西向けヨーロッパへも輸出されていたが、市場はまだ美しさと種類に勝った中国産シルクに固執していた。ナナイヴァンダクが長安に滞在していた頃、アラブと中国の衝突した事件があり、その結果虜囚となった中国軍の兵士がアラブ・シルクの生産地ダマスカスに護送されてきた。そこで彼らの絹織物技術が役立つことになる。同じ戦闘で製紙技術をもった捕虜たちがサマルカンドへ送られ、それまで長い間ヒツジの皮やパピルスに書かれていたアラブの書物の形を一変させることに一役買うことになる。

長安でナナイヴァンダクは帰路の商売用にさまざまな装身具、宝石類、薬品類をも買い込んだ。最後に彼は妻と孫へのプレゼントを用意した。彼はすでにバクトリアでラピス・ラズリ（青金石）の原石を入手して持ち歩いていたが、これを宝石屋に持ち込んで妻の装身具に作ってもらった。幼い孫のためには、仕立屋に行きソグディアナの民族衣装を作らせた。短い上着で細い袖がつき、マンダリン・カラー（前開きの詰め襟）、正面中央にファスナー、腰の部分にわずかにフレアがある。表のシルク地は彼がソグディアナから持ってきた青・黄・緑・赤・白の織物で、典型的なソグディアナ様式に従って丸い模様のなかに二羽のアヒルが向き合った図柄が浮き織りしてある。上着の裏地とズボン用に、彼は大型の花模様のある褐色の中国製ダマスク織りを選んだ。またこれに似合うブーツも注文した。仕事がすべて終わった夜、彼は代理店の主人その他の人々と宴会に出かけた。長安の宿屋や酒場には大勢のソグディアナの歌姫と踊り子がいた。ナナイヴァンダクは二十年も前からシルクロードを旅しており、長安の町を知悉していたのである。

彼らは王宮から五〇〇フィート幅で南に伸びる大通りに沿って立ち並んだレストランのうちの一軒に入った。食事の種類についてしばらく議論したのち、彼らはスパイスの効いたヌードルとメアズティート・グレープのワインと踊り子たちのつくことで人気のある席を選んだ。厚化粧に複雑な髪型の女が三人、ジャスミンの香りを漂わせながら二階の手すりに寄りかかって彼らを招き寄せた。男たちは靴を脱ぎ、店でもっとも値段の高い座席に案内される。そこはいくつかの個室に分かれていた。床にはアシのマットが敷きつめられている。彼らは漆塗りのテーブルに着き、低いベンチに腰を下ろした。このベンチもまた中央

翼の生えたラクダを描く
ソグディアナの銀製ワイン・ジャグ,
七世紀末〜八世紀初め

アジアから中国に輸入されたものであった。ウエーターたちが店のご馳走をのせた銀の盆を運んできた。ワインは翼の生えたラクダの精巧な模様で飾った、ソグディアナ様式の銀のジャグから注がれる。

メアズティート・グレープ（メアズティートは「ウマの乳首」の意）はコチョで栽培され、最上質のワインに醸成される。ワインもグレープもともに中国に輸入されるが、グレープのほうは厚い鉛のコンテナに氷詰めにして新鮮さを保つ。ワインは高価だったが、ナナイヴァンダクと仲間の商人たちは商売で儲けており、支払いに問題はなかった。飲み会はサマルカンドでも長安でも社会生活上公認の慣習であり、夜遅くあちこちの酒場やレストランから、酔っぱらった男たちが女に抱えられ、よろめきながら出て来るのを見るのは珍しいことではなかった。

満腹したあと彼らは踊り子を呼んだ。楽隊の打つ激しいドラムの音に合わせて十六、七歳の少女が二人、姿を現わした。左手をヒップに当て、体をハスの茎を思わせるように曲げ、左足をまっすぐに伸ばしてくるくると回るが、目はつねに男たちをじっと見つめて離れない。衣装は美しいシルクのタイトスリーブ・ブラウス。流れるような薄いロングスカートには多色の刺繡が施されている。腰には幅の広い銀色のベルトを巻き、尖った帽子を飾った金色の鈴がチンチンと鳴って、重いリズミカルなドラムの響きにコントラストを添えている。男たちは音楽の調子に合わせ手を拍ち掛け声をかけると、女たちの赤い上靴を履いた足がますます速く動く。突然ドラムが止み、女たちはナナイヴァンダクのテーブルの前に立ち止まって二人ともブラウスを押し下げ、小さな胸をあらわにした。そのあと、一人がナナイヴァンダクの膝の上に坐って、もっとワインを注文して頂戴とねだる。彼は少女の胸をまさぐりながら追加のワインを飲んだ。女はチャチ（現在のタシュケント）の出身だった。二人はソグディアナ語で喋ったが、彼はすぐに酔っ払ってしまい、話はよく覚えていなかった。

ナナイヴァンダクはマニキアンすなわちマニ教信徒だったが、かならずしも禁酒の掟を厳格に守るわけではなかった。ソグディアナではかつてマニ教徒が強固な社会組織を作ったことがあったが、現在ではサマルカンドとパンジケントにごく少数の信者を残すにすぎない。ナナイヴァンダクは初めゾロアスター教徒として育てられたが、叔父の影響でマニ教に改宗していた。叔父はサマルカンドの南方にあるマニ教の一大中心地バルフへの商業旅行中、この宗教を知ったのである。パンジケントとサマルカンドにはゾロアスター教とマニ教の集団以外に、仏教徒、ユダヤ教徒、ネストリウス派キリスト教徒が存在したが、アラブのソグディアナ征服以来イスラム教が優勢となり、ナナイヴァンダクの同胞の多くがすでに選ばれて改宗していた。

七五〇年バグダッドにアッバース・カリフェートが出現するまで、アラブ人はダマスカスの町を首都とするウマイヤ・カリフェートに支配されていた。この軍隊がオクサス川を渡ったのは早くも六八〇年代のことだったが、八世紀になって数十年、長い間殺し合いの戦いが続いた末ようやく、アラブの指導者たちは真剣に目を東方に向けたのだった。その後軍隊は半独立的都市国家の諸王間に見られた対抗意識を利用し、それぞれの相手国と同盟を結びながら着実に東進を続けた。サマルカンドに到達したのは七一二年。一か月間町を包囲し、市民はついに降伏と講和条約の締結を余儀なくされた。東方への進撃はさらに続き、七一三年と七一四年にはサマルカンドの北東に位置するチャチとフェルガナに達した。

遊牧のアラブ人貴族たちがこれらの地域に居を定め、イスラム教を弘める気になったのはこの頃だった。改宗の報酬は精神的なものばかりではなく、改宗者は人頭税を免除された。この勧誘はきわめて魅力的で、多数のソグディアナ人がイスラムに改宗し、そのため税収が著しく減少した。結局この免除は撤回され、新たな法令によって改宗者にも割礼を義務づけ、イスラムの聖典に親しむことが求められた。これらの改革はもともとアラブの支配者を快く思っていなかった住民の怒りを招き、ウマイヤ王朝はエリート貴族の利益を守ることにのみ汲々としているという不満が広がった。七二〇年から七二二年にかけて、ソグディアナではなんども重大な叛乱が起こっている。

ナナイヴァンダクの父と叔父がこの叛乱に加わっていた。北隣のチュルギス族の援軍を得てソグディアナ人はサマルカンド守備隊を撃破し、アラブ人を市外に追放することに成功した。敗れたアラブの総督は支配権を取り戻すことができず、更迭されて別の人物が総督になった。この男はそれまでソグディアナ人を遇するアラブ同胞の態度が生ぬるいと不平を言って評判の悪い人物だった。叛乱の都市を断固奪還しようと、新総督は大軍を率いて西方から進撃。おそらく持ちこたえることは不可能と見て叛乱軍は退却した。

ナナイヴァンダクの叔父とサマルカンドから退いた仲間の叛乱軍は、交渉して東方フェルガナの渓谷を避難場所と定めたが、フェルガナの王がすでに敵に内通していることを知らなかった。この渓谷で彼らはアラブ軍に降伏させられ、貴族の大部分と数千人の市民が処刑された。少数の貴族が脱出して北方チャチに逃れ、その地で彼らはチュルギス軍に加わり精鋭部隊を結成した。平時であればたかだか四〇〇人の商人集団――そのなかにナナイヴァンダクの叔父もいた――にすぎなかったが、それが生き残って命脈を保ったのは、その莫大な財力が当てにされたからであった。その昔アラブのオクサス川横断作戦を可能にしたのも、実はソグディアナ商人からの借款であった。

ナナイヴァンダクの父は、パンジケントの支配者デヴァシュティッチの率いる別の叛乱軍部隊に所属して戦った。この部隊はパンジケント南東の山岳地帯にあるマグ山の城塞に立てこもっていたが、同じ七二一年パンジケントのソグディアナ軍は、近くの峡谷でアラブ軍を迎撃した。地の利を得ていたので勝利が期待されたが大敗を喫し、司令官が殺された。ナナイヴァンダクの父はこの戦闘から戻らなかった。

ナナイヴァンダクと彼の母は、父がもしや生きのびて、北方チュルギス軍団のなかの同胞と合流していてくれればと願った。チュルギス族は、初めチャチから天山山脈の北辺に沿って、遠く今日のモンゴリアの南端ジュンガリアにまで伸びる王国を支配していた。すでに北と東の隣国から脅威を受けていたが、南の辺境にアラブ軍が迫ったとき彼らは断固としてその本格的侵入を阻止しようとして、そのために敗残のソグディアナ叛乱軍を歓迎してその軍隊に加えたのである。その後ソグディアナ隊はあらゆる機会を捉えて先の殺戮に対する報復をアラブ軍に加え、そのさまざまな手柄話がサマルカンドの市場で――アラブ人の耳に入らぬところで――話題となった。

ナナイヴァンダクの叔父は、戦場から戻るとナナイヴァンダクを養子にした。少年と母はパンジケントにあった大きな三階建の自宅からサマルカンドの叔父の家に移った。ソグディアナの社会では商人は四つの階級の上から二番目、貴族のすぐ下、職人と庶民の上の階層に属し、その家屋は圧縮粘土と泥煉瓦の壁を漆喰で固めた堅牢な平屋根のものを造ることができた。パンジケントにあったナナイヴァンダクの古い家には各部屋に昔の物語を描いた小壁があり、子供のとき父や母からよくその物語を聞いたものだった。彼のお気に入りはルスタムと悪魔軍団の戦いの話だった。英雄ルスタムに追われて悪魔たちは町に逃げ込み、捕まらないように町の城門を閉ざしたあとで、彼らは話し合った。「《たかが一人の騎士に追われて町に逃げ込んだとは、とんだ恥さらしだ。討って出ようではないか。》悪魔たちはそこで重い装備を整え、甲冑に身を固めて町の城門を開いた。大勢の射手と戦車隊が突進し、つづいてゾウ、ブタ、キツネ、イヌ、ヘビ、トカゲに跨がった悪魔軍団が出撃した。徒歩の悪魔も、大ワシのように空を飛ぶ悪魔もいたが、なかには逆さまになって頭を大地に向け、足を空中に跳ねあげる悪魔もいた。全軍轟くような咆哮をあげ、そのために突然すさまじい雨と雪と雹が降り出し、激しい雷鳴が響いた。悪魔たちは口から火と炎と煙を吐いた……。ルスタムの馬は彼を眠りから目覚めさせた。彼はすばやくヒョウの革のローブを身にまとい、矢筒を負い、悪魔軍団に向かって急いだ。」

この物語を描いた壁画は、家屋のうち主要な儀式用ホールの横壁にある二本の通気装置の間にあった。その端、祭壇の背後の壁には、家族の守り神、四臂のナナ女神がライオンに跨がる姿が大きく描かれていた。ナナイヴァンダクは、彼に生命を与えた母神に因んで名づけられた名前――ナナの奴隷の意――であった。このホールには煉瓦を漆喰で固めた高い丸天井があり、木製の柱には彫刻が施されていた。ここにナナイヴァンダクの親戚縁者が集まって宗教的儀式を行ない、一族の問題を話し合う会議を開き、また休日や祭日には大宴会を催したものだった。一家はまことに裕福だった。彼らは川の流域に農奴の働く土地

ライオンに乗る四臂のナナ女神，パンジケントの家屋，七世紀

を所有し、かなりの収益をあげていた。また、川に架けた橋の通行料の取り分や、地所内の水車小屋からの収入もあった。

サマルカンドの叔父の家はパンジケントの家と比べ、広さは同じだが装飾は見劣りがした。サマルカンドはパンジケントよりゼラフシャン流域のさらに下流の低い丘陵にある大きな町だが、パンジケントと同様厳重な城壁をめぐらし、その高さ五〇フィート、距離八マイルの間を稜砦と望楼が点綴していた。市街も同様に稠密で、数百のキャラヴァンサライに加えて、城壁のすぐ外側にはアラブ兵の大守備隊が駐屯していた。ソグディアナの少年は五歳から教育を受けるのが普通だった。そのためナナイヴアンダクもゆっくり町を見物する時間はなく、毎日家庭教師について商売の方法と商人として必修の語学――アラビア語、中国語、またチュルク語やチベット語――を学ぶことになった。彼が両親の信じた拝火と多神のゾロアスター教を捨て、マニ教の信者になるよう教育されたのはこの頃であった。叔父はナナイヴァンダクの母にも、マニ教が既成の全宗教に取って代わるものと力説して改宗を勧めたが、母は永遠に火を燃やしつづける町のゾロアスター教寺院に通い続けた。しかしソグディアナでは、ゾロアスター教はマニ教が入って以来すでに消え去ろうとしていた。アラブの侵入後まもなく、ゾロアスター教の僧侶たちは迫害から逃れてインドに赴き、パールシー教団を作って繁栄する。マニ教の経典は公用文書とは異なった文字で書かれていた。ナナイヴァンダクは叔父のために経典を写し、叔父に読んで聞かせるためにこの文字をも学ばなければならなかった。

やがて成長するとナナイヴァンダクは叔父に従い、政治的また軍事的状況の許すかぎり、南西のメルヴ、北東のチャチ、南方のバルフへ短期間の商用旅行に出かけた。もっぱら金儲けのために旅行する叔父と違って、ナナイヴァンダクは旅行そのものが好きだった。山岳の景観はかぎりなく魅力的に思われた。朝早く外に出て、暁光が遠いパミールの巨大な山塊をピンクに染めてゆくのをじっと眺める、また夕方はラクダの荷下ろしの監督助手をつとめる時間に遠方を凝視し、夕闇が高原に迫り山々が紫色に変わってやがて夜の帳のなかに消えてゆくのを眺める、そんな彼の姿を叔父はよく見かけたものだった。旅行好きは終生変わることなく、ときには気に入った山中を彷徨するために旅程を延長することもあった。

とりわけ楽しんだのはバルフへの旅行だった。バルフはバクトリアの主要な都市で、オクサス川の支流にあり、インドに向かう南方ルートの出発点である。住民はその地がゾロアスターの真の生誕地であると主張し（なかには異論を唱える者もいた）、また、千年以上前アレクサンダー大王がこの地でどのようにバクトリアの乙女を選んで結婚したかを語って、わが町を自慢していた。サマルカンドの商人たちはトランスオクサニアとバクトリアの主要な商都に専用の、また同胞用のキャラヴァンサライを作ったが、その最大の施設がバルフにあった。ナナイヴァンダクの叔父もそうした商人グループの一人だった。町の内外には数千箇所のキャラヴァンサライがあった。その多くは商人グループが経営し、商用で訪れたとき彼らはそこで故郷の慰安を楽しむことができた。

七二八年、イスラム改宗令が再度改正されたのち、サマルカンドその他ソグディアナの都市の市民たちの間で再びアラブに対する叛乱が起こった。このときは北方のチュルギス族と南方のチベット人とが兵を送って叛乱を援け、ソグディアナからアラブの勢力を一度は一掃することに成功した。フェルガナの殺戮から逃れチュルギス軍に加わったソグディアナ人の多くがこのとき戻ってきた。しかしナナイヴァンダクの父は、そのなかにいなかったのである。

アラブがサマルカンドを奪回したあとでも、また七三二年最終的にチュルギス族を壊滅させたあとでも、叛乱はしばしば起こった。なんどもソグディアナ人は二、三の都市からアラブの兵力を駆逐したが、そのたびにカリフェートの軍団は再編され、都市を奪回した。ソグディアナは伝統的に都市国家の地であり、各兵力が統合されることはほとんどなかった。

七五一年の晩夏、ナナイヴァンダクはいまや馴染みになった長安の街路を騎乗しながら、初めてこの中国の首都を訪れたときのことを思い出していた。それは七三〇年のことだった。叔父は中国への商用の旅に彼が同伴できる年齢に達したと判断したのだった。チベット人が名目上中国領だった南方のパミール高原の諸王国に侵入したという情報があったため、叔父はカシュガル経由の南方ルートを避け、イッシク・クル湖を通る北東ルートを取ることにし、そのためにチベット軍に遭わずにすんだ。運んだ荷物は大部分途中の市場で売れるものだったが、真鍮、琥珀、珊瑚といった品目はとくに長安向けと決まっていた。真鍮は中国の宮廷工人が下層官吏のベルト装飾用に作り、また仏教徒は仏像製作に使用し、余分が出ても高額で買い取ってくれた。バルト海沿岸産の琥珀と地中海産の赤珊瑚も、同様に中国では貴重品であった。サマルカンドで彼らは金と青金石《ラピス・ラズリ》をも購入していた。どちらもチベット人、チュルク人、中国人のあいだで需要の高い鉱物だった。さらに東で彼らは羊毛の売買を行なったので、これが彼らの主要な積荷となった。金は大部分がすでに打ち延ばしを終え、サマルカンドの職人の手でペルシア様式の金線装飾物に加工してあった。チュルク人は、動物のモチーフで飾ったものが多い金のベルトを着用するのが普通だった。チベットでは腕の良い職人がこれをさらに機械仕掛けの玩具や装飾品に作り直した。これらの多くが中国皇帝への献上品となった。

旅行の準備は入念で、綿密な計画が立てられた。長安までの距離は三〇〇〇マイルを超える。ナナイヴァンダクと叔父はチュルギスを越え、中国領やタリム盆地のなかの事実上独立した都市国家をいくつも通らなければならない。山の峠では凍結するような寒気に、また砂漠では灼熱の太陽に晒されることになるだろう。寒気には特製の履物と温かな毛皮、灼熱には頭と顔を守る覆いが必要だった。彼らは多種多様の通貨を携行した。国境守備の兵士に賄賂として手渡す必要もあるからだ。武装も整えた。富裕な旅行者は盗賊に襲われるのである。

サマルカンドから道はゼラフシャン川に沿って東行し、やがて進路を北に変え「紅砂の荒地」の東端を越えてヤクサルテス川すなわちシル・ダリヤに出る。川の対岸からがチャチで、支配するチュルギス族の王――カガン（可汗）――が夏の別荘とする土地である。可汗とその軍隊はサマルカンドやソグディアナの他の都市で起こった数度の叛乱を支援したことがあり、両部族の関係は友好的であった。チャチの町はサマルカンドほど大きくはなかったが、それでもかなりの広さがあり、気候の温和な渓谷地帯の農業と山地の牧畜業で支えられている。サマルカンドと同じく町には城塞があり、可汗の住む大きな宮殿と各種宗教の寺院、それに数多くの住居、店、工房が立ち並んでいた。ナナイヴァンダクと叔父は同胞の経営する定宿に滞在し、町を囲む城壁内にあるマニ教の中央寺院で昼は太陽を、夜は月を拝して、日に四回の祈りを捧げた。僧侶に施しを与えることも彼らは忘れなかった。

彼らはチャチでゆっくり過ごすわけにはいかなかった。可汗は冬の遊牧地を所有しており、彼が町に戻る前にそこに着いて新しく刈った羊毛の買いつけをしなければならなかったからだ。遊牧地まではなお何週間もの旅が必要だった。しかし二人は時間をつくって、市場で催される昔語り（ストーリー・テラー）を聞きに出かけた。二人とも話の内容――英雄ルスタムの物語だった――はわかっていたが、物語だけでなく、背景幕に描かれた色鮮やかな絵を眺めるのも楽しみだった。

チャチの町から彼らは道を東に取り、見慣れたトランスオクサニアの草原地帯をあとにしてタラス川に沿って天山に入った。この先は長いが容易な行程で、低い山の渓谷や峠を越えてイッシク・クル――「温かい湖」――に着く。その名が示すように、塩分を含んだ水性と、天山山脈とアルタイの山系に挟まれて寒気を防ぐ地理的条件に恵まれて、この湖水は酷寒の冬でも凍結せず、湖底には巨大な怪獣が棲息するという伝説もあった。毎冬可汗は宮廷と軍隊と遊牧の動物たちとをこの地に移して冬を過ごした。そのため街道の両側の牧草地は、何万頭ものウマ、ヒツジ、ウシ、ラクダであふれていた。

ナナイヴァンダクと叔父は春の初めに出発したが、いまや夏といってもよい季節になっていた。羊毛を刈る作業を終えてすぐ、可汗とその軍隊は、ナナイヴァンダクと叔父がやってきた道を逆にたどってチャチの夏の住居に向かう準備を始めた。売り物の羊毛は山ほどあったが、叔父が関心をもったのはここから東では入手できない、尾のふさふさしたダンバ・ヒツジだけだった。彼はまた、アストラカンの名で知られる生後十四日の子ヒツジの毛皮を買った。さらに東方の町に立つ専門業者の市で売るつもりだった。

ソグディアナの北方および北東の土地は多様なチュルク族に支配されていた。彼らはときに同盟し、ときに同盟から外れていた。その同盟の一つは西チュルクの名で知られている。名の起こりは、その東方の地域がもと東チュルクという別の同盟に支配されていたからだ。東チュルクは七世紀に中国軍と戦って敗れ、数十万人が中国の首都に移住した。この機に乗じて西チュルク同盟の部族は東西に――東は未占拠区域に、西はチャチに――進出した。チュルギス族が彼らをチャチから駆逐し、イッシク・クル湖周辺の豊かな牧草地を手に入れたのは、たった三十年前のことにすぎない。当時チュルギスの指導者は「十矢の可汗」を称号とし、西チュルクの可汗と同じく、トゥトゥクと呼ばれる二十人の部族の長を置いて彼に忠誠を誓う地域を支配した。各トゥトゥクは武装した騎兵五〇〇〇人を召集することができた。これだけの軍隊が必要だったのは、チュルギスがつねに西方はアラブの攻撃から、南方はチベットの攻撃から、そして東方は中国軍に支援されて支配権の回復を主張する他のチュルク諸族の攻撃から自衛するためだった。チュルギスの可汗はすでになんども戦闘の経験があり、数年前には南方クチャの包囲攻撃に成功を収めていたが、同時に西チュルクの可汗とチベット皇帝の王女たちを夫人として、より平和的な問題解決を試み、これら旧敵国からの攻撃を防いだ。

チュルギス可汗の冬のキャンプは湖水の北岸にあり、緑色の湖岸を背景に数百の白いフェルトのテントが鮮やかに点在していた。なかでも可汗の住むテントはもっとも大きく、さまざまな絹地やブロケードで装飾されていた。ナナイヴァンダクと叔父が表敬訪問をしたとき、二人はテントの壁と屋根を覆いつくした金銀の装飾に目も眩むばかりだった。可汗の廷臣たちがその両側に何列にも並んで坐り、みな刺繡のあるシルクのローブを身にまとい、頭髪を長く編んで垂らしていた。兵卒たちはやや目の粗いフェルトの衣服を着し、弓矢その他の武器を持っている。全員がベルトに短剣をはさんでいた。可汗はもっとも豪華なシルクを用いた、両側にスリットのある長い緑のローブをまとっていた。その長い頭髪はゆったりと背中に垂れ、頭部を巻いた長いリボンが背中から腰まで達している。

湖畔はお祭気分に包まれていた。羊毛の刈り込みも無事に終わり、みなチャチに戻るのを喜んでいた。チャチでは町のバザールで羊毛を売り、いろいろな贅沢品を入手できるからだ。ウマは新鮮な草を食べて毛並もつややかに肥え、人々は山でタカとイヌを使って狩猟を楽しみ、夕刻になると各自獲物を携え賑やかに湖畔まで駆け下りて滞在最後の日々を過ごしていた。日中の湖畔は子供たちがポニーレースを行なって騒ぎと笑いに包まれ、女たちは引っ越しの荷造りをしている。夜は酔っ払いの歌声がチラチラ燃える無数のキャンプファイアの光のなかにこだました。やがてテントは大きな木製の荷車に積み込まれる。ヤクが何列にも並んで引っ張らなければならないほどの大きな荷車である。こうして宿営は西方への長い帰途につくのである。

ナナイヴァンダクと叔父は東に進路を取っていたが、イッシク・クルからは長安までのルートを選択しなければならなかった。北方のルート——天山山脈を横断せず、その北端を巻いてチュルギスの牧草地を通り抜けるルート——は、もっとも容易だが同時に人跡の稀なルートで、山を越えた市場でも多くの商品は求められない。この代わりにナナイヴァンダクの叔父は、タリム盆地の西側から中国に至るルートに沿って点在する市場に立ち寄りたいと心に決めていた。叔父が最後にこの道を旅したのはもう何年も前のことだった。彼は古い友人にも会いたかったし、どんな売り物があるかも知りたかった。そこで二人は南進して天山山脈を横断する道を踏破することになった。冬はとうてい通行可能なルートではなく、春になっても溶けた雪が大きな雪崩や氷の崩落を起こし、この上なく危険な道だった。しかしナナイヴァンダクと叔父はちょうど南からやってきた旅行者に会った。彼らは春の雪解けの最悪時期はすでに終わったこと、南へのルートはなんら支障のないことを保証した。二人はなお数日間湖畔に留まって動物たちを休ませ、それから大きな羊毛の梱を運ぶためにヤクとそのためのウマを調達するなど、旅の次の行程の準備を整えた。動物管理人には南方の砂漠の入口まで来てもらい、そこで代金を支払い、ヤクなどの代わりにラクダを借り入れることになっている。ラクダは歩みは遅いが砂漠の旅には信頼のおける動物だった。

南方への道は川岸の一つに沿って山中に伸びていた。分水界に到達するまでに峠を四つ越えなければならない。すべて無事に行っても、この行程は通常二週間かかる。高度二万二〇〇〇フィート、氷河に覆われたハンテングリの山頂が西方に聳えているが、二、三宿駅を過ぎると峡谷の岸壁が邪魔して山容が妨げられる。この山の山頂は、シルクロードを往復するナナイヴァンダクのその後の旅行でもなじみの深い景観になった。

ナナイヴァンダクの叔父は高山の峠に慣れていた。サマルカンドは東方と南方の二つの交易市場から、世界最高に数えられる山脈——パミールとヒンドゥークシュ——によって隔てられ、この二つを結ぶルートは旅行者にかなりの辛苦を強いるものだった。チベット人や、サマルカンドとカシュミールの間のパミール高原諸王国に住む人々は、生まれながら高緯度の風土に慣れているが、戦闘時など砂漠の町から召集された兵士たちの多くは呼吸困難と頭痛に悩まされたものだった。チベット軍は高山病にかかった兵卒の治療に専念する特殊部隊を編成したほどだった。天山山脈はパミールほど大きくはなかったが、それでもベダル川水源のすぐ西にある南進道路の最後の峠は、高度約一万四〇〇〇フィートに達している。その平坦部、雪に覆われた鞍部に立つと、空は晴れ上がり、二人はベダル川の渓谷と、はるか遠方に偉大なるタリム盆地の一段と低い砂に覆われた入口を見渡す、すばらしい景観を満喫した。

ナナイヴァンダクと叔父は融雪に覆われた道を下って渓谷に出た。ごろごろとした丸石の間を水が流れ、高い岸壁の東側に沿って道が伸びている。しだいに広がる渓谷に沿ってさらに三日間進んで、彼らは渓谷の出口にあるキャラヴァンの町に着いた。ここで二人は休憩し、ヤクの馭者とウマの貸し主に代金を支払った。彼らはすぐに、峠を越えて北進したいという他の客を見つけた。ついでナナイヴァンダクの叔父は荷物運搬用のラクダの借り入れ交渉を始めた。ラクダの借り賃は高価で――成熟したラクダは絹十四反――、借入期間中に死んだり傷ついた場合は借り主の負担になった。

このキャラヴァンサライでは食物、燃料、飼い葉などは供給されず、これらの買いつけは町の糧食商との交渉が必要だった。宿そのものも、オクサス川流域の手入れの行き届いた建物と比べてナナイヴァンダクの目には粗雑なものに見えた。広い中庭には家畜が飼われ、その横に平屋建の部屋が並んでいたが、周囲の壁はただ土を固めただけで漆喰も使わず何ら装飾も施されていない。開いた窓からはありとあらゆる砂漠の塵埃が遠慮なく吹き込んでくる。おまけに宿の主人は無愛想で何の手伝いもせず、ラクダの用意ができるとすぐに追い出しにかかった。

シルクロード沿いの聞き慣れぬオアシスの町の名を叔父から教わったのは、この最初の旅行のときだったことをナナイヴァンダクは覚えていた。最初の宿駅はアクス。サマルカンドに比べてやや小さな町だが地理的には重要な町で、ベダル峠からホータンに向かう南北の道と、カシュガルから長安に向かう道との交差点に位置している。道路の状況は宿駅ごとに変化し、同じ町のなかでも変わることがある。湿地帯を突っ切るときなどはもっとも困難だった。突然地面が砂利の斜面に変わり、さらに数マイル進むと岩だけがごろごろした荒地になるのだ。しかし北方にはいつも雪を戴いたハンテングリの山頂を眺め、南方は広大な緑黄色の砂漠が広がっている。

次の大きな止宿地は賑やかな都市国家クチャだった。町の三重の城門に到着するまで、最後の二つの宿駅は肥沃でよく耕やされた田園地帯に位置し、道路沿いにポプラの並木や果樹園が並び、アンズ、ナシ、イチジク、モモがみなたわわに実っていた。町の平地の南方を流れる川が砂漠の流砂を防ぐ自然の障壁の役目を果たし、またこれまでの行程で埃まみれになった旅行者に安堵感を与えてくれる。ナナイヴァンダクはクチャの踊り子がサマルカンドの踊り子に引けを取らぬことを以前から耳にしていた。この国は国王の支配下にあり、その王宮は北方天山山脈で産出する金鉱から精練された黄金と、南方ホータンの川床で採掘されるジェードで飾られていた。国王と王妃は二人とも仏教徒で、街路にあふれる托鉢の僧や尼僧たち、マーケット広場に隣接する巨大な僧院、街角ごとに建てられた観のある仏塔など、その仏教保護政策は顕著であった。マーケットの売店にも仏僧の経営するものがあり、経典、祈禱書、お守り以外に薬品を売り、占いもしていた。ナナイヴァンダクはチュルク語や中国語、また叔父がクチャ語だと教えてくれた言葉など、多くのさまざまな言語を耳にした。——中国語を彼は正確には話せなかったが、理解することはできた。

クチャはシルクロードに四つあった中国藩鎮（守備隊駐屯地）の一つだった。中国とチベットとは長年にわたりこの生命線の支配権を求めて闘争を続けていたが、しばらく前から中国側が優勢を占めている。現在中国守備隊は三万人の兵力を有し、その多くはチュルク人ないし当地の出身者である。クチャでナナイヴァンダクと叔父は、中国とチベットが最近和平条約を結び、その永続性を表わすために条文を中国語とチベット語の両文でチベットの石碑に記したという話を聞いた。ナナイヴァンダクの叔父はこの条約の永続することを願った。闘争の続いた年月、商売に好都合なことはひとつもなかったからである。チュルギスもすでに中国との和平の交渉を終えていた。これによってホータン・カシュガル間を結ぶ南方ルートが安全となるだろう。ナナイヴァンダクの叔父は、この両都市とも中国の守備隊が守る繁栄した独立の町となったため、帰途はこの南方ルートを取ることに決めた。叔父がもっとも重要と考えたのは、ホータンがジェードと宝石の市場で名を知られ、インドに至る数本の南ルートから商人たちが集まるからだった。ナナイヴァンダクにとっても、初めてこれらの町を訪れ、滞在するソグディアナ代理店の同胞に紹介される好い機会であった。

旅行もこの地点まで来ると、キャラヴァンは何ら変わりばえのない砂漠行の毎日になっていた。長時間の灼熱の行程。景色に形のあるものは何も見えず、一日の終わりに、運が良ければみすぼらしい宿に着く。病気にかかったラクダの世話、砂漠の夜の寒さ、昼間の焦熱の陽ざし、砂塵の嵐と予告なしに襲ってくる洪水、その上、絶えることのない盗賊の脅威。軍隊の駐屯地は中国の支配下にあるかぎり地区の開放策が講じられ、ようやく息をつくことができた。ナナイヴァンダクと叔父は、まったく人気のない村にただ一軒だけ残っていた旅館に一泊する夜もあった。宿の主人と妻は遠い中国本土からの移住者で、多くは政府から給料と無料の物品を支給されて滞在していた。また宿泊地によっては井戸と木蔭を提供する数本の樹木があるだけ。またときには測量士が道路を造りながら一日の行程の終わりまで水源を見つけられなかったため、まったく水のない宿泊地もあった。そんなときはナナイヴァンダクと叔父は夜明け前か深夜遅く出発して何とか二行程をこなすのが常だったが、動物も人間も消耗が著しかった。陽ざしが耐えられなくなると、夜中に出発することもあった。

比較的大きな町に着くと、設備の良い旅館と動物たちの飼料を確保できるのでいつもホッとする思いであった。城壁に囲まれた町の夏の夜は、長い旅路のうち翌日の積み荷をするキャラヴァン隊の物音で静けさが中断された。ラクダの首にかけたベルの鈍い音色は旅行者に道を譲らせる警鐘で、道は荷を積んだラクダがようやく一頭通れるほどの幅しかなかった。砂漠ではこのベルは、反対側からやってくるキャラヴァンの注意を促す合図になる。両者が出会うと、先頭のラクダの馭者はしばらく立ち止まって、それぞれの行き先、道の状況、井戸の有無、盗賊の出没など手短に情報を交換する。やがてキャラヴァン隊の出発となった。夜が明ける前に三〇マイルの行程をこなさなければならない。

ラクダは鼻を前のラクダの尾につけ、長い列になって進んだ。大きなキャラヴァンになると数百頭のラクダから成り、五頭ないし十五頭ずつまとめ、木製のノーズペグに通したループ状のロープでつないである。ラクダの馭者は通常中国人とチュルク人とチベット人で、フェルトまたは厚い羊毛製の靴をはいている。靴には鱗状のデザインが縫いつけられ、爪先と踵の部分はレザーで強化し、地面との摩擦を減ずるために上に反っている。靴底は何枚かの紙——紙は貴重品だった——を重ねて裏打ちしたものがあり、引き紐を踵にまわして靴を締め、砂の入るのを防ぐ。内側は柔らかい赤い布を貼りつけてある。

ラクダの馭者はヒョウタンをくりぬいて作った水入れを持っていた。重量は軽いが厚みがあって中の水があまり蒸発しない。この水が不足したり井戸が涸れていた場合、彼らはラクダの助けを借りて水を探す。バクトリア産の二こぶラクダは、歩く速度は遅い——時速約二マイル半にすぎない——が、嵐を予知し、水を探して生命を維持する技術は有名で、五世紀の年代記作者も次のように記している。

ときどき年老いたラクダは吠え、身を寄せ合い、鼻を砂の中に突っ込むことがある。これは北方ルートで恐れられる猛烈な突風が襲う警報である。ラクダが砂をほじくるのは数秒で終わるが、顔にプロテクションをつけていなかったラクダは使いものにならないものとして捨てられてしまう。

地下水のある場所に来ると年長のラクダは立ち止まり、前脚で土を掻く。これはいまでも大きな群れをなして砂漠を彷徨する野性のラクダから受け継いだ技術である。野性のラクダは普通やや小型で慣らしがたく、したがって労働に使うラクダは野性のものを捕獲するのではなく交配によって飼育する。バクトリア産のラクダはアラビア産の一こぶラクダに比べ、東方シルクロードの砂漠や山中の極端な温度差に対する適応性が高い。両種とも二重まぶたで、砂に対して鼻孔を閉じる能力を持っているが、バクトリア産のラクダは背が低く、ずんぐりして、冬は長く厚い毛が生える。北方ステップ地帯で放牧される中国帝室所有のラクダの群れは数十万頭を数えるが、その多くはシルクとの交換で受け入れられたものだった。その飼育と管理に当たる特別の政府機関もあり、ラクダの馭者たちはその専門技術で高額な給料と、衣服や穀物の支給を受けている。中国では俊足のラクダは、辺境に軍事的危機があれば派遣される「明駝使」に編入された。

ラクダはシルクロードの居住者や旅行者にとって、その他さまざまな面で有益な動物だった。戦場に向かう中国の将軍は、新鮮な水を入れた大きなタンクをラクダに運ばせた。タンクには戦闘中に食用にするためのサカナが入れてある。これほどの体力と根気のいる仕事をこなせる動物はラクダしかいない。同じ性質を利用したのは旅芸人だった。シルクロードのマーケット広場では幼い少年がラクダの背中で曲芸を演じることがある。また、王侯貴族といった人たちは旅行にしばしば楽隊を同伴したが、一頭のラクダの背中に大きな木製の鞍を置き、そのなかに八人の楽隊員が乗ったものである。戦時には軍隊は二〇〇頭ものラクダを使って重い旋風銃を戦場に運搬させた。この銃は木製の台にのせると自由に回転し、あらゆる方角に連続速射することができる。ラクダはまた食用にもなり、こぶの部分は最上等の切り身と考えられた。

野性のラクダのほか、ナナイヴァンダクは最初の、またその後の砂漠旅行で見たのはオオカミ、野性のウマ、ロバの群れ、アンテロープ、ガゼル、またアレチネズミやトカゲなどだった。今日の旅行者と同様、彼も見捨てられて久しい町の廃墟に遭遇した。タリム盆地の周辺のオアシスには、かつては二千年にわたって人々が生活したが、地下水面の変化や川の流れが侵蝕作用を起こして居住が消滅してしまう場合もあった。いったん集団的移住が始まると、人力によって複雑な灌漑組織の維持をはかることが困難となり、一世代か二世代の間に耕作可能な農地が縮小し、残存する人口を支えきれなくなる。やがてその町は見捨てられ、絶えず吹きつける砂漠の砂によって奪還されてしまう。

ナナイヴァンダクと叔父は、可能であればいつも他の商人と道づれになって旅行した。ときどき彼らは、ラクダより足が速くて安価なロバに乗って旅行する小集団とすれちがった。貴族や高官たちはウマに——とりわけフェルガナ産のウマ——に乗りたがった。その特質はすでにギリシアの歴史家へロドトスも記録している。中国人はこのウマを「竜馬」だと信じた。しかしこれはごく少なく、それほど高価でないチュルク産のウマがしばしば見かけられた。ナナイヴァンダクと叔父が乗っているのもこのウマだった。この血統は先祖がアラブ種で、背骨の両側に二本の厚い筋肉帯が走り、そのため鞍をつけずに乗ってもかえって乗り心地がよい。もっともナナイヴァンダクと叔父はいつも鞍をつけていた。しかし、とくにシルクロードの北方ルートでもっとも普通に使用されるウマは、ステップ地帯のポニーすなわちターパンだった。

砂漠の行程に関して旅行者の間に流布された恐怖の話は、ときに誇張されることもあったが嘘ではなかった。ナナイヴァンダクの叔父は彼に、その恐ろしさでとくに著名な場所について説明してくれた。たとえば安西・ハミ間の北方ルートには井戸がほとんどなく、北から吹き下ろす突風に襲われやすいこと。叔父の話では、そこは旅行者の骨とラクダの骨以外なんの標識もない場所であった。彼はナナイヴァンダクに、決して近道をしようという気持ちを起こさぬこと、人の通らぬ道を避けること、そうしなければ砂漠のなすがままになってしまうと警告した。ときどきキャラヴァンの本隊に遅れた小さな家族のグループが道を逸れ、一見ラクダに踏み固められたような道に迷い込んでしまうことがある。やがてその道は消え、あるいは砂嵐が吹きまくる。いずれにせよ、未経験者はまったく道を失い、何日もさまよったあげく飢えと渇きで衰弱し、一歩も進めなくなって倒れ、そのまま死んでしまう。やがて彼らの骨だけが、風と砂で磨り減り太陽に晒されたまま残される。叔父はまた彼に、伝説上の砂漠の妖精に似た音を奏でる風の話をした。旅人を死へと誘う音色だという。

砂漠の危険は確かに事実であったが、ナナイヴァンダクと叔父は、渇きよりもむしろ盗賊に襲われる危険に晒されていた。メインルートを通るが、防備の点だけが不十分だったからである。以前、ナナイヴァンダクの叔父は他の商人グループと一緒に旅行を続けたことがあった。朝になって起きてみると、グループのうち何人かが夜明け前にひそかに出発していた。次の町に他の商人より一足前に着いて商品の最高価格を確保しようと望んだのである。ナナイヴァンダクの叔父と残りのパーティーはそれから二時間後、狭い峡谷で、先に出発した旅行仲間たちの死骸に出会ったのである。彼らは待ち伏せにあって殺害され、荷物はことごとく奪われていた。

ナナイヴァンダクはこの最初の旅行で、見捨てられ廃墟と化した町、さまざまな腐朽段階にある死骸、石化した樹木、古い人骨や動物の骨など、多くの死の形跡を見た。鉄砲水は砂漠旅行のもうひとつの災いだった。それは春と夏に突然前ぶれもなく起こり、すべてのものを押し流し、注意しないと転がる石に叩きつけられる。しかし毎年シルクロードを行く数千の旅行者の大部分はこれらの災害を乗り越えている。

この最初の旅行でナナイヴァンダクと叔父は、クチャの東にあるコチョの町に数日間立ち寄った。ここは彼らの宗派の中心地で、叔父の望みは彼を信徒たちに紹介し、礼拝させ、懺悔させ、「選ばれたるもの」に施しを与えることだった。施しはすぐに実行され、熟したばかりのメロンとシルクその他の商品がいくつかの僧院に献納された。この町はトゥルファン盆地にある。この盆地はタリム盆地より狭いがずっと低く、場所によっては海面より一〇〇〇フィート低い。季節は夏で暑さが厳しく、もっとも富裕な住民はわが家の地下に特別の部屋を建造してそこに引っ込んでいた。平原でキャンプ生活を営む遊牧民は、夏は北方の山地に移動する。他の人々はみな、あらゆる作業を止めて灌漑用水路のすぐ脇に坐りこむ。ここは木蔭と絶えず流れ出る泉が憩いを与えてくれた。ナナイヴァンダクはこのルートがここでは「ヤナギ道路」と呼ばれる理由がすぐにわかった。

旅行者はやっとタクラマカン砂漠をあとにしたが、まだゴビ砂漠の端を越えなければ甘粛回廊の宿泊地に到達できない。ハミまでは井戸はいくらでもあったが、それから二、三日経つと道は北方山地の防護を離れ、南東に向きを変えて安西に向かう。ナナイヴァンダクはこのルートがあのように恐怖をもって語られる理由がすぐにわかった。ラクダには十分食事を与えていたが、それでも一日の行程の半分も進むと体力を消耗してしまい、しかも休息を与えるチャンスがない。道に散乱する動物の白骨を見るたびに、やむなく置き去りにされた者たちの身に起こった運命が思われた。その上、道路沿いの井戸水はみな塩からく、飲めばますます喉が渇いた。しかしナナイヴァンダクの叔父はドウ・ストリングを一袋携行しており、これを入れて湯を沸かすと塩分の大部分が吸収されて井戸水でも飲みやすくなる。彼らはヒョウタンも余分に買って、ハミから新鮮な泉の水を運んだ。

次の数日間の行程は花崗岩の丘の間を通る。丘には金鉱試掘者の残した穴が網の目のように開けられていた。道の表面は大きな丸石や花崗岩の砕片などが混じってさまざまな色彩を呈し、それが小さな砂漠トカゲの皮膚と同色に輝いている。ハミから五日経って彼らは狭い峡谷に達した。このルートにしては比較的真水に近い井戸があって小さな部落を支えていたが、ここでゆっくりするわけにはいかない。「黒いゴビ」を越えて安西に着くにはあと六日間を要するからだ。「黒いゴビ」と呼ばれるゆえんは、砂漠の風が絶えず上の砂を吹き飛ばしグレーの砂岩と小さな黒い小石の入り混じった地肌を露わにしているからである。最難関は第三日目、砂漠は厚い塩の外殻で覆われていた。ラクダはこの柔らかく、スポンジのような地面を歩くのをいやがってすぐに立ち止まってしまう。駅者が動かそうとすると、怒って唸り声をあげた。やっと三日目の行程を終えて宿泊所に到着したとき、朝の太陽はすでに高く昇っていた。二日後、安西の北西に中国軍の防壁を目にしたとき、彼らはこのうえない安堵感に浸った――ふだんは旅の辛苦をかえって楽しむほうのナナイヴァンダクも例外ではなかった。彼らはいまや目的地の大都市、長安まで二か月たらずの距離まで来た。盗賊からは城壁と中国兵の守備隊が守り、飲料水は南山山脈に水源をもつ大小の河川が確保し、砂粒を吹きつける砂漠の風は北山山脈が遮っている、そんな道に沿っているのが安西の町だった。景色は日一日と緑を増し、彼らはいつのまにか干涸びた黄色の大地に別れを告げていた。

中国軍の辺境守備隊の本隊は蘭州にあった。ここは、北はオルドスからその先のステップ地帯へ行くルートと、南はココ・ノールを経てチベット高原に至るルートとが交差する地点である。証明書類を提示し、商品に課せられる必要な税金を納め、事務処理を円滑にするためのチップをはずんでから、市内のキャラヴァンサライを見つけ、チュルギスのイッシク・クルで仕入れたアストラカン羊皮の交易を行なう。その後彼らは広大な黄河流域に入った。黄河は南方はるかチベットに水源をもち、黄土を運んで緩やかに蛇行している。郊外はよく耕作され、農園や村落が点在していた。長安への最後の数日間、ナナイヴァンダクの目を惹きつけるものに事欠かなかった。最後の峠はわずか九〇〇〇フィート、中国軍兵士が厳重に守備している。峠を越えてから、中国北西部特有の深い黄土峡谷をくぐり抜けて山を下り、ようやく彼らはカキの林と夏ムギの畑の見える長安の平地にたどり着いた。

中国の首都へは西門から入った。道はまっすぐ西マーケットに通じている。中央アジアから来た商人たちはここで交易を行なう。土壁をめぐらした広いマーケット区域には商人ギルドの代理店が二百以上もある。北東隅は土壁の下に池まであって、その周囲はヤナギや満開の果樹で飾られていた。叔父は長安に店をもっており、その店長が積載商品の売買を取り仕切った。しばらくシルクロードが閉ざされていた関係で、彼らは多大な収益をあげた。商品はマーケットを囲む土壁に面して建ち並ぶ倉庫に運び込まれた。到着の翌日、ナナイヴァンダクの叔父は彼を連れて案内してまわった。マーケットの狭い路地に店が三〇〇〇軒以上も建ち並び、それぞれのギルドの商品を陳列している。銀製品、金製品、ジンジャー、シルクゴーズ、鮮魚、干し魚、カニ、キンギョ、砂糖菓子、馬具類、鉄細工製品、はかりやものさし、薬品、花卉《かき》、野菜、その他さまざまなものである。また多様なサービスを提供する店の並んだ通りもあった。印刷店、質屋、金庫屋、金貸し、売春宿、喫茶店、レストランなどである。ナナイヴァンダクには長安で手に入らぬものはひとつもないように思われた。

取引をすべて終えてナナイヴァンダクは、最初の旅行から二十一年経って、長安の町もマーケットも、旧知を得てますます親しさを感じる以外ほとんど変わっていないことに気づいたことであろう。しかしソグディアナやシルクロード沿いのその他の地域では大きな変化があった。サマルカンドを征服したアラブ人は、この二十年というもの、西方に生じた内部抗争につねに頭を痛めていた。この抗争がようやく解決したのはナナイヴァンダクが今回の旅行に出発する前年で、七五〇年ウマイヤ・カリフェートが崩壊し、アッバース朝が成立してアラブの首都をダマスカスからバグダッドの村に移した年であった。

シルクロードの北方地域でも事態は変化していた。七五〇年までに西チュルク族連合が崩壊し、彼らはシルクロードの北側のステップ地帯（現在のモンゴリア）から駆逐された。代わって別のチュルク族連合すなわちウイグル族がおよそ百年ほど支配することになった。チュルギス族は中国と和平協定を結んで東側を防備したのち、チベットと同盟し――七三四年チベットの王女とチュルギスの可汗との結婚によって締結――、共同で西側のアラブ軍と戦った。しかし中国との和平は長続きしなかった。使節の一人が中国政府に処刑されたのを機に、七三五年チュルギス軍はシルクロード守備隊を包囲した。だが二度にわたって大敗を喫し、再度中国に和平を申し入れ七三六年に受け入れられた。アラブ軍との戦いは好調だった。七三〇年代を通じてトランスオクサニア地域ではなんども大打撃を与え、チュルギス族の二人の支配者間の対抗心がかえってアラブ軍の統一と力を阻む結果となった。

中国とチベットとの和平協定は、ナナイヴァンダクが最初に長安を訪れていたとき、すなわち七三〇年に調印され、七年間続いたが、この仇敵同士の両国の間ではその後数十年間にわたって血みどろの戦いが続く。シルクロードおよびパミール高地を経てインドに至るルートの支配権を押さえるのが狙いだった。東方の地域――シルクロード沿い――では、夏はいつも中国側が優勢だった。しかし秋になって収穫が終わると毎年かならずチベット軍が中国の陣営を襲い穀物を掠奪する。そのためこの地域は「チベットの穀倉地」と呼ばれたほどだった。西方の地域――パミール高地――はチベット軍の支配下にあったが、七四〇年代の後半までに、権力の最盛期にあった中国の玄宗皇帝はチベットに打撃を与えようと決意し、つい

N
大明宮
皇城
官庁街
1 2
3
4
5
6
西
マーケット
東
マーケット
記号
街区
水路
池
仏教僧院
または尼僧院
道教僧院
または尼僧院
マニ教または
ゾロアスター教寺院
「ペルシア」寺院
1. 外国使節ゲストハウス
2. 外国使節謁見宮殿
3. 遊廓
4. 通化門
5. 章敬寺
6. シルクロードへ

八世紀の長安市街

に東西両地域を押さえることに成功した。パミール高地における中国軍の最後の反撃は七四七年だった。中国軍はチベット軍を敗走させ、戦勝の将軍——高仙芝という名の朝鮮出身者——は「密雲公」の呼称を得た。東方でも中国軍は優勢となりつつあった。その統率者は半チュルク系の将軍で、ナナイヴァンダクが聞いたところでは、ソグディアナの血が混じっているという。もうひとり、中国軍のなかにソグディアナ゠チュルク系の将軍のいたことは確かで、名を安禄山といい、噂では最近中国北辺で敗戦の憂き目を見たにもかかわらず皇帝の寵愛が厚いということだった。そのような事情で七五一年までは皇帝の権力は天壌無窮と思われたが、版図の拡大と権力がすでに限界に達していることが、やがて明らかになってくる。

七五一年長安への旅で、ナナイヴァンダクはソグディアナ北東部のアラブ軍と会戦するために遠征の途次にある中国軍と出会った。総司令官は有名な高仙芝将軍。彼はパミール高地で成功を収めてから、ソグディアナでチュルギスその他の軍勢に打撃を与えていた。今回はアラブ軍がシルクロードの中国軍守備隊攻撃の姿勢を示したため、高仙芝が再び西域に派遣されアラブ軍と対戦することになったのである。両軍は天山山脈の北西方向にあるタラス川で対峙した。ここが中国とアラブの勢力の分界線であった。戦闘は五日間続き、中国軍支持のはずの一部族部隊の裏切りによって、やっと決着がついた。中国軍は算を乱して敗走したが、多くが捕虜になり、サマルカンドかダマスカスに移送されたことがわかっている。そのなかのひとり杜環は七六二年に中国に帰還し、アラブのカリフェート中核地への旅行記を書いた。残念ながらこれは残存していない。

ナナイヴァンダクの旅行は二十年間にわたっているので、遠征中の軍隊は見慣れていた。彼らは、ときに地方団体からの食料徴発がむずかしい場合もあったが、原則として商人やその他の旅行者に手出しをしなかった。叔父が死んでからはひとり旅だった。中国への旅行はいつも長く困難であったが、山の景色への愛着や商売への熱意が消えることはなかった。シルクロード沿いの都市の、とりわけ長安の町のマーケットは彼を魅了してやまなかった。彼は幸運にもシルクロードが比較的平穏だった時期に、また中国がまだ外国人を歓迎していた時期に生まれ合わせた。七五一年の旅行が中国旅行の最後になろうとは、このとき彼は想像もしなかったのである。

兵士の話

セグ・ラトン（七四七—七九〇年）

チベットの兵士と軍馬はみな、きわめて美しい造りの鎖かたびらの甲冑を身につける。甲冑は両眼の部分が開いているだけで全身を覆い、どんなに強い弓でも鋭い刀でも、体が傷つくことはない。戦闘のとき兵士はウマから下りて何列にも並ぶ。前の兵士が倒れると後の兵士が代わり、最後まで退こうとはしない。彼らの槍は中国兵のものより長く細い。また弓矢は弱い。戦わないときでも兵士は刀を離さない。

杜佑『通典』八〇一年

七八〇年代、チベットの兵士セグ・ラトンは、故郷から千マイル以上離れたシルクロード南方のミーランの近くにある城塞に配置されていた。チベット軍がミーランその他の町や軍の駐屯地を中国から取り戻してからすでに二十年以上経って、いまやソグディアナ・中国間のルートを制圧し、サマルカンド・長安間の交易と外交使節の交換を妨げ、そのため中国側の富と力の源泉の一つが断ち切られていた。商人たちのなかには天山山脈の北のルートを行く者も出てきたが、このルートはウイグル族の支配する領土で、通行税を払わなければ商人は安全な旅行ができなかった。多くの商人はこのルートを避けた。旅行と交易には熟達したナナイヴァンダクでさえ、サマルカンドの近くでの取引で満足しなければならなかった。七五一年の長安への旅が、中国の首都への彼の最後の旅行であった。

ウイグルに抑えられていた北方の隷属的諸部族は、支配者に好感をもっていなかった。チベットは彼らの叛乱を支援するために軍隊を派遣すべきか否かを思案している最中だった。チベットはまた、ホータンの奪回を狙っていた。ホータンはミーランの西にあり、名目上中国に対し臣従の礼を取っているが、実は独立した都市国家だった。ホータンの中国に対する忠誠といってもそれはおおむね過去のことで、現在では中国の軍隊も役人も来ていない。一方チベットにとっては、この国を占領できれば戦略上有利となるばかりでなく、産出する穀物と食料はシルクロードに駐屯するチベット兵たちの糧食を賄うことができる。

ちょうど収穫の時期で、ミーランのチベット軍営は冬に備えて、また余分の糧食が必要となる将来のウイグル作戦に備えて、食料の仕入に没頭していた。土地の農民は保護の見返りとして軍に収穫の一部を、また労働力を提供し、動物や装具の貸し出しをした。しかし城塞にはチベットから送られるオオムギや動物の特別支給もあった。駐留部隊の司令官は部下たちに糧食の調査――現有貯蔵量のチェックと記録――を命じた。部下の一人に、分隊長で古参兵のセグ・ラトンがいた。彼が最後に家族に会ってからもう何年も経っていた。家族は農民で、チベット帝国を築いた人々の故郷である南チベットに住んでいた。かつてこの地域の王たちは六世紀の末から七世紀の初めにかけてチベットの北部と西部にいた遊牧民の種族を撃破し――その連戦連勝は「南のタケが北のヤクを負かした」と謳われた――、その後彼らは広大な山岳帝国を建国する。中国との外交関係は六〇八年に始まった。しかしチベット帝国の支配権が確立したのはそれから十年後のことで、ラサに首都を創ったのは六三三年になってからだった。当時の情勢から皇帝は目を隣国、とくに中国に向ける必要に迫られ、一世紀以上にわたって和戦両様の関係が続いた。チベット皇帝は外交をバックアップし、かつ内外の敵に対処するために、強力な軍隊が必要だった。セグ・ラトンにも他の同胞にも兵役が強制された。チベット帝国の成人男子に多くの植民地からの補充兵が加わり、チベット軍は巨大な勢力となった。当時の植民地はココ・ノールに近いアザ王国、北方シルクロードにあるインド＝ヨーロピアンの都市国家クチャから、西はパミール高地のワハン王国、小バルール（小勃律）王国にまで及んでいた。しかし初期の戦いは被害が大きかった。中国軍との戦闘では数万の戦死者を出した。チベットがシルクロードの支配権を獲得したのはごく最近のことだった。

チベットがミーランを主要な東方駐屯地に選んだのは、この町が戦略上重要なこととチベットへの出入口に位置しているからだった。ミーランはチベット高原からクンルン山脈の南方を越える二本の直線ルートが、東西をつなぐシルクロードの本道に出る地点に位置している。クンルン越えのルートはチマンターグの山塊を抜けチベット高原を経てまっすぐラサに通じている。他のルートはまず敦煌の方向に東進し、ついで南転し、クンルンの東に連なる南山山脈を越えてツァイダム盆地の広大な牧草地を通る。もうひとつチベットから直接ホータンに入るルートもあるが、この地域はきわめて貧困で、これから攻撃に向かう軍隊をとうてい支えることはできない。

ミーランから東進して敦煌に向かう主要道路は、クンルンの山麓を越えて七〇マイルも広がった砂礫地帯を横断し、その先に広がる塩で固まった砂漠の荒野を越えねばならない。古代にはこの道はミーランから東へしばらく進んだ地点で二叉に分岐していた。一方はクンルンに沿い、他方はロプ砂漠を横断するルートであった。旅行者が後者を選ぶよう勧められたのは冬場だけだった。冬は干上がった内海ロプ・ノールの南ではまだ塩水の泉で氷が取れ、これを砕いて旅の次の行程までの水分の補給とした。これ以外、水はほとんど得られなかった。しかし四世紀以降ますます水が不足し、このルートにわずかのサービスを提供していた小村落も見捨てられ、やがて正規の公道としての地位を失ってしまった。その後ミーランの町の人口は、かつては八千ないし九千を数えたが、しだいに減少していった。

この頃――八世紀中頃から――ミーランはチベット軍の占領下にあり、縮小して小さな入植地となっていた。兵士たちや従軍の人々が町に新しい活気を与えることになった。ミーラン川がクンルン山脈から耕作不能な砂礫の川床を流れるが、川水の多くは途中で蒸発するか消滅してしまう。だが、これが砂漠の端で黄土の沈澱の中に湧出すると、これを注意深く大きな水路に導き、大小の支流に流して農地を潤す。主要水路の幅はもっとも広いところで六〇フィート、深さは三〇フィートを超え、川の先から五マイルほど流れて七本の大きな支流に分かれている。水路が最初に建設されたのは数世紀前で、このときは支流の水路は二、三マイルほど長く、しだいに幅の狭くなる細流となっていた。その頃扇状の灌漑用水は一〇平方マイルの肥沃な農地を潤していた。農地の先で水路は地下を流れ、いたるところにある砂漠のタマリスクを育成した。タマリスクの周りは砂が盛り上がって大きな砂丘が出来る。なかには高さ五〇フィートに達するものもあり、これらが目前に並んでいるのを見ることができた。その先は砂だけだった。

セグ・ラトンがミーランに配属されたとき、この水路機構はもはや全然使われていなかった。町の人口がいまや極端に減少してこれを維持することができず、支流の多くは流れが止まり、砂や、のちにはタマリスクが、かつては肥沃だったコムギ畑に侵入した。セグ・ラトンと彼の分隊は灌漑管理士官の命令で、残りの水路を清掃する当番にあたっていた。皮肉なことに主たる問題の一つは洪水だった。洪水の季節は年に二度あった。早春の洪水は川床の氷や比較的低い山の雪が溶けるときに、初夏の洪水は高山の雪や氷が溶けるときに起こる。夏の洪水はしばしば手に負えないものとなった。大量の水が水路の入口に押し寄せ、農地に氾濫して泥沼と化し、穀物を台なしにしてしまう。冬場は川が凍結し、一面を氷のシートが張りつめてしまう。

灌漑と農作業以外に兵士たちにはさまざまな日常の仕事が課せられていた。土地の土と泥で煉瓦を作る仕事は、城塞の修復と新しい兵舎の建設のためだった。この城塞は数十年前チベット軍がシルクロードを奪還したとき造られたもので、変形四角形の最長辺が二四〇フィート。四隅と各城壁の中央に稜堡が突出していた。南側の稜堡がもっとも大きくて高さは四〇フィートを超え、上に七フィートの胸墻《きょうしょう》がついている。稜堡の素材は踏み固めた土で、なかに重ねたタマリスクの茎で強化したものだった。

兵士たちはまた、砂漠に派遣されて何年も前に立ち枯れたポプラの枝の採集を、あるいはクンルンの峡谷に派遣されて発育不全のポプラ、ヤナギ、ビャクシンの枝の採集を命じられた。夏の洪水のあとでたまたま成育した若木はすぐに伐採された。枝によっては短く切って備品の計算用に使ったり、現地の状況を隣接する監視塔や他の城塞に伝達する報告書に使ったりする。残りはタマリスクとともに燃料や建築用材になった。燃料の枝がないとき兵士たちは動物の糞を燃やす。ヤクの糞が最上だった。兵士はみなポニーを所有し、ヤクは荷物の運搬や農耕に使用された。セグ・ラトンも仲間の兵士も、衣類の繕いはたいてい各自で行なって着用した。甲冑と衣料が修理不能になると、他の屑と同様ゴミ捨て場に捨てる。彼はまた、三時間交替一日八回の監視体制の維持に努め、ミーラン周辺の道路の戦略的地点に張りめぐらされた狼煙台や監視分署に駐屯する兵士たちの休息を確保した。

狼煙台駐屯は辛い勤務と考えられていた。兵士たちは狼煙台の下の狭い宿舎で、注意深く準備された薪をいつなんどきでも点火できるようにして長時間を過ごさなければならない。台上には三つに分けた薪の束が積まれていた。それぞれの束から導火線が管のなかを通って下の当直の兵士の手もとまでつながっている。導火線に点火するには火錐と、ヨモギなど土地の燃えやすい原料で作った火口を使う。火を二回あげるのは警戒の合図、三回は敵軍出現の合図、一回は全面解除の合図だった。小さな狼煙台に駐屯する兵

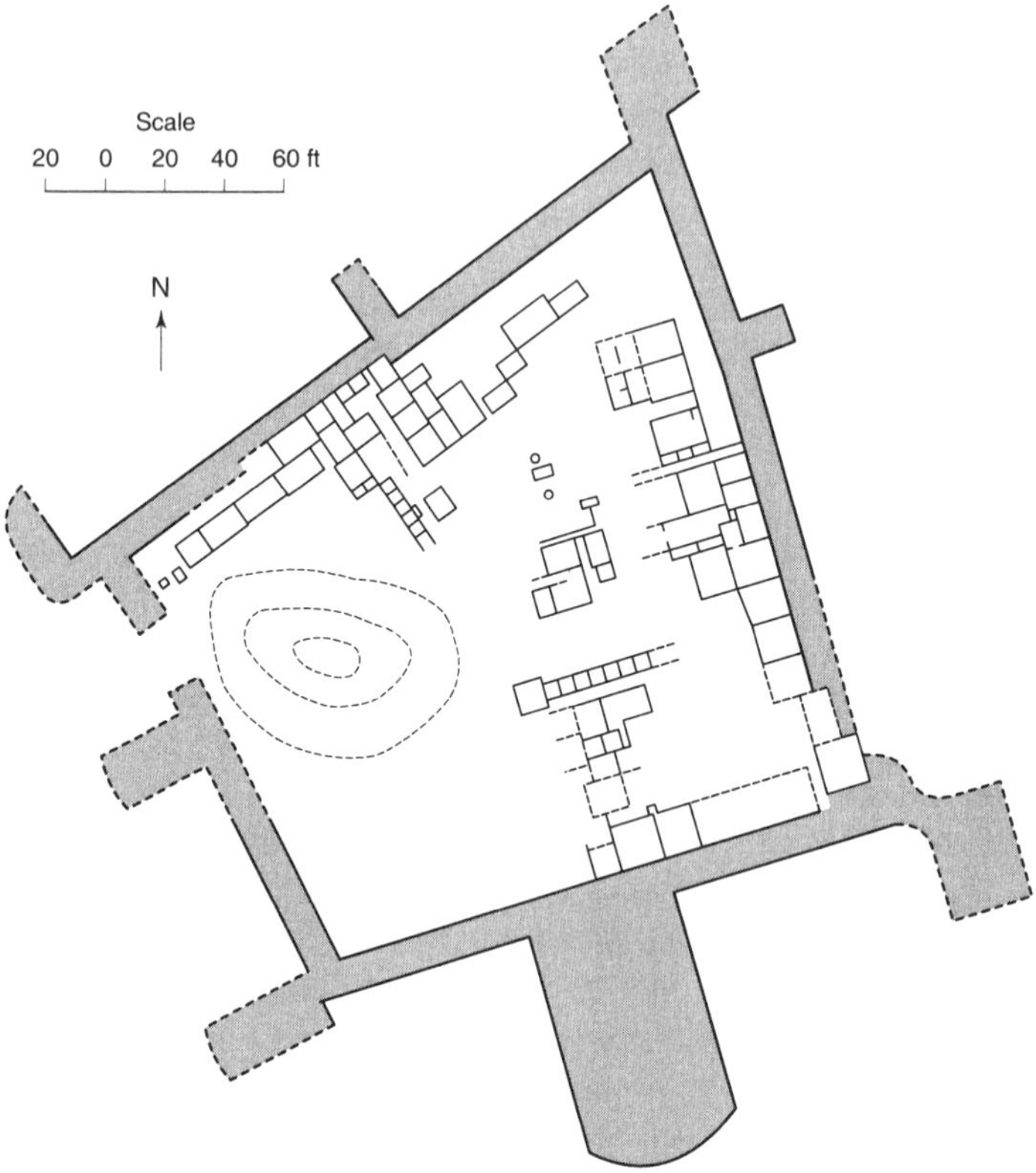

ミーランのチベット軍城塞平面図

士はわずか六人。各種兵器のほか部隊の軍旗と戦闘用ドラムを装備し、数週間の勤務に必要な食糧などを備えている。

ミーランの司令官は、はるか南方の山の峠にある監視分署の救援のため、最近兵士一分隊を派遣した。分署の兵士数名が病いに倒れ、この城塞に送還中であった。彼らは駐在する医師（兵営の獣医を兼ねていた）のもとで治療を受けることになっている。監視分署の隊長は送還される兵士と一緒に、救援隊の無事到着を知らせる書状を送ったが、これに付記して、「兵士を慰める女性がひとりもいないので、ただちに大勢の慰安婦を派遣されるよう司令官閣下に要請する」と書いた。ミーランにそれだけの数の慰安婦はいなかったが、少数の女たちが駆り集められた。この種の目的で軍が確保できる女といえば、このような遠隔の駐屯地にいる売春婦だけだった。もっと小さな兵舎になると、彼らはメイドと下女を兼ねていた。

セグ・ラトンはミーランを離れる勤務でないときは、城塞東端の内側に建てられた小さな部屋に住んでいた。部屋は一〇フィート平方にも満たなかったが、ここで彼は食事をし就寝した。この前哨基地にはゴミや汚物を処理する手段がなかった。どこへ捨てたのか。兵士たちは生ゴミを部屋の隅に捨てるだけで、悪臭と汚れが高じて住めなくなると、その部屋は便所になった。やがて人間や兵舎の廃棄物であふれ、結局その部屋は捨てられてしまうが、城壁の内側に次々と新しい部屋が建造され、代替宿舎が供給される。ゴミの詰まった部屋はその隙間に砂が吹き込み、これが乾燥した砂漠の空気と相まって、悪臭を抑え、かつゴミを保存する。一千年以上経って遺蹟を発掘する考古学者にとって、これが二重の祝福となった。

それが基本的な生活だったので、セグ・ラトンははるか南のヤルルング川流域にある自分の土地で農業を営んでいたほうがずっとましだと思ったことだろう。豊かな生活ができたわけではなかったが、その流域はヒマラヤを背景にしてみずみずしい緑の草木が生い茂っていた。ミーランのほうといえば大地は干涸びた灰色、南方のクンルン山脈はほとんど永遠に晴れることのない砂塵の霞に隠れている。ミーランでは娯楽もほとんどなかった。ストーリー・テラーや踊り子、曲芸師を同伴するキャラヴァンも、いまでは通過することもない。兵士のなかには楽器を弾く者、歌をうたう者も何人かいたが、たいがいは昔の戦ばなしを語って時を過ごした。セグ・ラトンはパミールやココ・ノールの戦闘で中国軍を相手に戦った体験談をしょっちゅうせがまれたものだった。

チベットと中国の間で七三〇年に結ばれた和平条約は七三七年の中国軍侵入によって破られ、以後両国の関係は悪化していた。再度の条約は七八三年まで締結されなかった。この間なんども血みどろの戦いが繰り返されたが、その主な戦場はチベット・中国国境の北東部と、シルクロードからチベットの西方パミール高地を経てインドに至るルートとの二つであった。七四〇年代までには中国側が優勢を占めた。これは中国軍が二人の傑出した異国生まれの将軍に率いられていたことと、当時権力の絶高頂にあった唐の玄宗皇帝が専心これを支持したからであった。皇帝は兵力と物資を戦場に注ぎ込み、断固チベット軍を撃破してシルクロードを手中に収める決意であった。

東部ではココ・ノール周辺で中国軍とチベット軍はなんどか遭遇した。ココ・ノールは海抜一万フィートの高地にある大きな内海で、アザ族の故郷だった。ずっと昔、中国とチベットを結ぶ幹線道路にあるこの地を狙って中国はアザ族と戦ったことがあった。しかしアザ族は勇敢な戦士で、六一八年、中国王朝の交替期に乗じてこの地の支配権を取り戻した。六三四年になって中国が再び奪還、かくして事実上チベット・中国間の緩衝地が除去されることになった。その後数年間、アザ族を武力闘争の質草として両国間に戦闘と外交交渉が続き、六四一年にいたってようやく「とりあえずの妥協」が成立、引き続いて中国の皇女がチベットに送られて皇帝と結婚、またチベットの貴族の子弟の中国への留学が実現した。実は皇女は皇帝の直接の血筋ではなく、皇族出身の王女だった。両国は相互を平等な関係と見なすことを建前としたが、中国側はあくまでこれを「伯父と甥」の関係と考えた。しかし七四〇年代になって再び交戦状態に入り、ココ・ノール周辺の戦いがもっとも熾烈なものの一つとなった。戦闘は勝敗を繰り返したが、ついに中国軍が押し戻され、湖上の一島を残してすべてを放棄せざるを得なくなった。両軍とも湖の東方二五マイルに位置する要塞の奪取を狙っていた。ここは七三〇年の協定で同意された境界線では中国領に入っていた要塞で、中国側は「石の城」(石堡城)、チベット側は「鉄の刃」城と呼んだ。黄河と湟水の両流域に挟まれた高地にあり、ラサ・長安間の幹線道路を支配し、かつ豊かな牧草地ココ・ノールへの出入口であった。七四一年チベット軍が「鉄の刃」城を奪い返したとき、中国の皇帝は激怒し地区司令官に反撃を開始せよと命じた。司令官はたいへんな勇気を振るって次のように答えた。「要塞はチベットの全国民によって厳重に守られております。たといわが軍が城下に押し寄せても、数十万の兵士の命を犠牲にしなければこれを落とすことはできませぬ。畏れながらおもんみまするに、これによって得られるものは、失うものと比べて到底比較になるものではございませぬ。」服従違反のかどで彼自身危うく命を失うところだったが、処刑を免れたのは新進の青年将軍で代わりの司令官に任命された哥舒翰の弁護によるものだった。のちに皇帝が哥舒翰に「鉄の刃」城攻撃を命じたとき、彼はそれを拒否することはできなかった。

セグ・ラトンはこの中国軍の攻撃を迎え撃ったチベット軍の一員だった。彼はその話は別の日に語りたかった。いまミーランの寂しい城塞で時を過ごしながら仲間に話したかったのは、西方パミール山地で体験した別の戦闘で、「鉄の刃」城攻撃の二年前の話だった。チベットはすでにシルクロードと、北インドに通じるギルギット川流域とを結ぶルートを押さえ、流域の小さな国々に対する支配権を確立していた。七四〇年代にチベット軍はこの流域でなんどか中国軍と遭遇し、つねに勝利を収めていた。しかし七四七年の夏はそれほど幸運ではなかった。セグ・ラトンはこの戦闘を生々しく記憶していた。

彼の部隊は九〇〇〇人を擁する軍の主力とともに深い山の中にいた。彼らはパミール山地とヒンドゥークシュ山脈の間のワハン王国にあるオクサス川沿いの町サルハドを目指して進軍していた。オクサス川はカシュガル南方のパミール山地に水源をもち、はじめ西へ流れてから北西に方向を転じ、山地から姿を現わしソグディアナの境界を通ってからアラル海に注ぐ。水源からそれほど遠くない地点で早くも茶灰色の大河となり、山間の深い峡谷を流れてサルハドのすぐ東に出るが、ここは山腹がやや後退して河水が平らな川床を覆って広がっている。ここで南から注ぐ支流の一つが渓谷に沿って流れている。この渓谷は兵士や糧食を積んだ動物が容易に渡れるほどの幅である。この渓谷の先には二つの高い氷河の峠、バロギル峠とダルホット峠が連なっていた。ダルホット峠は山に囲まれた、当時はチベットの勢力下にあった小バルール（小勃律）王国に通じ、さらにその先はギルギット川渓谷の上流になっている。ギルギット川は順次カシュミールからチベット、インドへと流れて行く。

チベット軍の斥候がサルハドの軍営に、およそ一万の中国軍が将軍高仙芝に率いられて北方シルクロードから接近中との情報をもたらした。この斥候たちは三か月前から中国軍前進の跡を追ってアクスからカシュガルへ移動、ついでパミール山地北部に点在する中国軍基地を探索していた。この情報に接してもサルハドの将軍は楽天的だった。これほどの数の兵馬がカシュガルからすべての峠を乗り越えて来れるはずはない――たとい乗り越えたとしても、兵馬用の糧食が足手まといになってその進撃は遅れるだろう――パミール渓谷の牧草は痛ましいほど不十分で軍馬の大群を支えることはできない――ただ一本の補給線も長すぎる——その上わが軍はすでにサルハドで地勢の利を占めている——と考えたからである。万一中国軍が到達したとしてもわが軍は十分に防衛できるはずだった。支流の渓谷に沿って小バルール方面に南下する道がオクサス川から数マイル先で狭くなり、峡谷の両側が岩場だけという地点があった。彼はすでに部下に命じて、そこに防柵を構築させていた。この土地は湿地帯で、柵は渓谷の上で伐採した樹木で作り、柔らかい地面に容易に打ち込むことができた。進撃する中国軍も、この柵まで来れば進むことも乗り越えることもできないだろう。チベット軍の本隊は柵の南に陣を敷いていた。セグ・ラトンと戦友たちはみな、進攻する中国軍がこの狭い峡谷にはまり込む様を見ることができるだろう。さらにチベットの射撃隊が柵の上から、対岸の絶好の標的となった混乱する中国兵を目がけて一斉に矢を降り注ぐことができるはずだった。

セグ・ラトンは自分の部屋の土壁に、木の枝を使って両軍の位置を描いた。ミーランの兵士の多くは年齢が若く、パミール作戦に従軍したことはなかったが、大部分は山の地勢のことはよくわかっていた。彼はオクサス川を描き、その南岸守備に配置された一〇〇〇人の兵士から成る分隊の位置を示した。彼の説明では、その任務は中国軍を攻めて北から川を渡るのを遅らせ、チベット軍の本隊に敵の襲来を事前に報せること、同時に中国軍を支流の渓谷に誘き寄せて罠に陥れることだった。過去七年間、チベット軍はワハンと小バルールの王国を占領するために派遣された中国軍を、これまで三回撃破し、今回も撃破できる自信に満ちていた。セグ・ラトンはこれらの作戦に従軍した古参兵で、地位も分隊長代理に躍進していた。

オクサス川が氾濫していたため、チベットの分隊は渡河して北からの中国軍を迎撃することは考えなかった。いずれにせよチベット軍は、川の南岸に完全な守備体制を敷いていた。そのうえ——とセグ・ラトンは説明する——中国軍は算を乱して対岸に到達するはずだった。攻撃の日を選ぶにも時間がかかるだろう、遅れれば遅れるほどわが軍に有利だとチベット側は信じたのだった。「中国の補給路が伸びれば、パミールで厖大な中国軍を長く支えることはできないだろう、一方わが軍には南方小バルールからの確実な補給路がある、とわれわれは考えていた。」こう言ってから彼は、中国の大軍が接近し、数日間オクサス川の北岸に陣を張った模様を話した。チベット軍は川の水が引くまで何日も待ち続けた。

翌日、セグ・ラトンは物音と混乱で目を覚ました。はじめ彼は、南方の柵の向こう側の友軍と中国軍との戦闘が始まったと思ったが、すぐ背後にも敵兵がいるのを見た。チベット軍の指揮官の誰もが予期しなかった襲撃で、将兵の間にパニックが広がった。セグ・ラトンと同僚は自ら作った防柵まで退却せざるを得ず、彼の分隊は多くの死者、負傷者を出した。その夜、彼と生き残った仲間は険しい峡谷の岩場を攀じ登り、敵の防御線の間隙を見つけて南の渓谷から脱出、峠を越えて小バルールに向かった。予備のウマも糧食も大部分を、切り刻まれた戦友の死体とともに、置き去りにしなければならなかった。

翌日、チベット軍の残存部隊はまだバロギル峠を敗走中だった。部隊は再編の結果、兵力は半減、一〇〇〇頭以上のウマと糧食の多くを失っていた。ただちに反撃に転ずることはまったく不可能だったが、チベット軍には南方に、新鮮な食料や人員が得られる王国がいくつかあった。そのためチベット軍の将軍は部下たちに、ギルギット峡谷にあるチベットの保護領小バルールまで、南に退却するよう命令を出した。この峡谷王国に通じるダルホット峠はこの山系では最高頂の一つで——一万五〇〇〇フィートを超える——、山間の裂け目に滴る大きな氷河の上に聳えている。峠の反対側を通って小バルールへ下る道も峻険で、中国軍がこの道を下るとしても、山地に不慣れな将兵の間にかならず意見の不一致を来たすだろう。山道はたかだか五マイルの間に六〇〇〇フィートも下らなければ陣地に適した場所が得られないばかりか、氷堆石と剝出しの岩石から成る地面は、氷の層に覆われて足場が悪い。中国の将軍で、軍隊を率いて首尾

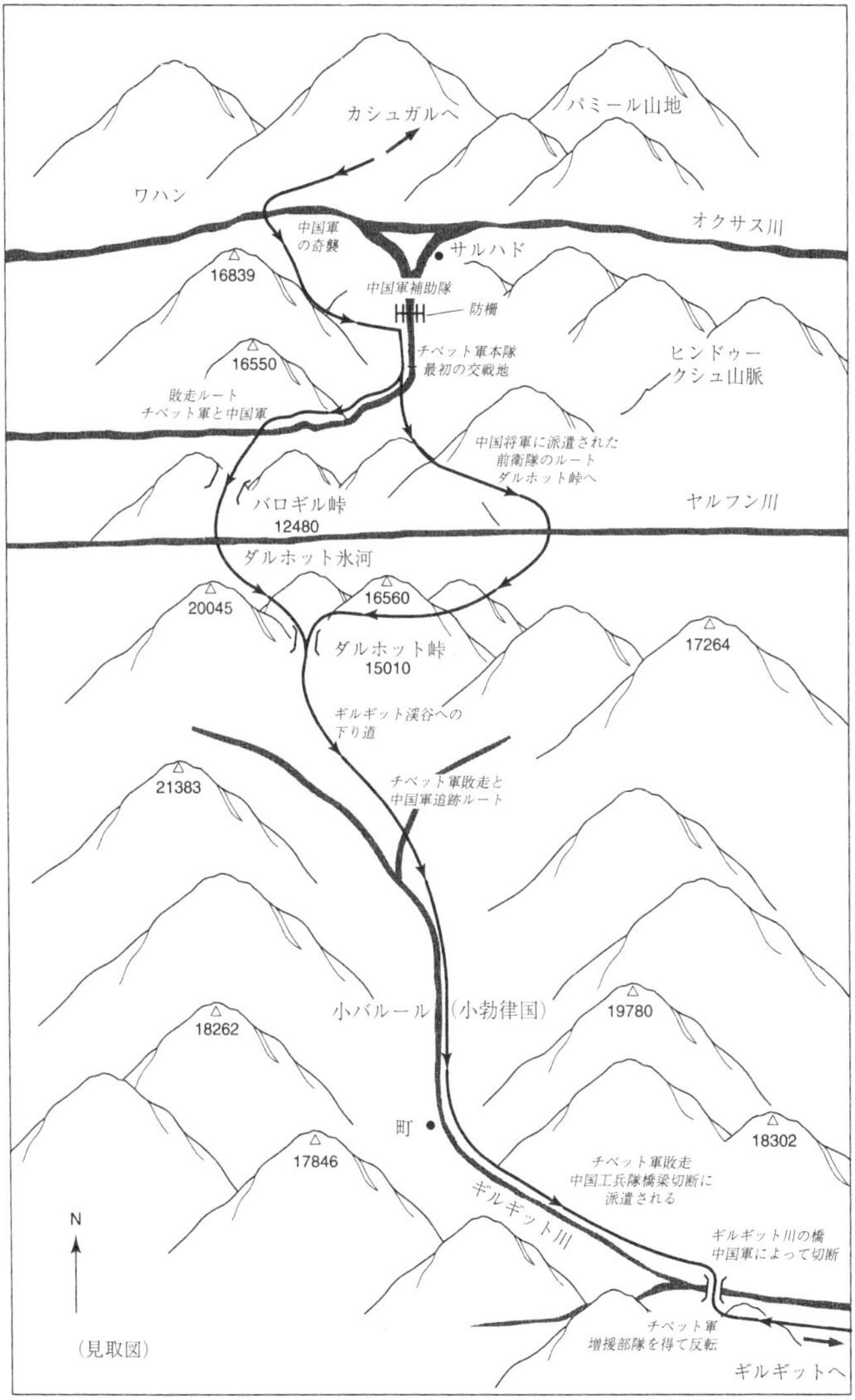

ワハンと小バルールの戦跡図

よくこの峠を越えた者はいままでにひとりもいないのだ。

そのうえ、とセグ・ラトンは続けた。小バルールにはチベットに忠誠を誓う支持者が大勢いる。女王はもとチベットの王女で、国王の花嫁として降嫁した七四〇年は七年前のことにすぎない。町から一二マイルほど南下したところに、ギルギット川峡谷に架かる橋があり、その先は蛇行する川の右岸に沿って道はギルギットの町へ続き、さらに進むとインダス川の渓谷となる。中国軍がダルホット峠の頂上で去就を決しかねている間にチベット軍は、この橋のところで装備を立てなおし、反撃開始のためのウマを増強することができる。セグ・ラトンは部屋の土壁を引っかいてまた地図を描き説明した。ギルギット川は夏場はこの橋以外では、山頂からの氷が溶けてくるので渡れない。したがってチベット軍がもしこの橋――小バルールから接近し得る唯一の渡し場――を確保しさえすれば、中国軍は今季は絶対にこれ以上南進はできないはずだ。チベット軍は、敵がダルホット峠を越えた直後、小バルールの町に到達する以前に迎撃しようという作戦だった。中国軍はあの峻険な山道で軍紀を維持することはまずできまい、そうなれば波状攻撃を仕かける機会はいくらでもあるというものだ。さらに、退却を余儀なくされた敵は、おそらく大量の糧食と多くのウマを置き去りにするだろう。そうなればチベット軍が先刻失ったばかりのものを取り戻すことになるではないか。

バロギル峠からダルホット峠の山麓までは南へ約三〇マイル、またその頂上から小バルールまでは、さらに三〇マイルあった。チベット軍司令官たちの予測では、中国軍がこの距離を踏破するには最低七日間を要するはずだった。荷を積んだ動物もあることだし、一日一〇マイル以上進めば上出来だ、そのうえ難関のダルホット峠を越えねばならない。チベット軍は町に兵を駐在させることさえせず、町の役人の忠誠を確認してからギルギット川の橋を渡って渓谷が数マイル広がった手前に陣を張った。同時に援兵と糧食確保のため、次の守備隊駐屯地まで兵士たちが派遣された。援兵の到着次第、中国軍の不意を襲って攻撃するのが、わが将軍の作戦だった。

臨時の兵はすぐに到着した。最初のチベット軍がワハンから算を乱して逃走してから、まだ八日しか経っていない。いまや彼らは新たに戦闘準備を整え、ギルギット川を引き返しはじめた。セグ・ラトンは再び敵と戦闘を交える意気込みを語った。前回の戦いで多くの戦友を失ったのだ、どうしても復讐したい。「俺たちは負け戦には慣れておらんのだ」と彼は言った。いままで三回彼は中国軍と戦ったが、敗走するのは中国軍、恥をかくのは中国の将軍たちだった。このときチベット軍のいだいた唯一の危惧は、中国軍が予想以上の速度で前進するかもしれない、そうなればチベットの全軍がロープで作った危険な橋を渡りきって戦列を整える十分な時間が不足する点であった。数千人の縦隊が山腹の道を全速で前進した。先頭は騎兵隊——主として非チベット人——、そのあとに射手の分隊が続いた。チベット槍兵の精鋭部隊が頭から爪先まで鉄の鎖かたびらに身を固めてしんがりをつとめた。

夕刻までに橋に着いた。部隊が道の湾曲部に沿って行進していたとき、セグ・ラトンは前方の兵士が驚愕の叫びをあげるのを聞いた。暮れ行く光のなかで橋はなかなか見わけられなかったが、やがて彼はその理由がわかった。もはや橋はなかったのだ。対岸に、矢の射程内に、中国軍の分遣隊が見えた。彼らは橋を切断した直後だった。セグ・ラトンとチベット軍は、その年は小バルールとワハン奪回のすべての望みを捨てて退却せざるを得なかった。

セグ・ラトンは話を終えたが、聞き手からすぐに、一体何が起こったのかの質問が飛んだ。高仙芝将軍は軍の補給をどうしたのか。オクサス川をどのように渡ったのか。ダルホット峠を下るとき将軍は軍隊にどのように説得したのか。中国軍が山岳に弱いことは誰もが知っていた。なぜ小バルールとギルギット川に、かくも迅速に到達し得たのか。

セグ・ラトンは答えた。敵の将軍高仙芝は朝鮮生まれの戦略家じゃ。中国の将軍が三人も失敗したというのに、なぜ奴だけが成功したのかって。奴の最初の手腕はパミールの北方山麓で一万の軍勢を三分団に分けたことだ。これを三つの異なったルートに沿ってワハンに南進させ、そのため補給ラインも三本になった。八月にこの三分団はオクサス川北岸に集結し、対岸のサルハドとチベット軍と相対したのだ。

渓谷を滔々と流れる水に足を取られぬよう、将軍は河の神に供物を捧げて軍を鼓舞したまえと祈り、数マイル下流でひそかに、しかも難なく、チベット軍に覚られずにオクサス川を渡ったのだ。ここから南下して山腹まで進んだ。このルートは前夜派遣した偵察隊が見つけた道で、チベット軍の本隊のいる支流渓谷と平行していた。そこから数マイルで山脚に出る。ここからはチベット軍本隊を背後から奇襲するのに好都合な緩やかな下りになっている。セグ・ラトンは説明した。「まったく思いもかけなかったのが背後からの攻撃だった。味方が作った柵を背にする羽目になってしまったのだ。」一方中国軍の別動隊がオクサス川南岸のチベット軍と交戦する。

敗走するチベット軍を追撃するとき、高仙芝将軍は小バルールまで全軍を帯同しようとはせず、負傷者と病人と成功を危ぶむ者をあとに残して、全速でダルホット峠に向かった。彼はギルギット渓谷への困難な下り道のことを知っており、何らかの誘因でもないかぎり軍が積極的に峠越えを決行するとは思えなかった。ほとんどが山岳生活者ではなかったからだ。そこで彼は信頼のおける十人の兵士を選び——全員中国人ではなかった——、彼らをひそかに別のルートを取って先行させ、峠を越えて向こう側に出たら町の住民のように変装するよう命じた。そこで彼らは将軍とその軍隊が峠の鞍部に現われるまで待機する手はずになっていた。山麓で彼らは町の代表を装って騎乗して出迎え、「中国軍歓迎のため町から派遣された者であります。ギルギット川に架かる橋はチベット軍の反撃を防ぐため、町の人間がすでに切断いたしました」と言上する。

策略は成功した。将軍が予想したように兵士たちは渓谷への下りを喜ばなかったが、この代表の言上が彼らを安堵させた。軍隊は楽天的気分で前進し、すでに勝利を収めたものと確信した。つぎに将軍は一隊を町に先発させ、王の家族と大臣たちを捕らえさせた。王とその側近を捕虜として彼はなんら刃向かう者なく町に入り、すぐにチベットに忠誠を誓う役人たちを処刑した。ついで時を浪費することなく、彼は先発工兵隊を南方のギルギット川に架かる橋の切断に派遣した。彼らの作業はあわやのところで成功し、その直後セグ・ラトンとチベット残存部隊が黄昏のなか川の向こう側の道に現われたのだった。高仙芝将軍のスピードと、作戦と、策略とが勝利を収めたのだ。

セグ・ラトンの話を聞いていた一人が、小バルールの王とチベット人の王妃はどうなったかと尋ねた。「二人は中国の首都に送致され、王は宮廷護衛の名誉ある地位を贈られた。」セグ・ラトンは王妃がどうなったかは知らなかった。サルハドに近い山の斜面は、高仙芝将軍の軍がチベット軍を見下ろす高地を占拠した場所だったが、そこに稜堡を備えた幅数フィート、煉瓦と木の枝で表面を固めた石壁をめぐらす城塞が築かれ、二〇〇〇人の中国軍が小バルール守備隊として常駐した。高仙芝将軍は皇帝から手厚い褒賞を受け、以来チベットの将軍たちからもいちだんと畏敬されるようになった。

七四七年の戦闘後、セグ・ラトンと同僚のヤルルング渓谷出身者は、東方前線での服務までの短期間、帰宅の許可を与えられた。故郷まではラサの南一千マイル半、次の服務地へは北にさらに一千マイルあった。彼らは給料の支給を受け、赴任のための糧食徴収の権限を与えられた。

最初のルートはギルギット川に沿ってインダス川との合流地点まで進んだ。次の数日は、ときに夏の洪水のため低い道が渡れなくなることもあったが、比較的楽な行程だった。彼らはカシュミール北部を貫く山道を進み、インダス川渓谷を南東方向に登ってチベットに入った。そこから先は、道はヒマラヤ北衛の山々に沿ってツァンポ川すなわちヤルルング川まで流れる渓谷の連続だった。しかしセグ・ラトンは故郷の渓谷にあるわが家に長く滞在せず、次の駐屯地に向かって北に進路を取った。甲冑も武器もすべて補修されてきれいになり、元気のよいポニーを一つなぎ連れていた。彼はかつてのアザ族の本拠地、ココ・ノール周辺を目指したのだった。

また別の晩、セグ・ラトンはココ・ノールの戦いの話を所望された。ミーランの兵士はみなココ・ノールの地を知っていた。大部分がチベットから来る途中ここを通っていたからだ。セグ・ラトンは語った。湖に近づいたとき、彼の目に入ったのは一面に広がった大きな、多角形の、黒いヤクの毛で作ったチベット軍のテントだったこと、その周りに何万という数のウマやヒツジなどがいたことを。湖水周辺の土地はきわめて肥沃で、その夏はヤクも牧草を腹いっぱい食べてまるまると肥えていた。見渡すかぎりキャンプが広がり、セグ・ラトンは自分の部隊を見つけてテントを張るのに少々時間がかかるほどだった。

チベット軍のキャンプで働く下僕の多くは捕虜で、なかに中国人やウイグル人がいた。捕らえられた最初は全員が大きな穴に閉じこめられる。比較的上級の人物は尋問され、ときには拷問を受けてから刺青《いれずみ》を施されて仕事が割り当てられる。読み書きのできる者は通訳や相談役に任命され、刺青は腕に施されるが、通常の捕虜は顔にされた。脱走は珍しいことではなかったが、山中を長期間彷徨しなければ安全な場所に出られなかった。百年後のことだが、中国のある士官が六年間の捕虜生活の末ようやく脱走したが、凍傷のため故郷にたどり着くまでに片足の一部を失ったという。再び捕らえられた者は皮の鞭で叩かれた。双方とも虜囚のまま死亡した高級将校の遺体は柩に納められ、チベット・中国間のさまざまな協定の条件のもとで本国に返還された。中国の士官もチベットの士官も、敵国の首都に送られることを好まなかった。親善の使節といっても人質と見なされ、和平協定存続のための抵当物件として扱われることがあったからである。

七四九年セグ・ラトンが到着したとき、キャンプにはなんとなく事の起こりそうな気配があった。黄河の中国軍キャンプから戻った密偵の情報によれば、半分チュルク人の血が入った軍政官哥舒翰が軍を召集していることは明らかだった。チベット軍将校たちは西方に軍を増派してパミールの諸王国を奪還することを望んだ。かの地で中国軍が勝利してからチベット兵は、小バルールの中国軍守備隊のカシュミールからの補給路を中断することに成功し、ワハンにまで押し返していた。しかし、この二王国を奪回する本格的攻撃が遅延しているのは、中国軍の侵略がエスカレートする東部戦線に軍を集中する必要があったためである。実際この年の末高仙芝将軍が再び西進し、パミールでチベット軍と衝突し、再び勝利を収めている。セグ・ラトンはこの戦闘に参加しなかったが、ミーランには参加した古参兵がいた。

哥舒翰は「鉄の刃」城攻撃のため、六万三〇〇〇の兵から成る特別軍を作って「神威軍」と称した。彼は断固チベット軍を打ち破る決意で、四つの藩鎮（司令部）から精兵を集めた。全員が歴戦に鍛えられた精兵だった。隊員の多くはチュルク人で、中国に忠誠を尽くす兵士だったが、とくにチュルク人の将軍の下で戦うことを喜びとした。中国人以外の者を前線の司令官に任用するのは最近の、しかも慎重な政治的判断に基づく政策だった。中国の宰相が皇帝に対し、彼らは中国人より優秀な武人であること、武人としての野心はあっても政治的な野望はないことを進言したからだった。西域を支配した朝鮮の武将高仙芝、甘粛回廊におけるチュルク族の将軍哥舒翰以外に、北西部は二人のチュルク＝ソグディアナ系の将軍安禄山とその従兄弟が支配した。戦場における彼らの価値を認めない者はなかった。しかし六年後安禄山は、外国人であるがゆえに軍事的分野を超えて野望を広げることも妨げられるものでないことを立証した。彼は叛乱を起こし、皇帝を倒し、中国を長期にわたる、高い犠牲を強いることになる内乱へと導いたのである。しかしこれはすべて、まだこれからのことだった。

セグ・ラトンは聞き手に、両軍の最初の戦闘の話をした。爽やかな晴れた日であった。両軍が前進すると、チベット軍の太鼓隊が一斉に太鼓を打ち鳴らした。中国軍の側の太鼓は両軍の最先端が接近するにつれてしだいに高く鳴り響いた。「鉄の刃」城塞はチベット兵の隊列の背後にあった。城塞の防護は厳重だったが、主たる戦闘は視界を妨げる樹木とてない城下の平地で行なわれる手はずであった。両軍が相対して整列すると、双方から一人ずつの騎兵が出て、敵前すれすれに駆けまわって相手を挑発する。

通常チベット軍は非チベット人の騎兵隊を前衛に置く。これは中国側も同じで、双方とも外国人部隊を戦闘の消耗品として使用したのだ。次に続くのは軽い武装の騎乗の射手隊。毒矢の袋を背負い、敵の兵隊目がけて矢を放つ。後尾の隊列は鉄の鎖かたびらに身を固めたチベット歩兵隊で、この甲冑は敵の剣や矢を通さない。これを貫くのは、中国射手隊の使う鉄の矢尻をつけた長い矢だけだった。チベットの歩兵はみな、剣と、槍と、数本の短剣、石弓を携行している。中国の歩兵の装備も同様だった。隊列の背後は重装備の砲兵隊――石弓の砲列――が配置された。中国軍射手隊は火矢を巧みに扱い、歩兵のある者は可燃性の物質を先端に塗った重い槍を運び、それに火を点じて、しなう竹竿からチベット軍目がけて発射した。

戦闘は明るい太陽の輝く高原を舞台に、何日も何日も続けられた。高く生い茂った牧草は何万という兵士とウマに踏みにじられ、空気は砂塵と死体で重苦しかった。いまだに中国軍はチベットの隊列を突破できなかった。一人の兵士が倒れると、後ろの兵士が取って代わった。チベット軍救助隊が虚脱寸前の兵士を集めて隊列の背後に導き、そこで休息させ元気を取り戻すと戦列に復帰させた。毎晩、両軍は死傷者を戦場から運び出した。

何日かの戦闘で数千の死傷者を出したのち、中国軍の将軍哥舒翰は副官たちを自分のテントに召集した。彼は最後通告を発したのだ――もし三日以内にチベット軍の隊列を突破し「鉄の刃」城塞を落とすことができなければ全員処刑すると。セグ・ラトンと同僚はのちになってこの話を聞いたのだが、敵の戦意が新たに高揚したことはすぐに気づいた。中国兵の隊列は次々と倒れたが、その攻勢はチベット軍の手に負えないほど激しくなった。ついに彼らは城塞のなかに退くほか術《すべ》を失った。勢いに乗じた中国軍は破城槌の隊を繰り出して城門と石弓隊を破壊し、丸石を打ち込んで城壁を崩壊した。また毒ガス弾――石灰粉と砒素を薄手の土器に詰め穴の開いた布で包んで作った――を城塞の中心に投げ込んで城内の兵を毒殺した。チベットの射手隊も応戦を続けたが、それでも中国軍は進撃を止めなかった。

ついに城塞を奪取したが、損害は甚大だった。中国軍の最後の攻撃で、チベットの将軍と四百人の部下が捕虜になった。残りのチベット軍は血みどろの戦場をあとにして南に敗走した。中国の詩人は、両軍が共通に抱いたにちがいない想いを次のように歌っている。

トビとカラスが兵士のはらわたをついばみ
それをくちばしにぶらさげて飛び
それを高い枯れ木の枝に掛ける。
兵士たちは泥まみれになって草むらに横たわり
将軍たちの働きもすべて空しく終わった。
武器は罪悪の道具だった。
賢人はやむをえざるとき以外はそれを使わないだろう。

セグ・ラトンは話を終えた。彼はその後もミーランに配属されるまでなんどか中国軍との戦いに狩り出されたが、このとき以後好戦の気持ちを喪失していることを聞き手に明らかにしなかった。彼がずっと故郷に帰らずにいたのは、もっぱら忠誠心と報復の脅威――脱走者は処刑される――からだった。彼は中国語が読めなかった。しかし中国の詩人たちが前線の戦闘に反発して歌った多くの反戦詩の心に、共感を示したことであろう。

男児をもうけるのは不幸せ
でも女児をもうけるのは幸せだという。
女児をもうければ隣人に嫁がせることができる
しかし男児は荒野の草原に埋められて生涯を終わる。

きみはココ・ノールの岸辺で見たことがあるか
遠い昔から集める者とてない白骨の山を。
若い亡霊は憤怒に苛まれ
老いた亡霊はただ忍び泣くばかり。
空がかき曇り雨が落ちてくると
きみは彼らの泣き叫ぶ声を聞くだろう。

砂漠の城塞ではその後毎晩のように昔の戦いの思い出が語られ、また質問が交わされたが、やがてセグ・ラトンはようやく故郷帰還、以後兵役免除の命令を受け取った。思えば十五歳から戦いの連続だった。戦場で五十歳あるいはそれ以上の老兵を見かけるのは珍しいことではなかったが、セグ・ラトンは数か所の負傷で機敏な勤務に支障をきたしていた。ココ・ノールで片足に負傷して歩行が不自由となり、冬になると膝の関節炎に苦しみ、ウマに乗るのもやっとの思いだった。短時日の帰宅許可のおり、彼は結婚して子供たちも生まれていたが、妻と息子たちはあらゆる農作業に従事して二十年以上になっていた。彼は土地の星占いに相談して旅立ちの吉日を選び、荷造りをすませ、南方クンルンの山脈に向かって出発した。ミーランの城塞をあとにすることに心は残らなかった。そこは楽しい「わが家」ではなかった。
彼の前途には、さまざまな思い出に満ちた土地を通る長い旅路が横たわっていた。彼はツァイダムの大牧草地を横断し、いまやチベット軍の手中にあるココ・ノールまで、チベット軍キャンプ地を次々と越えて急いだ。ココ・ノールの思い出はことのほか苦いものだった。彼は戦場の跡を騎乗しながら、昔の戦いを回想した。あの血みどろの日々の跡は、この地に起こった戦闘の不快な形見として残された武器がいくつか錆ついてばらばらに転がっているだけで、新しく生い茂った草むらでほとんど隠されていた。ここを発つ前、彼はカンゾウの根を数本引き抜いて孫たちのために持ち帰った。彼らの父親もまた、遠くシルクロードで兵役に服していた。セグ・ラトンは運よく二十五年間の戦闘に生き残った。息子もそのような幸運に恵まれることを誰が知っているだろうか。

馬飼の話

クムトゥグ（七九〇―七九二年）

緑眼の故鷹が彼の金襴の長手袋にとまっている。
五花馬（青白のまだら馬）を曳き白貂の毛皮を着て
彼は三市を往来するが、誰も識る人はいない。
黄金の柄の鞭をなげうって彼は酒楼に上った。

薛逢『俠少年』九世紀

時は七九〇年、ステップ草原の短い夏の初めだった。大地は呆気なく終わる緑の草に覆われ、空はいつまでも、どこまでも青く、雪をはらんだ雲と凍傷にかかった地面の色、灰色と白の世界が一瞬中断する季節である。草原を横断するキャラヴァンのラクダとウマは数千を数えるが、ポニーの群れを率いて遠方からやってくる騎乗者の目には、変転する景色のなかの小さな一点にすぎなかった。

馬飼クムトゥグはウイグル系チュルク族で、顔は幅が広く、まつげが濃く、目は深く窪んで青い、民族的特徴をそなえていた。言語はウイグル語で今日のトルコ語に近い。ベルトが短く、袖口の狭い青のチュニックを身に着け、ズボンは柔らかい皮のブーツのなかにたくし込んでいる。ポニーは太古からユーラシアのステップ草原を往き来するターパン種（学名エクウス・プルゼワルスキ）。このウマは洪積世――人

ターパン，学名エクウス・プルゼワルスキ
たてがみが直立するが，まえがみがない

類の出現よりずっと以前――からこの地に棲み、厳寒に対する強い適応性をもっていた。（その野性の同属は現在でも南モンゴリアのジュンガリア・ステップの西方で見かけられる。）ターパンは頭が大きく、たてがみが特徴的で夏はピンと立ち、冬は他の毛と同様長く伸び、もじゃもじゃになって草原の酷寒をかわす。クムトゥグの率いるポニーの群れは数百頭、彼は遠方で出会った大キャラヴァン隊に同行していた。このキャラヴァンは中国の首都を目指す使節団で、途中ウイグル・中国間の国境沿いにある交易地を通る。そこでポニーを中国政府に売却するはずだった。

ウイグルはチュルク族各種族の連合体の一つで、のちに西に移動して現在のトルコの地に入植した民族と同じである。七四四年彼らは天山山脈北部のステップ草原を手中にしたが、それ以前はこの地域は別の二つの連合体、西チュルクと東チュルクに分割されていた。両者が隆盛だったころ、東チュルクの可汗の顧問の一人は次のように述べている。

チュルク族の人口は中国人の百分の一にすぎません。勢力が強いと思うときは前進し、弱いときは後退して身を隠します。こうして人口の欠を補うのです。もしあなたさまが国を建てられ、城壁のある町を造られましても、いちどでも中国人に敗れることがあれば、あなたさまは彼らのとりこになってしまいます。

チュルクの可汗はこの意見に従い、東チュルクはつねに中国との国境線を突破しては侵略を繰り返す厄介な隣人でありつづけた。中国の唐王朝はチュルク族を匈奴の子孫と信じていた。一方チュルク族の伝説に、敵に傷つけられそのまま遺棄された少年の話がある。少年はその後、雌オオカミと結婚して十人の息子をもうけ、それがチュルク族の先祖となって五五二年に民族の主権を確立することになったという。チュルク族の旗には金色のオオカミの頭を描き、また毎年チュルクの可汗は先祖が隠れていたと思われる洞窟の前で犠牲を捧げる習わしがある。

七世紀までに東チュルクと西チュルクの両連合体の内部抗争が激化する。六一八年に成立した中国唐王朝は彼らの争いを煽って火をつけ、結局六三〇年に東チュルクを破って数万のチュルク人を中国の首都長安と北方のオルドス地方の二地域に移住させた。オルホン川に沿うチュルクの首都に石碑が建てられ、その碑文に中国の政策に対するチュルク人の怨嗟が述べられている。

貴族と平民の不和のゆえに、また老若を対立させ貴賤を対抗させる中国の狡智と欺瞞のゆえに、チュルク人は自己の帝国の崩壊をもたらし、自らの可汗失墜の原因を作った。

このとき西チュルクはステップ草原の全域まで領土を拡張し、八世紀の初めにはしばしば中国領を襲撃した。しかし、こちらも内部の軋轢で力を弱め、北部に住む配下三部族の一つウイグル族が機会を捉えて叛乱を起こした。戦場で勝利を収めたのち彼らはセレンガ川沿いの根拠地から南下し、東は中国と国境を接する地域にまで、南はシルクロードの手前の天山山脈にまで勢力を伸ばした。遊牧民の伝統に反してウイグル族はこのとき、七四四年に設立した新帝国の北部オルホン川の岸に、カラバルガスンという名の城壁首都を建設する。ウイグルの可汗は宮殿の屋上に伝統的なフェルト製テントを建てた。おそらく彼がもと遊牧民であったことの記念としたものである。テントは黄金で覆われた耐久的な造りで、可汗はそこから城壁の向こうに遠く広がる領土を眺め渡すことができた。土地は何マイルにもわたってウイグルの農夫によって耕されていた。すでにソグディアナと中国から来た建築家たちが、彼の町の美しい建物の設計に従事し、また西方セレンガ川沿いに新しく「富裕の町」という名の町を建設するよう命じられていた。クムトゥグの祖父はこの変化に懐疑的だった。クムトゥグは祖父がいつもする自慢話を覚えている。「わしらウイグル人が敵と戦うときは、いつも数千の騎兵隊をわずか五百騎でやっつけたもんだ。そりゃあまるで木の葉を掃き散らすようなもんじゃった。」

初め新しいウイグルの可汗政府は、中国との隣邦関係を改善する方針のように見えた。それぞれの辺境におけるチベットの脅威に対処するため、両国の連合が必要だったからである。七四〇年代の終わりから七五〇年代の初めにかけて、中国軍は将軍高仙芝や哥舒翰の指揮のもと、チベット軍より優勢になったように思われた。三人目の外国人将軍は安禄山というチュルク系ソグディアナ人で、契丹族との北方の作戦では失敗したが、中国皇帝玄宗や、とくにその夫人楊貴妃の寵愛を受けつづけた。七五一年、敗戦後の安禄山を楊貴妃が養子にした。やがて彼女の母性愛を超えたスキャンダラスな噂が長安の喫茶店の話題となった。頭の堅い中国の役人が不道徳きわまると決めつけたソグディアナの旋回ダンス（胡旋舞）を二人がひそかに習いはじめたときは、事態はどうにも収まらなくなっていた。楊貴妃は安禄山に、皇帝から贈られたプレゼント——たとえばボルネオの使節が貢ぎ物として捧げた同国産の極上の樟脳十片など——を贈ったとする噂も広まった。樟脳を運ぶため、彼女は「明駝使」の使用を要求したという。これは正式には軍事的緊急事態以外は使われないものだった。

しかし楊貴妃は、この時期もはや若くはない皇帝の寵愛を受けつづけた。皇帝が初めて彼女を見そめたとき、安禄山は皇帝にトケイソウのエキスから製した小さな赤い秘薬百粒を献上し、毎晩楊貴妃の寝室に入る前にこのピルを口にふくめば「愛情の高まりを助け、筋力の哀えを防ぐことに役立ちまする」と言上したことがあった。楊貴妃のほうも、皇帝を喜ばす方法はいくつも心得ていた。彼女はしばしば多色のゴーズ・ブラウスに羽根飾りのついたスカートという、西域伝説の天女のようなスタイルで、中央アジアのダンスを披露した。彼女はまた、音楽にも熟達していた。

マウス・オルガンの銅の舌が冷たい竹管のなかに響く、
ゆっくりと妃は玉のような指先で新しい曲を奏でる。
妃の目は私を誘うように見つめる——目まぐるしく変わる秋の波のように。
私たちは知った、ひそやかに帳を下ろした部屋で「雨」と「雲」を、
そして愛情が私たちを結びつけた。いまやことが終わり、部屋には何も見えない!
ただ春の夢のなかに迷いこむばかり。*

＊　李煜《りいく》（九三七—七八）の詩。李煜は南唐の統治者。「雨と雲」は「性交」を意味する中国の伝統的文学表現で、紀元前三世紀の文書にある「句」。

皇帝がダブルシックス・ゲームで負けそうになると、妃はよくペットの一つ、たとえばサマルカンド産ラップドッグとか冠オウムを解き放し、ゲーム盤の方に追い立てて皇帝の相手方を攪乱した。毎年二人は郊外の温泉に出かけた。この温泉は、妃が入浴する姿を見て楽しむために皇帝が特別に作らせたものだった。妃の肌は雪のように白く、体格も当時の好み通りふっくらしていたと伝えられている。皇帝は妃にすっかり心を奪われていた。

のちに七五一年、安禄山は契丹族と再び戦って軍の大半を失ったが、その地位を保ち、七五四年には昇進をさえ果たして、その多くの批判者のひとり哥舒翰を仰天させた。しかし長安では安禄山に対する反感が高まり、楊貴妃の従兄に当たる宰相によってその反感がますます助長された。上京して皇帝に伺候せよとの命令を拒否し、また宰相が宿敵であることを知って安禄山は、わが手で事を運ぼうと決心した。七五五年、彼は叛逆者になった。

最初は勝ち戦だった。たった一か月で彼は、長安の東二〇〇マイルに位置する中国第二の首都洛陽を占領した。叛乱の波を塞き止めるため、皇帝は中国北西部辺境の全守備隊を召集した。軍隊の引き上げは、とりもなおさずシルクロード周辺の中国支配の終焉が始まるシグナルとなった。

安禄山は七五五年から六年にかけての冬を、占領地の強化とさらに南への進出に費やした。しかし、やがて地方の知事たちが皇帝への忠誠の大義に立ち戻り、叛乱軍がたびたび敗北を喫するようになると、彼は挫折を味わいはじめる。叛乱軍はしだいに力を失っていった。皇帝が彼らを攻撃せよと哥舒翰に命じたとき、彼はわが軍隊は帝都防衛上無敵の位置を占めていること、これをみすみす陥落させるのは無謀の挙であると説得してその命令を拒んだ。愚かにも皇帝はなおも固執したため、哥舒翰は命令に服せざるを得なかった。七五六年の旧暦六月、彼の進撃部隊は待ち伏せにあって大敗し、哥舒翰は彼自身の部下によって安禄山への降伏を強いられた。

敗北の報せが届くと、皇帝はすぐさま楊貴妃を連れて首都から逃げ出し、安全の地を目指して南西部の山地に赴いた。しかし護衛の部隊は、安禄山出現の原因は楊貴妃にありと非難してただちに叛乱を起こすかまえを見せた。皇帝は楊貴妃の絞殺を命ずることによって兵を宥めることしかできなかった。妃は処刑の場所に埋葬され、皇帝護衛部隊はそのまま逃走をつづけた。一方、皇太子は北方の辺境に逃走していたが、その地で彼は皇位を襲い、七五六年の夏、皇帝を称した。わずか数年前まで隆盛を誇った中国帝国は、いまや混乱のなかにあった。

新皇帝は時を移さず使節をカラバルガスンのウイグル王宮に派遣して、叛乱に対処するための援軍を要請した。四〇〇〇の兵を擁するウイグル大分遣隊は、可汗の長男に指揮されて七五七年七月に到着した。その頃安禄山はすでに叛乱の同志によって暗殺され、指揮権が移っていた。ウイグル軍は戦闘意欲に満ち、長安は同年末までに奪回された。援軍の見返りとしてウイグルは、もし成功すれば長安掠奪の権限を要求していたが、中国の宰相は洛陽の奪回まで待つよう彼らを説得した。ウイグル軍は同月のうちにこれを奪回し、叛乱軍の多くが降伏した。そこで彼らは洛陽の掠奪権を行使し、次の三日間というもの、同市はすさまじい殺戮の巷と化した。

叛乱はなお数年おさまらなかった。その間、指揮官のさらに二人が暗殺されるが、彼らは再び洛陽を占拠した。このときは叛乱軍自体がウイグルの支持を取りつけようと試みた。玄宗が絶望のあまり皇太子と三人の重臣を派遣してその目的を弁じさせたとき、ウイグルの可汗は使節に対し、自分に伺候するすべての従臣に課せられる式典舞踊に加わるよう命じた。皇太子がこれを拒否したため、彼と三人の重臣は打擲の刑を受け、そのうち二人はあまりに強く叩かれて、その日のうちに死んでしまった。しかしウイグルは中国援助を決定し、のち七六二年にいたって再び洛陽から叛乱軍を駆逐し、再び同市を掠奪した。クムトゥグの祖父はこの戦役に加わった古参兵の一人だった。彼は中国人がわがウイグル軍をいかに恐れたかを、いつも得意になって語った。他の古参兵は洛陽の都の驚嘆すべき豊かさと、若い女性の多くをウイグルの兵士たちが強姦し殺戮した話を語った。市民の何人かは仏教の寺院に避難したが、寺院は中に人々がいるまま、猛火に包まれて焼け落ちた。多くは破壊されたが、さらに多くの財宝がラクダの背にのせられて市内からカラバルガスンへ運ばれた。

ウイグル軍は町の周辺にテントを張ってキャンプし、土地の農家や穀倉から食糧を強奪したため、住民の食糧はなにひとつ残らなかった。住民は周縁の山地に逃げ込み、生きられるだけ生きた。兵士が掠奪品で肥え太り、逆に住民は土や樹皮を食せざるを得ない恐るべき飢餓状態に陥ったが、それを語る古参兵はいなかった。町は、かつては広い並木道と美しい建物、混雑した小道で、長安と肩を並べる大都会だったが、いまは焦土の廃墟のなかにあった。

援軍のもうひとつの報奨として、ウイグル族はウマとシルクの交易のための辺境マーケットの設立を要求した。このときから、ウイグルと中国とは不安定ながら提携することになった。ウイグル族はいつも数千頭のポニーの群れを連れてきて、他の場所ではポニーは一頭せいぜいシルク一反にしかならなかったが、ここでは中国政府に一頭につき四十反の定価で売った。中国の年代記筆者はポニーのことを婉曲的に「朝廷へのウイグルの貢ぎ物」と呼んだが、実はポニー購入はウイグルの軍事援助に対する中国政府の弁済であり、将来のウイグルの攻撃を防ぐ安全保障でもあった。ウイグル側はこの取引で大きな利潤をあげたが、中国側はつねに支払い不履行の手段を用いて財政上の損失を抑えた。

洛陽に滞在中、ウイグルの可汗はサマルカンドから来たマニ教宣教師の一団と会い、彼自身改宗してしまった。カラバルガスンに戻ってから彼は新宗教を国中に広める命令を出したが、国民の大多数は、クムトゥグの父親も含めて、それまでのシャーマニズムの信仰を捨てなかった。マニ教の教師が国の隅々まで派遣され、可汗は、国民十人のうち一人が残り九人の信仰教育の責務をもたせる法令を発した。修道院ははるか南方のジュンガリアにも建設され、白いクロークを身にまとったマニ僧の姿は珍しい光景ではなくなった。最初のころ彼らは布教心に燃え、土地の神像や霊像は見つけしだい片っぱしから焼き捨てた。クムトゥグの属する部族の長も、一時マニ教に近づいたこともあった。彼のテントで僧侶たちが代わるがわる一日中祈禱の会を開いたからだ。しかしクムトゥグの家族はこの新宗教に関与しようとはしなかった。また彼の祖父は、自身シャーマンであったが、顧客を失うことはなかった。隣人たちも、新宗教に対する信仰を表明しながらも、降霊の集いには他の人々と同席して、供物を捧げ願いごとをして祈った。時ならずして新しい改宗者の多くは、いつの間にか修道院法を無視して農牧の労働に復帰し、伝統的食事に戻り、土地の神と霊魂に供物を捧げるようになった。また可汗の廷臣たちの間には、マニ教徒のソグディアナ人に対する反感もあった。

しかしソグディアナの影響力は信仰世界を超えるものがあった。ソグディアナ人はシルクロードの商人であり、同時に優れた建築家であり、工芸家であり、農業技術者でもあった。ソグディアナの建築家と芸術家は、町を冶金業者、陶工、彫版工、鍛冶屋、彫像家、石工、織工のいる賑やかな商業センターに変身させることに力を振るった。いまやウイグル人の多くはまったく遊牧のライフスタイルを捨ててしまったが、なかには夏は農耕、冬は動物を連れて草原に出かける者もあった。ウイグル人はまた、十七のアルファベットと二つの特殊な文字から成るソグディアナの文字を採用した。ソグディアナ語はイラン系言語の一種で、したがってそのアルファベットはチュルク語群の一つであるウイグル語と完全には一致しなかったが、用は足せた。その文字を、次にウイグル人はのちにステップ草原の住民となるモンゴル人に伝えたのである。

ソグディアナ人は同時に政治的役割をも果たした。七七九年彼らは可汗に、中国の宮廷が玄宗皇帝の喪に服している間に進攻するよう勧告した。可汗の甥はこの政策に不同意であったが、説得して意見を通すことができなかったため、伯父とソグディアナ人顧問たちの殺害を図った。その後何年間か、ソグディアナ人は以前ほどウイグルの王廷では歓迎されなくなった。

ソグディアナ人はウイグル人とともに、使節としてしばしば中国の首都に出かけ、長安や他の中国の町に滞在し、また定住した。なかには中国人の女姓と結婚したり、愛人にする者もいた。八世紀の終わりには滞在の名分もできた。ソグディアナ以東のシルクロードがチベット軍に占拠されて通行不能となったためである。長安に居住している間、彼らは中国政府から、年間五十万本の縄に通した銅銭（五十万貫）の支給という援助を受けた。中国の大臣の一人は、ソグディアナの商人に中国臣民としての地位を認め、職業を与えたいと言明した。この提案は実行されなかったにもかかわらず、援助は打ち切りとなった。七八〇年、ウイグルの使節はウイグルとソグディアナの商人たちをカラバルガスンに連れ帰ることを命じられた。そこからはソグディアナの商人たちはソグディアナ辺境のウイグル領地域を通って帰国できたからである。彼らの中国人妻や愛人たちの出国が許可されないことを恐れて、彼らは女たちを他の商品と一緒に袋に入れ、ラクダに積んで密輸することにした。キャラヴァンは黄河のすぐ北の国境地帯に三か月滞在し、旅行シーズンの到来を待った。まだ中国領内であったため、彼らの食費は中国政府から支給された。異常に高額の請求書はすぐに役人に見とがめられ、キャラヴァンは捜索されて密航者が見つけられた。

話はハッピーエンドにはならなかった。ソグディアナの商人たちはカラバルガスンには行きたくなかった。親ソグディアナの可汗とその顧問たちが最近殺害されたからだ。そのため彼らは護衛の中国軍将校と密約を交わし、使節のウイグル人を皆殺しにするのに力を貸す代わりに自分たちの中国滞在を認めるよう求めた。将校は、どうせやるならウイグル人もソグディアナ人も一緒に殺したほうが面倒はないと判断し、それが両国の力を弱める手段になるとの意見を添えて、当然皇帝の許可を求めた。この要請が三度拒絶されたあと、将校は命令書の改竄《かいざん》を工作して必要な弁解を用意したうえ、大宴会を催し、ゲストを酒と食事で酔わせ、部下に命じて殺害させた。二人のウイグル人が助命され、カラバルガスンに送られて事件を報告した。中国人の妻や愛人たちは長安に戻された。ウイグルの可汗は型通りの方法で報復する。彼は、カラバルガスンまで商人たちの柩についてきた中国人使者たちを処刑せず、二か月間首都で待たせた末ようやく謁見を許した。この間の彼らの不安が思いやられる。ついで可汗は、ウマの購入に関わる未払いの代金全額の支払いを要求した。貸し越しは銅銭二〇〇万貫に達していた（これは中国が債務不履行の常習者であったことを示している）。中国の皇帝はそれまで支払いを軽視してきたことを認め、金、銀、シルクの国家予備品を取りくずして弁済に当てた。

七七九年中国政府は勅令によって、非中国人は外国人であることを明確にするため、中国においても自国の服を着用することを命じていたが、ウイグル人はとくに人目を惹いた。青年たちが三々五々長安の西マーケットに騎乗して行く。喫茶店、最近のファッション、あるいはたんに何か楽しみを求めるのが目的だった。ウイグル人の乱暴な振舞いに対するマーケットの役人の文句や、彼らの業者泣かせの話が話題となった。業者の多くはウイグル人の金貸しから借金していた。中国の国民がウイグル人から金を借りるのは、ある高名な将軍の息子がローンの支払いを拒んで以来法律で禁じられていた。このウイグル人の金貸しが事件を法廷に持ち出してからスキャンダルが続き、将軍は辞職に追い込まれたのである。しかしこの法律も効果は薄く、ウイグル人の金貸したちは少なくともその後百年は繁昌している。

ウマの交易も盛んだった。中国中原の地質と水にはウマの飼育に適するカルシウム分がまったくといってよいほど少なく、また中国人が馬術を中央アジアの隣人に習って以来、彼ら隣人たちはつねに新種の主たる供給源であった。中国が領土を拡張して昔から多くのウマの原産地だった北西のステップ地帯を版図に入れると、彼らは飼育方法をさらに向上させることができた。彼らは純粋なターパン・ポニーよりアラブの血統をもつウマを好んだ。しかしウマの群れにはいつも両種の混血が混じっていた。アラブ種の血が入るとターパンは頭が小さくなり、たてがみが柔らかくなる。また、もっとも重要なことだが、背骨の両脇の筋肉の筋が発達して裸馬での乗馬がいっそう楽になった――中国の騎兵や馬飼はしかし、鐙《あぶみ》のついた鞍――中央アジアの発明品――を使用したのだったが。だがウマの群れはつねに、国境を越えてしばしば侵入するチュルク人やチベット人の掠奪に晒され、また病気にも弱かった。とくに悪質な疫病が蔓延したとき、中国は十八万頭のウマを失った。そのため大臣は「ウマは国の軍備である。もし天がこの軍備を奪えば国は滅びる」と宣言したほどだった。中国唐王朝が六一八年に政権を得たとき、皇室の牧場には五〇〇〇頭のウマしか残っていなかった。世紀の半ばになるとその数は七十万頭を越え、これを八つの牧草地に分割していた。ところが安禄山の叛乱以降チベット人の牧草地侵入が増え、中国は代わりのウマをウイグルに頼るようになった。しかし彼らは、送られてくる全部が必要なわけではなかった。それはとくに老いぼれウマが多く混じるようになってからのことである。しかしながらウマの購入を続けたのは、中国がウイグルの軍事力を恐れた証拠であった。

ウイグル人はウマの扱いに熟達していた。帝国を設立して以来国民の間には坐業的ライフスタイルが多くなったが、馬術は軽視されなかった。クムトゥグは馬飼の典型だった。彼はそれぞれの仕事や季節に最適なポニーを見分ける方法を心得ていた。これはまだ小さな子供のときに教えられた技術だった。夏用には、それまでの間あまり鍛えられていなかった皮膚の薄いウマを選り分けることが肝要だった。どんなにタフなウマでも容赦のない夏の暑さは耐えがたく、また温厚なウマが最大の条件だったからである。逆に、冬場に最適のポニーは、皮膚が厚く、毛足が長く、腹が丸く、脚が広がっていないで地面からすっと直立しているのがよい。投げ縄用に使うものとしては背の低いウマが要求された。強靱でしかも足が速かったからだ。クムトゥグとその仲間たちは、歩くことができる前からウマに乗っており、徒歩より騎乗のほうが落ち着いた気分になれた。

七九〇年夏クムトゥグがステップ草原を横切る大キャラヴァンに近づいたとき、彼は気に入りのウマの一頭に騎乗していた。すでにキャラヴァンのなかにいたウマは、ウイグルの首都に近い牧草地から連れてこられたものだった。クムトゥグはさらに数百頭多くを南方のジュンガリアの牧草地から率いて、これと合流したのだった。なかには老いぼれウマも多く、また旅に耐えられそうもないウマもいた。そのためクムトゥグは種々のウマ用薬品を携行していた。砂漠の泉の冷たい水を飲んで発症する疝通《せんつう》を和らげる処方箋も入っていた。ヨモギ、ウイキョウ、ホンアンズ、各種の穀粒、ダイオウ、ショウガの研ぎ汁、樹に生えるキノコなどの混合薬である。クムトゥグは中国人監督官がいつもウマの健康状態について不満を洩らし、しかも何ら打つ手をもっていないことを知っていたのだ。彼はウマその他の代価を払い、ウイグル人は美しいシルクを持ち帰って西方の隣国と交易を行なうのである。ウマの売買はウイグル人にとって馬種の不足を補う好機であった。またウマは途中で死んでも食用になった。

クムトゥグは中国行きの使節に同行するためにウマを連れて家を出る前、この旅の吉凶について祖母に相談していた。祖母は人々から崇められたシャーマンで、クムトゥグの名前──「幸運」を意味した──も祖母が選んだものだった。祖母は一家が重要な取り決めを行なうときはいつも託宣を下した。そのときも、クムトゥグとその親族や隣人たちが、家族のテントの中に詰め入って、壁の周りに座を占めた。各自、主として食べ物だったが小さな供物を祖母に捧げた。それは祖母が霊界を旅する途中で出会う、腹を減らした霊魂のために捧げられるものだった。恍惚の状態から目覚めたとき、祖母はクムトゥグに告げたのだった。「ある霊はお前の旅立ちの吉日を私に教えた。しかし別の霊たちは避けねばならぬ状況と、つき合ってはならぬ人間について私に教えた」と。

クムトゥグの家族の住んでいたのはウイグルの可汗所在地の南部、アルタイ山脈を越えた、現在はジュンガリアの名で知られる広大なステップ盆地であった。彼らはウイグル族の十支族の一つに属し、各支族がそれぞれの長すなわちトゥトゥクに忠誠を誓っていた。可汗は支族の一つから選出される。ほかに非ウイグル系チュルク族もいくつかあったが、やはり可汗に忠誠を誓った。前線に派遣される部隊はつねにこれら非ウイグル系のなかから選ばれた。ジュンガリアはラクダ、ウマ、ヤク、ヒツジの大群を養う牧草地であり、また避難場所に恵まれていた。一地域の牧草の刈り取りが終わると、クムトゥグと家族はテントと所持品をまとめ、それをラクダや馬車に積み込んで移動する。比較的裕福な家族はテントないしユルトを二つ以上持っていた。ユルトは厚いフェルト製の円形住居で、解体可能の木製の枠で支えられ、ドーム型の屋根の中央に煙出しの穴が開いている。

フェルトはウイグルの生活で重要な役割を演じた。それはテントだけではなく、鞍の詰め物、ブーツの裏張り、衣服や服飾品にも使用された。新しいフェルトの束は毎年秋に作られた。一枚の古いフェルト——「母フェルト」と呼ばれる——を土の上に敷き、水に浸す。その上にヒツジの毛を三層、草の葉を一層のせ、それぞれに順次水をかける。次にその束を、あらかじめやはり水に浸しておいた獣皮の内側に堅く巻き込み、皮紐でしっかりと押さえる。両側からさらに水を注ぎ込み、束と、向き合った二人の騎乗の男の体とにロープを結ぶ。二人とも束に接して馬上に立ち、ロープを緩める。それから一人がウマを歩かせると、ロープがピンと張り、束が地面を引きずられて、相手の男のロープもピンと張る。これを四方八方から三十回ないし四十回繰り返す。水浸しの束はやがて破け、ほどけ、草の葉が剝がれる。最後にヒツジの毛の層がアマルガム状になって出てくる。この粗いフェルトが「娘フェルト」である。しかし、これで工程が完了したわけではない。次に「娘フェルト」を別の三層の羊毛で巻き上げ、再びこの工程を繰り返す。出来上がったフェルトをまた水に浸し、テントの外側に置いて乾燥させる。ヒツジの毛も、異なった種類や異なった等級のものを使えば、異なった品質のフェルトが出来る。最高級品は、剪毛前のヒツジの柔らい毛を手で刈り取って作ったものである。

クムトゥグは生涯の大部分を家族と一緒にジュンガリアで過ごした。彼は支族の長すなわちトゥトゥクを指導者と仰いだ。可汗は雲の上の存在だった。トゥトゥクは徴兵の責任をもち、十五歳から五十歳までの男はすべて召集する権限があった。戦闘技術を磨くため、クムトゥグと仲間たちはいろいろな試合やスポーツをやった。弓の試合では、ウマを全速で走らせ、歯で手綱を嚙みしめながら、さまざまな的を目がけて雨のように矢を放った。また狩猟の遠征を行ない、山中でオオカミやシカを追った。しかしクムトゥグの最大の楽しみは、愛鳥のオオタカだった。彼と部族の仲間たちは、よく飛行中のタカの若鳥を、囮《おとり》と

胡服（外国人のローブ）を着てタカを持つ男とイヌ
長安に近い唐王朝皇室墳墓の壁画より

ネットを使って捕まえたものだった。ネットにはトグルガという茶褐色の染料が塗ってあった。これは黒ポプラの樹皮から作る染料で、土が背後にあるとネットが見えなくなる色であった。また巣を襲って雛鳥を捕獲することもあった。これに足緒《あしひも》と革紐と頭装をつけ、訓練して小動物や小鳥を捕らせるのである。男たちはしばしばグループを作って鷹狩に出かけた。騎乗し、タカと猟犬を連れてアルタイの山中を駆けまわり、円陣をなす山巓を眺め、はるか下の渓谷を手に取るように見渡すことができた。獲物を見つけるとすぐにタカが放たれた。同様に訓練されたワシの一群が、この方法でオオカミを捕らえたこともあった。

クムトゥグは、自分が中国行きの使節に同行する役に選ばれたと聞いて狂喜した。カラバルガスンの名門の人々でさえ、中国旅行の機会を狙ってたがいに張り合っていたほどだった。クムトゥグはウイグルの首都へも、中国の首都へも行ったことがなかったが、古参兵の語る富裕な長安の話や、最近では以前の使節団に随行した同族の先輩の話で、好奇心が高まっていた。彼らは、長安の西マーケットにはありとあらゆる商品が並んでいることを語り、自分たちがどのようにして町に乗り込み、おびえる商人に贈り物をせよと「説得」したかを話した。ワインショップやティーハウスで彼らは美しいクチャの女たちにもてなされ、そのあと、東マーケットの近くにある有名な遊廓に繰り出した。ここは富裕な住宅街に隣接している。中国人の学者先生も来ていたが、ウイグルの青年たちが近づくのを見ると慌てて横丁に身を隠した。彼らはその様子を思い出して面白そうに語った。ウイグル人は自分たちが町の主人公になった気分だった。

クムトゥグと彼の連れたウマの群れは、この大キャラヴァンに追いついてからはそのリズムに合わせることになった。のろのろと歩くラクダのせいで、また厖大な数の動物たちに牧草を与える必要があって速度が規制され、キャラヴァンはゆっくりと進んだ。適当な牧草地に着くとすぐ、その日はラクダから荷をおろし、テントを張り、料理用の火だねが用意される。一方ウマやラクダは解き放され、岩の多いステップ地帯に生えたばかりの牧草を食べた。ウイグル人はヌードル類や干したフルーツを携行していたが、主食はミートだった。馬乳も、バターやチーズを作ったり、また発酵させてややアルコールに近い飲料にし、さらに蒸溜して透明なブランデーを作るなど、幅広く用いられた。薪のないときはラクダかヤクの糞を燃やして料理を作った。

キャラヴァンは中国国境と交易所に近づくにつれて活気づく一方、警戒心を強めていた。この地域はしばしばチベット軍の襲撃を受けるからだ。クムトゥグは全員が長安まで旅を続けられるわけではないことを知っていた。本隊は高官と二人の王女を含む可汗の家族から成り、皇帝への親書と、さらに「贈答品」を持参していた。クムトゥグは本隊に随行したいと思ったが、中国の国境守備隊はつねに首都入りを認められるウイグル人の数を制限していた。それがとくに厳しくなったのは、前回の使節団を巻き込んだ事件があってからのことだった。事の起こりは、酔っ払ったウイグルの若者たちが、ある侮辱と感じられた行為に激怒し皇城内の外国使節謁見宮殿に通ずる城門を破損しようとしたことだった。ウイグルの兵士は、機会は少なかったが中国の兵士と遭遇することを望んでいた。女のような物腰と武器の携行を拒む中国の文官は、彼らの目には軽蔑すべき種類の人間と映った。いじめの対象にすぎなかった中国兵との遭遇は、しかし、必ずしも口論に終わらなかった。酔ったあげくの騒動が普通のことで、七七四年と七七五年には長安で中国の兵士がウイグル人に殺害された。ウイグル人居住区の責任者は犯人の処罰を拒否し、中国政府もあえて遵法を強要しなかった。

結局クムトゥグは、残念ながら長安までの旅行を認可されるなかに入っていなかった。しかしまだ国境にいたとき、彼は故郷ジュンガリアの気がかりなニュースを耳にした。南ジュンガリアのベシュバリクの町でウイグル＝中国の連合軍がチベットに率いられた軍に敗れたという報せだった。ウイグル軍はゴビ砂漠を越えてカラバルガスンまで北方に退却、中国軍は南方に敗走し天山山脈を越えてコチョまで退いたという。連合軍の反撃は秋の予定で、成人男子のすべてを動員せよと、各支族のトゥトゥクに命令が出されていた。クムトゥグは軍務に服するため、ただちに北ジュンガリアの故郷に向かって帰途についた。

ベシュバリクにおける諸問題には、中国の安禄山の叛乱の時期にまでさかのぼる長い歴史があった。ウイグル軍が叛乱の鎮圧に助力したのち中国内で権勢を得たのとまったく同様に、チベットも中国帝国の衰退が進行したことで、直接にではなかったが利益を得ていた。七五五年、それは中国で叛乱が起こったのと同年だったが、チベットの皇帝が部下の二人の大臣に暗殺された。しかし、新皇帝が即位する七五六年までに、中国は西域藩鎮に駐屯する守備隊の大半を本国に召還、この機を逃さずチベット軍は北進した。

八世紀の終わりまでに彼らはシルクロードのほぼ全域を制圧する。ごく少数の中国守備隊が、本国の支援を受けずに残存していた。ベシュバリクもその一つで、中国人はこの地をベイティン（北庭）と呼んだ。ベシュバリクから中国への直接ルートは南東に伸びて甘粛回廊を通るが、この地域もまたチベット軍が抑えていた。ベシュバリクからの使節はなんどかこれに代わるルートを見つけようとしたが、最初に中国に安着したのは十年前だった。それはまず北進してカラバルガスンまで行き、それから南東に向きを変えてウイグル＝中国の国境に至るルートであった。これが七八一年のこと。それ以来、補給品も伝令もみな、この回り道ルートを利用した。その権利金としてウイグルは莫大な通行料を徴収した。

たびかさなる侵略で資源が奪われること、加えて過去の助力に対するウイグルへの補償の重さを考慮し、中国政府は積極的にチベットとの和平を求めた。協定は七八三年に調印され、第二の内乱に対処するため一部の中国軍部隊を解放した。両軍の間の取り決めは、内乱の際のチベット軍の援助と、中国のベシュバリク割譲同意を約束するものだった。しかし双方とも条文を守らず、報復としてチベット側は中国軍高級将校二人の暗殺を図った。協定の席に招かれたもう一人の将校は、たんに待ち伏せの口実にすぎない会議から危うく逃げ出すことができた。チベット軍のベシュバリク攻撃は、破られた協定に対する第二の報復だったのである。

この攻撃は、数年間その地域で続いた秘密工作が最高潮に達したしるしでもあった。元来ベシュバリクの住民は主として非ウイグル系のチュルク人で、町の周りの平原には数万人のシャトウ・チュルク族が住んでいた。この両部族は平和に共存していたが、北方のウイグル人はたいへん不人気だった。武装した若いウイグル人の集団が定期的にこの地に侵入しては、衣類や食物や家畜をさらっていった。ほとんど兵士もおらず、強化される当てもない中国軍には、処罰する力もなかった。そのうえウイグル人は彼らの同盟国人ということになっていた。

チベットは町にスパイを放っていた。彼らがチュルクの住民の間に高まった不満を報告すると、チベット政府はひそかにチュルク族の指導者たちに対し、もし町の人々が叛乱を起こすことにした場合の全面的な支援を伝えて、彼らの不満を煽った。七八九年、チベットはついに住民の状況はわが方に有利と判断、天山山脈を越えて侵入し、七九〇年一月ベシュバリクを占拠した。ウイグルと中国の両軍は、七六三年に中国内乱鎮圧の戦闘で共闘して以来はじめて再連合を組んだ。そして町は短期間奪還されたが、夏になって住民たちがチベット側についたため、中国軍もウイグル軍も退却を強いられたのであった。

ウイグル人も中国人も、チベット軍を非常に恐れていた。チベットの襲撃隊はつねに両国の領土深く侵入し、かつて七六三年にはチベット兵が短期間であったが中国の首都を占拠したことさえあった。クムトゥグが入隊することになるウイグル＝中国の新連合軍は、本来共通の敵と戦う目的で結成されたものであったが、どちらがどちらの援軍なのかあまり明確ではなかった。ウイグル軍のほうが損をすることが多かった。ベシュバリクは彼らとチベット帝国との間の唯一の緩衝地であったが、中国はベシュバリクをたんに重要なる前哨、過ぎ去った支配権のなごりとしか見なしていなかった。この格差は両軍の規模の違いに表われている。ウイグル軍は成人男子の全員を召集し、その勢力は五十万ないし六十万を数えたが、中国軍はわずか二千人を投入したのみであった。

クムトゥグはウマをつないでジュンガリアまでノンストップで戻ってきた。着いたときは夏も終わりになっていた。支族のトゥトゥクはカラバルガスンに呼ばれて不在だったが、その主力部隊は平原での訓練と戦闘用の武器やウマの徴発を続けていた。十の支族の長がそれぞれ兵士を召集したため、同様の光景はウイグル帝国の全域で繰り返された。クムトゥグは甲冑と武器と最良のウマを集めて、演習中の仲間に合流した。北方と南方の支族も首都に集中し、秋の初めに南進を開始した。途中で他の部隊も合流し、クムトゥグの隊はしんがりを務めた。彼ら連合軍はウイグルの宰相を将軍として南進を続けた。将軍はチベットに敗北を喫したことで復讐の意欲に燃えていた。前もって中国軍に伝令を送ってウイグル軍の接近を報せ、将軍はベシュバリクには直接ルートの北側から入らず、大挙して南方に回り、天山山脈を越えてコチョに至り、ここで中国軍と合流した。ここまでウイグル軍のなかには、一〇〇〇マイル近くも行進した部隊もあった。

ウイグル軍はしつこいチベットの騎兵など、ものの数ではないと思っていた。彼らの弓は動物の角と腱を用いた剛弓で、羽根のついた木製の矢は大きな唸りを発して敵を威嚇した。中国軍の歩兵隊は石弓と革の羽根のついた矢、大弓と鉄の矢尻のついた矢を装備し、その矢はチベット兵の甲冑を貫くことができた。チベット軍の歩兵だけは脅威の的だった。彼らは重い武器を持ち甲冑で身を固め、果敢な攻撃では名をとどろかせていた。しかもチベット軍には、かつてウイグルの配下にあって叛逆したチュルク人が加わっており、これが優秀な騎兵隊になっていた。

将軍たちはみな、柄《つか》と鞘に銀、金、宝石類を飾った刀剣を腰に吊していた。中国錬金術の説くところでは、もっとも優美な刀剣は女性的精神と男性的精神、すなわち「陰」と「陽」との結合にあるという。それを作るには童貞の男女が「ふいご」を吹かなければならない。昔は刀剣は「陰」と「陽」の一対が作られた。このような霊的刀剣は竜の精であり、玉をも貫く雷光を発すると伝えられている。中国では皇帝の許可なく刀剣を作った職人は厳罰に処せられ、国境を越えて武器を交易することも禁じられていた。

コチョで中国軍分遣隊が合流したのち、クムトゥグと仲間の兵士たちは北に向かい、再び天山山脈を越えた。チベット軍はベシュバリクの城壁の下に広がる平原で待ちかまえていた。両軍は相対して陣取った。

翌日、旗手と喇叭手と太鼓隊を先頭にして戦いが始まった。来る日も来る日も、兵士とウマと武器の錯綜する修羅場が続いた。夜になって両軍が前線から退いても、倒れた兵士は置き去りにされた。ウイグル軍と中国軍は、なかなかチベット軍ラインを突破できなかった。戦闘が長びくにつれて彼らは力を失い、意気も消沈してきた。この時を狙ってチベット軍ラインは最後の前進を開始した。クムトゥグは逃げまどうウマと兵士の混乱に巻き込まれた。背後にいた指揮官は鞭を振るって部下を叱咤し戦闘に復帰させようとしたが、鉄の甲冑に身を固めたチベット歩兵の灰色の軍団が、平原を大きな津波のように容赦なく押し寄せてきた。

ウイグル軍と中国軍は総崩れになった。中国軍司令官はわずか一六〇人の部下を連れて南方に逃れ、山脈を越えてコチョまで敗走した。ウイグルの将軍もすぐ彼のあとを追い――直接北に向かう退路はチベット軍に塞がれていた――、カラバルガスンで一時避難してから無事中国に帰還させると約束した。コチョの守備隊は孤立して強化される見込みもなく、攻撃されればひとたまりもなかったので、中国の司令官は結局それに同意し、両軍は北に向かって長い旅路についた。しかし司令官はひどい間違いをしたのだった。ウイグルの首都に入ってまもなく暗殺されたのだ。

翌年ウイグル軍はベシュバリクに引き返し、町を奪還することになる。しかしクムトゥグはそのなかにいなかった。前年の戦場に、彼の死体は置き去りにされていた。いま、彼の家族の顔には傷跡がある。これはウイグルの服喪儀礼のしるしだった。

皇女の話

タイへ（八二一―八四三年）

私は美しい祖国中国から
この遊牧者のキャンプに連れてこられた。
私は粗末なフェルトと毛皮の衣服をまとい、
臭いマトンを食べなければならない。
祖国とこの遊牧者の国は、気候もしきたりも何と違うのだろう。

文姫『胡笳十八拍』（三世紀）より

八二一年秋、皇女タイへ（太和公主）はバクトリアのラクダかごに乗っていた。タイへは現皇帝（穆宗）の妹で、先帝の娘である。隣には侍女たちが、帝室の牧場で飼育された秘蔵のフェルガナ産のウマに乗って随行する。彼女たちは片鞍乗りではなく、シルクのパジャマを履いた脚を広げて前橋の高い鞍にまたがっていた。皇妹として皇女は「贈りもの」に選ばれ、ウイグルの可汗に嫁して両国の友好の絆を強めるための旅であった。皇帝はすでに、花嫁の結納としてラクダの毛で織った柔らかい布地、ブロケード、クロテンの毛皮、ジェードの帯、ラクダ五十頭、ポニー一〇〇〇頭を受け取っていた。皇女は東方の出身――中国の首都長安の宮廷で生まれた――だったが、衣服や装身具の大部分は、そして彼女の美的好みも西域のもの、いま旅しているはるか中央アジアのステップ地帯のものであった。

皇女は髪に半透明の白いジェード製の美しいピンをさしていたが、これはホータンの川床で産出したもの、ベッコウ製の簪《かんざし》はヴェトナム産、ラピス・ラズリはホータンの交易品だが実はさらに西方バダフスタンの産出だった。皇女のもつ仏教の数珠は琥珀で、おそらくバルチック海の沿岸か、ビルマ北部の産である。皇女は体と浴室と衣服に用いる各種の香水を持っていた。なかには催淫剤と思われるものもあったが、多くはインド原産で、沈香《じんこう》と麝香《じゃこう》の混合剤は皇女の吐く息を芳しくした。長安を発つ前、皇女は新しいスタイルのダンスの練習を始めていた。いわゆる「胡旋舞」で、よくソグディアナの女たちが深紅とグリーンの衣装をまとい、小さな円い敷物の上で旋回しながら踊ったダンスだった。また、皇女はとくにクチャの音楽が好きだった。可汗の王宮で黄金を嵌め込んだツィターを演奏しながら、いつまでもこの音楽を楽

中国唐代のヘアスタイルと鳳凰を象った簪
長安近郊の唐代帝王墓石碑の線刻より

しみたいと彼女は思っていた。「西域」の音楽は中国の都市社会ではきわめて人気が高かった。宮廷には常任の外国人オーケストラがいくつかあり、彼らが宴会その他の行事に招かれて演奏すると、宮廷直属の遊女たちが新しい曲に中国古来の歌詞を合わせた。町の遊女たちが歌うのは独自の歌詞で、政治的スキャンダルや汚職の役人を諷刺したものが多かった。町の子供たちもすぐに歌詞を覚え、町を駆けまわって歌っては小銭をもらった。

皇女だったためタイへはたまにしか皇城を離れることはなかった。離れるのは田舎の別荘に出かけるときだけだった。しかし彼女はおとなしく家庭に閉じこもっているほうではなかった。ポロもやったが、これも西域から伝わった遊びだった。また、多くの女官たちと同じように、馬術も巧みだった。

細腰の女官たちが庭先で
初めて乗馬を習って兢《きょう》々としている。
しかし鞍に坐れるようになるとすぐにウマを走らせたがる。
なんど手綱を放し、鞍頭《くらがしら》にしがみついたことだろう。*

* 中国南西部、蜀の王孟昶《もうちょう》（在位九三五―三六）の妃、徐氏の詩より。

長安の宮廷には専用のポロ競技場と五つの厩舎区画があり、ポロ用のポニーのほか軍人用、狩猟用、儀式用のウマを飼育していた。多くは中央アジア西部のウマで、一般兵士の使う小形で頑健なステップ草原のポニーの血は混じっておらず、遠い中央アジア諸王国からの貢ぎ物あるいは交易品として入手したものだった。これらのウマにはさまざまな伝説があった。よく聞かれるのは、実は竜で水中に生まれ、人を乗せて天に駆け登ることができるといった類である。実際、なかにはペルシアの王のためにメディアで飼育され、血の汗を流すとヘロドトスの伝えたニセーン・ホースの系統を引くと思われるものもあった。またカスピ海沿岸でよく見かける、アーリアン・ホースの名で知られる品種も混じっていたにちがいない。この系統は背が手幅十五ないし十六の高さで、色は通常グレーか栗色、頭が大きく脚が細長い。

中国ではウマの特産で知られる多くの地域が話題となった——たとえばはるか北方の、つねに雪に覆われた「まだらウマの国」と呼ばれる地域、あるいはウマが人間の言葉を解するという「アラビア」のように。ウマの贈り物はカシュミール、ガンダーラ、アラビアなど多くの国々や民族からのものだったが、中国最高級の乗馬の主要な供給源といえばソグディアナとフェルガナの多くの渓谷地帯であった。安禄山の叛乱以前の玄宗皇帝の統治時代、宮廷ではフェルガナ産の六頭の「舞馬」を飼育していた。このウマが皇帝の誕生日陰暦八月五日に舞いを演じ、このことが石碑のレリーフに残っている。しかし、それは過去のことで、その後チベット軍がなんども帝室の牧場に侵入したため、優秀馬の補充が不可能となり、現在中国軍は騎馬隊用ポニーの主たる供給をもっぱらウイグルに頼っている。それも一頭あたりシルク四十反ないし五十反という代価であり、もし購入を拒めばウイグルの来襲が恐ろしいという隠れた事情があった。七七三年、一万頭に対する代価が国の歳入を超えたため皇帝はウイグルの法外な要求を抑制しようとした。皇帝は「国民の苦痛を増大させてはならぬ」と命じて、六〇〇〇頭しか購入しなかった。これに対してウイグルは、毎年数万頭を送りつけて中国の国庫を枯渇させることになる。ウマは中国の牧場に到着するごとに、一頭ずつ数か所に焼き印を押されて、生地・敏捷さ・スタミナ・仕事の適性——駅馬か、将軍用か、政府の行事用かなど——を表示された。

タイへはウイグルの可汗と婚約した四人目の中国の皇女だった。最初は彼女の曾祖母の妹で、ウイグル軍が安禄山の叛乱鎮圧に初めて助力したあと、七五八年に送られた。そのときは彼女はすでに二度結婚して夫に先立たれ、若さは通り過ぎていたが、ウイグルに行ってから一年目に三たび寡婦となり、中国に戻ってきた。同行した彼女の妹があとに残って次の可汗と結婚した。この妹は七九〇年にカラバルガスンで死去したが、その二年前、チベットとの戦いにウイグルの援軍を得ようとする応急の工作として三人目の皇女、タイへの大伯母襄穆公主が送られていた。襄穆公主は八〇八年に死去するまで滞在し、三人の可汗と次々に結婚した。七年間時を稼いで八二〇年、中国皇帝はタイへの姉の皇女永安公主を現在の可汗の先代に提供することにした。永安公主にとって幸いなことに、この可汗は彼女が長安を発つ前に死亡した。それからまもなく公主は道教の道士になる許可を求めて、その後の国交結婚の恐怖から逃れることができた。しかしこの道を選んだのは彼女が初めてではなかった。すでに八世紀初頭、皇女金仙公主と玉眞公主の姉妹がこの道に進み、若い女性として長期間の修行を始めている。二人の父は国費を使ってそれぞれに僧院を贈ったが、のちに国民と役人の不満の的となり、結局皇女たちが自費で工事を完成させた。以後十五人の皇女が道士の修行を認められた。そのなかにはタイへの姪も二人はいっている。

皇女タイへの運命は、旅立ちのわずか一か月前に決められたものだった。六百人近くのウイグル人が永安公主を迎えに長安に入ったときである。最初使節は数千人を数えたが、当時長安にはそれだけの外国人使節を迎える場所がないという理由で、大部分が国境で待機するよう要請された。永安公主を送ると約束した可汗が死去したとあって、皇帝は苦しい選択に迫られた。皇女を嫁がせるのは宮廷のたいへんな出費だった。新婦には地位にふさわしい持参金を持たせなければならない。ウイグルの使節が「贈り物」として持ってきたポニーその他のみやげも、「交換可能の通貨」――この場合はシルク――で代価を払わなければならない。ウイグルは昔のように強国ではなかったが、やはり大切な同盟国であり、最初の協約が履行されることを望んでいた。

ようやく永安公主の代わりにタイへを送ることが決まり、大臣がウイグルの使節に会って皇帝の宣旨を伝えた。中国の使節がカラバルガスンまで皇女に随行し、新可汗に勲章を授与する――中国はつねに虚勢を張って隣邦を隷属国と見なしていた――ことになった。武装したウイグル騎馬隊エスコートが彼らを国境で待ち受け、護衛の任に当たる。護衛の必要は、わずか一週間後皇女の予定ルートのすぐ南でチベットの侵入軍が撃退されたことで、ますます大きくなっていた。数年前も、チベット兵はカラバルガスンから二つ先の町にまで侵入したことがあった。しかし実は中国の使節が和平協定を結ぶため、すでにラサに向かっていたので、双方とも護衛の必要のないことを望んでいた。この協定は「今後は両国とも敵対関係、戦争挑発、領土侵入のないこと」を謳っていたからだ。

婚約は七月一日に発表され、皇女タイへは八月の終わり長安の東北の門を通って出発した。一千マイル以上の旅は来年までかかるだろう。早馬ならこの距離を二か月以内に走破できるが、このような大キャラヴァンになると進行も遅く、なんども止宿しなければならない。タイへの兄の皇帝と役人のすべてが整列して送別の儀を挙げた。長安の市民もこの儀式を見物に出てきた。行列はウイグルの騎馬隊、皇女とその従者たち、中国の役人と可汗への贈り物を積んだラクダ隊と続き、城門を通って北に旅立つのに数時間を要した。

皇女タイへの目指す王宮は、裕福さの点では長安の皇居に引けを取らぬ宮殿だったが、遠い異国に向かう感を禁じ得なかった。旅の第一段階は黄河の北端に広がる中国領を横切る行程だった。黄河は長安のはるか南西のチベット高原に水源をもち、甘粛回廊を通って北に長い弧を描き、その後東に、また南に向きを変えて再び長安の近くまで逆走してくる。この大きな曲線に囲まれた土地はオルドスと呼ばれ、砂漠と泥土の国でタングート族の故郷である。その先、北方と西方にゴビ砂漠があり、北東のステップには契丹など他の民族が住んでいる。中国はオルドスを支配しようとして黄河遠方の河畔に守備隊を配置した。ここにもウイグル人に煽動されて交易所が出来る。しかしこの地方の中国の支配権は不安定だった。七六三年の内乱のとき中国が西域の藩鎮から軍隊を引き上げて以来、西方が無防備になっていた。チベット軍はつねに甘粛回廊を通ってウイグル領に入り、オルドスの西端部を襲撃した。一方、タングートと契丹――この両民族はその後数世紀を経て強大な王国を形成することになるが――は、北東方面からの脅威であった。踏み固めた土で作った、いまや風化した城壁は、古代中国諸王朝の国境線を示し、またオルドス南端部で黄河の屈曲部を二分している。これらの城壁は、この地における中国と北の隣国との長い闘争のなごりである。

中国軍は強力な大弓を備え、精巧な甲冑を身につけ、鋼鉄の刀剣を持ち、火薬や機械仕掛けの発射装置を用いるが、また中国の兵士は乗馬も弓矢も遊牧民のように巧みだが――実際多くは遊牧民出身者だった――、国境に押し寄せる多くの異民族を威圧するのに成功したことがない。このため彼らは昔から、領土防衛のため軍隊とともに外交手段と賄賂を用いてきた。皇女も作戦の一部であった。皇女を送って同盟の強化を図ることは何百年も前に始まったことで、中国の現王朝になってからも、二十人を越える「皇女」たちが送られている。七世紀に、あるチュルク族の可汗が中国の皇子をわが娘の婿にと懇望したとき、「古来帝国の皇子が野蛮国の女と結婚した例はない」と、官廷の憤激を買ったことがあった。（代わりに赴いた皇后の従弟は到着後すぐに投獄された。）しかし皇女がウイグルに送られる以前は、皇帝の遠戚にあたる女性——あるいは下位の夫人の娘たち——が外国人の花嫁に選ばれた。

安禄山の叛乱以後、唐王朝は不安定となり自信を失っていった。自信の欠如はとくに、外国のものは人間をも含めてすべて排除する傾向が強まった点にはっきりと表われていた。民族意識は昔も今も政治の大きな問題であった。唐代の中国統治者はすべて道教創始者の直系であると主張したが、実はその先祖は、現に彼らが「野蛮」と言って斥けている文化そのもの——チュルク系中央アジアの文化——から生じたものだった。外部からの影響は唐王朝の初期には歓迎されたが、いまではすっかり中国文化に吸収され、どこで古来の文化が終わり「外国」の影響が始まるのかを見分けられる人間はいなかった。しかしその影響の明確な分野——たとえば仏教の場合のように——では、外国嫌悪症が高じていった。仏教が中国で信奉されたのは遅くても紀元一世紀からで、六一八年に唐王朝が成立したときには十分に吸収されていた。しかし王朝末期になると、これを中国疲弊のスケープゴートに利用しようとする宰相が現われた。八一九年、有力な文人政治家が皇帝に排仏論を提起した。それは拒絶されたが、以後数十年間にわたり、重税と物価インフレに対する非難を政府から逸らし「外国人」と「外国宗教」——すなわち金貨しのウイグル人と非課税の仏教徒——に転嫁させることが常套手段となった。

皇女タイへの目指す国は長安の北西に位置していたが、八二一年秋、キャラヴァンは初め北東に進路をとり、黄河の渓谷にある河中に向かった。中国中原は黄河の流れと、その黄土を含む水にはぐくまれた肥沃な平原の内側に限定されていた。キャラヴァンは次に河東と呼ばれる地方を通って太原——「平原の果て」——に向かった。ここにはウイグル人の強い要望によって建てられたかなりの数にのぼる同国人のためのマニ教の寺院があった。ここは国境を越えた最初の大きな町で、最近コチョ産の馬乳ブドウから製する高価なワインの生産地になっていた。町の周縁の黄土の斜面は一面ブドウ畑であった。生産の大部分は長安に送られた。タイへの兄の皇帝は初めてこのワインを口にしたとき、「これを飲むとたちまち四肢に調和がみなぎるのを覚える。これこそまさに太平君子だ」と嘆賞した。同時代の中国の詩人は、太原（当時は晋の名でも知られた）のブドウ畑とワインについて次のように書いている。

前人未踏の地に生い茂っていたブドウの木、
その枝はねじれて、絡まった紐のようだった。
それをこの園生《そのう》に移し替え
緑の輝きで飾った。
いま枝は美しいカーブを描き
ぐんぐんと上に伸び分岐して広がっている。
伸びて二つに分かれる枝、だらりと下がる枝、
また壁の上までとどく枝。
やがて鮮やかな明るい緑で
見るものの目を楽しませた。
屋敷の屋根の上まで伸びた枝は
まるで生きた心をもつように奮闘している。
移し替えられたブドウの木は

いまや木の枠に絡んで伸び
格子はやわらかい緑の蔭を落とし
段丘は快い緑の幕となる。
コメ汁でよくその根を浸し
葉のついた若枝をうるおす。
花はシルクの房飾りのように風に揺れ、
実は真珠のかたまりのように重く垂れる。
馬乳ブドウには白霜が輝き
旭日のように竜鱗が光る。
あるとき、旅人がこの地の客となった——
町を歩いてたわわに実るブドウを目にし、
こう言ってあるじを驚かした。
私ども晉の人間は
このようなすばらしいブドウを
類まれな宝石のように大切に育てています。
私どもはこれでおいしいワインを作ります。
その欲望を断ち切ることは誰にもできません。
このワイン、ちょっと飲んでみませんか。
涼州の王になった気分になれますよ。*

＊ 劉禹錫（七七二―八四二）の詩。T・サムソン訳（一八六九年）による。

キャラヴァンはこの町にしばらく滞在して休息をとり、食料――旅行中の皇女のためのブドウとワインを含む――を補給し、次の日の旅程の準備を整えた。ここからはいつ襲われるかわからない危険なオルドスの地を避けて、そのまま黄河の東側に沿って北進を続け、半世紀前ソグディアナとウイグルの商人が大量虐殺された藩鎮に出る。そこからは黄河の北岸に沿って西に転じる。北の地平に山並がそびえ、黄河が南転するところでその山を越すと、道は北西に向きを変えて鸊鵜泉――中国領の北の国境――に達する。ここからはゴビ砂漠のなかを数か月進まないと、川はおろか水が少しでも出る場所はなかった。

短い夏は終わりに近づき、土も寒さで固くなりはじめたが、空は晴れ、乾燥して快適だった。キャラヴァンの一日の行程はごく短く、毎日早めに休止してキャンプを張り、動物たちに草を食べさせた。冬になるとラクダには飼葉が必要になる。ウマと違って足うらが柔らかいため、牧草の上の氷や雪を掘ることができないからだ。また、ウイグル人もマトンやビーフの食事を補うためにカモシカの猟に出る。かつて第二世の可汗がマニ教を国教にすると宣言したとき、「一切の邪神の絵画彫刻を焼き捨てよ」の命令以外に、国民に「菜食主義」を勧めたことがあった。しかしタイへは旅行中もその後も、この勧告が守られている様子をほとんど見ることがなかった。みな、肉を大量に食べている。ウシ、ヒツジ、ヤク、ラクダ、ウマ、カモシカ、キツネ、ウサギ、その他飼っているもの、捕まえられるものなら何でも食べる。禁酒の様子も見えなかった。キャラヴァンは発酵した馬乳を大量に積んでいた。

ウイグル領内に入ると、タイへに故国を想わせるものは何もなくなった。彼女は国内旅行をあまりしなかったが、それは本や絵で知っていた。それは緑に包まれた渓谷であり、樹木の生い茂ったすばらしい山の景観であり、オオバコの葉に滴る雨水の音であり、さび色になった秋の葉のなかのキクの花であり、山腹の竹やぶであり、また季節によって変わるさまざまな花と虫と小鳥であった。毎朝起きて目にする荒れ果てた、灰色の吹雪の景色との違いはあまりにも大きかった。八百年も前、やはり花嫁として西域に送られたある皇女の言葉が、彼女の頭をよぎった――「家族が私を地平のかなたに嫁がせた……私は茶色のガンになって家に帰りたい。」

形あるものが何ひとつ見えないなかの、長い一日がなんども続いた。皇女タイへは何もすることがなかった。朝がくると侍女が着物を着せ食事を運び、ラクダの準備ができる。最初の二か月はまだ天候が穏やかで景色も多少の変化を見せ、毎日の行程もすぐに終わった。キャンプ地に着くとすでに彼女のテントは張られており、なかには敷物が敷かれ、小さなテーブルや折り畳みの椅子が用意されていた。手洗い用の水が運ばれ、沸きたてのお茶とさまざまなご馳走が並んだ。夜はたいていチターを弾くか、昼に見た風景や郷愁の想いを詩に綴ろうとした。それはどちらも中国の詩人の永遠の主題であった。しかし数か月経つと乾いた空気が寒気を伴って肌を刺し、彼女は防護のため顔を覆わなければならなくなった。見えるものは何もなくなった。いつ終わるとも知れぬ旅に、彼女はしだいに飽きはじめた。一日が翌日へと溶け込み、ひと月が翌月へと溶け込むうちに、彼女は時間の感覚をすっかり失ってしまった。

中国の重要な祭日、旧暦の新年が近づいていた。彼女はこれからは参加できない行事のことを思った。しかしキャラヴァンのなかの気分はしだいに盛り上がってきて、やっと首都に近づいたことを感じさせた。道路が見分けられるようになり、やがて広い、人の通る道が現われた。小さな村や農地が土地の向こうに散在しはじめ、キャラヴァンの通過を見るために人々が道に並んだ。騎兵が先行して可汗にキャラヴァンの接近を報告した。ある晩、それはあと二日で首都に着く地点だったが、可汗の代理がやって来た。彼とキャラヴァンのウイグル人がしばらく協議したあと、中国側の随員に提案が示された。それは皇女の行列に、首都への道を少々変更してほしいという可汗の意向だった。そうなれば皇女は大げさな布告なしに首都に入り、非公式に可汗に引き渡されることができる——彼は挙式前に皇女に会いたかったのだ。しかしこの要請は拒否された。ウイグルの廷臣たちは、さきの皇女の前例もあると抗議したが、タイへに随行した中国の侍者たちは可汗の使節に、さきの皇女がどう決めたにせよ、これは許しがたき外交儀礼の違反だと、主張を通した。

翌日、カラバルガスンの城壁がオルホン川の左岸に見えてきた。この川は川幅の広い浅瀬の支流をいくつも作って平地に広がっている。冬もさなか——八二二年二月——となり、川は氷結して渡りやすかった。樹木も他のすべてのものも霜で灰色に染まっている。首都は長方形で、南北約五マイル、東西一マイル半の城壁に囲まれていた。王宮にも城壁がめぐらされ、北東の隅に位置している。九つの鉄の城門が市内に通じている。皇女は有名な可汗のテントをはっきりと眺めることができた。それは全面黄金で覆われ、王宮の平らな屋根の上に聳えていた。彼女は以前、チベットの皇帝も同様のテント——遊牧民族の過去の生活の象徴——を持っていると聞いたことがあった。可汗のテントには広い中庭があり、百人を収容できる。ほかにも町の城壁の内外に数多くのテントが建てられていた。多くは厖大なウイグル軍の兵舎であった。

行列が町に入ると皇女は大きなテントに案内された。厚い羊毛の毛氈《もうせん》で壁と床を覆い、その上からさらに美しいシルクのカーペットをかぶせてあった。壁ぎわに並べてある大きなクッションは中国やソグディアナで織られた最高級シルクで、赤、緑、青、金色のブロケードを施し、肘掛けはビャクダン製で、黄金とクスノキと彩色された象牙で飾られている。毛皮はあらゆる種類――クロテン、イタチ、マダラウサギ、また紫色に染めたシカの皮など――が積み上げられている。皇女は紫色のカップでワインを捧げられた。カップは半透明のクリスタル製で、ブドウと蔓《つる》の繊細なモチーフの模様で飾られ、中国の宮廷でもめったに見られぬ高級品だった。目の前には果実と木の実――アンズ、ブドウ、メロン、リンゴ、クルミ、アーモンドなど――を盛った低いテーブルがあった。ついで皇女には芳香のあるお茶が出された。このカップはペルシアの銀器を模した、把手のある美しい磁器であった。ポニーを売って中国のシルクを大量に貯えてあるため、ウイグル人は好きなだけ贅沢品を入手することができた。皇女の通訳は、可汗が彼女にウイグルの衣装を着てほしいと思っていること、彼女にこの国の慣習を教えるためウイグルの王女たちを差し向けようとしていることを伝えた。年配の女性召使が衣装と髪形を整えるために遣わされることになった。中国の侍者たちは、この間挙式の日取りを選定していた。

タイへの中国服は薄いシルクの下着と同じくシルクの袋状のズボンから成り、ズボンには紐がついていた。その上から日本のキモノに似た豪華な織りのローブをつけるが、これはゆるくウエストの下にまとい、デコルテ風に見せるカットが施されていた。いちばん上には、対照的な色彩のエプロン風の上衣をまとう。これは胸のところで結び、床に達するほど長い（朝鮮の伝統的服装に似ている）。さらに皇女は細長いシルクのショールを肩から両腕に掛けていた。ヘアスタイルは精巧な束髪で高く結い、赤いシルクの刺繍を施した上靴のつまさきが上に反ってローブの裾からのぞいている。シルクはすべて帝室工房で織られたものだった。玄宗皇帝の隆盛期には百人の帝室織女たちがもっぱら皇帝の愛人楊貴妃のためにシルクを織った。やがて「胡服」すなわちチュルクの騎兵の着るような丸襟のついた簡単な上衣が女官たちのファッションになった。最近は袖の部分に他と同じほどのシルクを使う、途方もなく袖広のローブが流行していた。

胡服を着た中国の女性
長安近郊唐代帝王墓の壁画より

定められた日、タイヘは通常のウイグル衣装で初めてテントの外に姿を現わし、儀礼にのっとって宮殿の高殿に座を占めた可汗に向かって拝礼をした。再びテントに入り、ウイグルの召使が着替えを手伝った。まず地味で飾りのない丸首の下着を着せられ、その上から長い深紅のローブを羽織った。ローブには幅の広い刺繡の折り襟がつき、赤と白の組紐が胸元から垂れ、またローブの両袖やスカート部分の装飾となっている。袖口は細く、これまた中国のファッションとは対照的だった。つぎがヘアスタイルで、頭の両側に大きなループを作り、黄金とラピス・ピンと動物の飾りをつけて装飾する。つぎは幅の広い、赤いシルクのスカーフで、これを首に巻き背中に垂らす。ヒップのあたりで入念な作りのリボンで留めるが、両端は床まで届きそうだ。最後に皇女は長い黄金のイヤリングと細長い黄金の冠とを与えられた。冠は前後が高く突起

ハスのつぼみを持つウイグルの王女，九世紀の石窟壁画

した小さな船をかたどったものだった。

やっと女王の正装のローブ姿で彼女は再びテントの外に出て拝礼をした。ついで輿《こし》に乗せられる。輿は九人の主要な大臣たちに先導され、宮廷を九回まわった。このあと彼女は高殿に登り、可汗の隣に坐って東面した。可汗も長いシルクのローブをまとっていたが、襟が高く、大きな円形の紋章がついていた。彼は顎ひげと口ひげを貯え長髪であった。頭上には高く尖った王冠を戴き、落ちないように赤いリボンでとめ、それを顎の下にまわして結んでいた。幅の広いリボンで頭髪を巻き、それが背中にまで垂れ下がっている。ローブは両側にスリットがあり、長い革のブーツがのぞいていた。また彼は黄金とジェードで作った精巧な装飾のベルトを着用しており、宝石を散りばめた短剣を吊していた。大臣たちも、これほど立派ではないが、同じ服装だった。彼らは代わるがわる可汗の前に進み出て「月の神と日の神」と呼びかけ、そしてタイへに向かって「わが新しきハートゥン

（女王）」に敬意を示した。彼女はまた、特別に白いローブに身を包み高い白帽をかぶったマニ教聖職者たちに気づいた。仏教徒と違って彼らは頭を剃らず、長い顎ひげを生やしている者が多かった。

タイへはウイグルと中国との同盟関係のたんなる象徴ではなかった。女王《ハートゥン》として彼女はウイグル宮廷内で権力をもった。自分自身の宿舎建設を認められ、約一年間、随行した中国人侍者たちを宿泊させた。八二二年の秋も深まり、彼らの帰国の日が迫ったとき、彼女の心は乱れた。タイへは盛大な送別会を催し、彼らに何反ものシルクを贈り、またあらゆる種類の服飾品を取りそろえて故国の姉妹へと持ち帰らせた。そのなかにはステップ地方のシカをかたどった金箔製のヘアピースも含まれていた。その夏、可汗はトランスオクサニアのアラブ軍司令官によって派遣された使節タニム・イブン・バールを引見していた。長安にもかつてアラブの外交使節が滞在したことがあり、タイへもこの民族のことを多少は知っていた。彼女の夫はこの使節を迎えるために、遠くウイグル領南西端にあるイッシク・クルの湖まで継ぎ馬を送ったのだった。タニム・イブン・バールは一日に三つの宿駅を走破し、「草と水だけで村も、したがって食物もない」ステップの二十日の旅行のことを報告している。ウマの係は止宿ごとにテントを張るが余分な食料は一切なかったという。そのあと耕地のはずれに辿りつくが、なお二十日間村と農地を通り過ぎて、やっとカラバルガスンに到着することができた。彼は遠くから黄金のテントを眺めたと報告しているが、その短い旅行記のなかで女王のことは述べていない。

タイへと彼女の新しい夫との夫婦関係については一切知られていない。唐朝の中国が殊更に厳格だったわけではなく、のちに帝国社会の特徴となったさまざまな制約はまだ実行されていなかった。纏足が行なわれたのは次の世紀であり、双方の同意による離婚もまだ法規に記載され、未亡人も再婚を認められていた。ウイグルの女性は、中国よりさらに制約が少なかったと思われる。ウイグルの王女たちはなんども、中国への外交使節に随行していた――タイへを迎えに行った使節にも随行している。中国の著作にはあからさまにセックス・マニュアルを扱ったものがあり、「房中術」は医学の一部と見なされていた。セックスの排除を健康に害ありと考える医師が多かったが、道教徒の医師は男性の患者に射精を禁じた。精液には健康と長寿に不可欠な生命力すなわち「気」が含まれていると信じたからである。たとえば道教徒の医者が著わした七世紀の書は次のように述べている。

男は四十歳になるまで、通常な精力的情熱に満たされている。しかし四十歳の誕生日を過ぎるとたちまち力の衰えに気づき、またこのころ数かぎりない病いがハチの群れのように襲ってくる。もしこのまま放置すれば回復の見込みはない。しかし彭祖は「人間によって人間を癒すのが真の治癒である」と言っている。したがって男は四十歳になったら房中術の知識をすべて心得ねばならない。

房中術の原則は実に単純だが、実行のできる人間はきわめて少ない。それはただ、一晩に十人の女と交わっていちども射精しなければよい。

高名な文人たちの書いたエロチックな詩、随筆、小説も流布されている。生殖行為の話もオープンだった。中国皇帝の夫人、愛人たちのすべての月経の日付、皇帝が首尾よく性交した日時は、ことごとく綿密に記録された。皇女タイへがウイグルの宮廷でも同じようにモニターされたかどうか、可汗の子供たちを産んだかどうかは不明である。

皇女の夫は結婚の二年後に死去し、新しい可汗が就任した。最初ウイグルの可汗と結婚する予定だった中国の皇女は、婚約者が死去したとき、併葬のため殉死を期待されていることを知らされた。皇女はこれを拒絶したが、譲歩して顔にナイフで傷をつけた。これがウイグルの伝統的な服喪のしるしであった。タイへは殉死もしなかったが、その気があれば機会もあった帰国をも望まなかった。中国の宮廷に可汗の死を知らせるための使節にも同行しなかったし、また八二五年の春、新可汗の就任を祝うために派遣された中国使節来着のときも、帰国の機会を捉えていない。この使節はポニー購入の代価として五十万反という驚異的な量のシルクを運んできた。一反はおよそ三〇フィートで、これは熟練した織女が一日に織れる最大の分量である。したがって五十万反といえば延べ一万日分以上の仕事量だった。

皇女タイへは、あるいは陪臣の中国人顧問から何らかの政治的理由で、ないしは新しい皇女を送る費用を回避するために、カラバルガスンに残るよう説得されたのかもしれない。この頃には彼女は新可汗と結婚していたとも考えられる。中国からは数年ごとに使節が到着し、町にはかなりの数の中国人が居住した。使節はいつも彼女に手紙やニュースや贈り物を持ってご機嫌うかがいに伺候した。返礼に彼女は自分の持ちものから入念なみやげを送ったが、そのなかにはとくに馬術に巧みな五人の女性射手、またウイグル帝国の南境に住むシャトウ・チュルク族の少年二人が含まれることもあった。八三二年、可汗とその廷臣の多くが暗殺されて別の可汗が王位についた。それでもタイへの地位は変わらなかった。この頃になるとウイグルの運命も著しく衰退していた。宮廷内にも意見の衝突があり、キルギス軍の侵攻も頻発した。

キルギスはウイグル帝国北西部の森林民族で、その地はウイグルの首都からおよそ四十日ほどの行程にあり、「マツノキが高く聳え、矢もその梢までは届かない」という森林地帯だった。彼らは二十年前からウイグル人と衝突を繰り返していた。言語はチュルク語を使用したが、背が高く、髪は薄色、緑または青い目の種族だった。彼らは髪と目の黒い人間を、紀元前一世紀に祖国を捨てて遊牧民族に走った中国将軍の末孫と信じて軽蔑していた。その慣習も他のチュルク人と異なった点が多かった。服喪のしるしとして顔を切り裂くこともしなかった。また自分たちの王を「カガン（可汗）」とは呼ばず「アジェ」と称した（のちにチュルク語の呼称を用いることになるが）。

八三九年、可汗が二人の大臣を叛逆の理由で処刑し、大臣の支持者が可汗を殺して復讐したとき、カラバルガスンに危機が訪れた。八三九年の冬は寒さがことのほか厳しかった。霜が早くから地面を覆い、雪が深く積り、年の暮れには飼い葉の貯えも尽きてしまった。数万匹の家畜が死んだ。首都防衛の軍隊も連続的なキルギス軍の前進に対し、反撃する力を失っていた。八四〇年、彼らは首都を征覇し、新可汗を血祭にして町に火を放った。住民と周辺の農地に住む人々は南方に逃げた。皇女タイへもその一人だった。

キルギス軍はやがて森林の根拠地へ引き揚げたが、強力な抵抗がなかったため、彼らはかつてのウイグルの地を九二四年まで支配下に収めていた。この年、中国北東の民族契丹が侵入したのだった。

八四〇年の皇女タイへの旅は、二十年前の旅とは打って変わったものだった。迅速な、命がけの逃避行で、いまや故郷のように見慣れた土地を通り過ぎた。秋になり、皇女が他の避難者を連れて黄河の湾曲部に達すると、近くに駐屯していた中国軍守備隊はその数を見て仰天した。結局十万人ほどが集まって陰山山脈の山陰に居住地を作った。新可汗は、その意図を確認するために派遣された中国の使節に、王国を即刻奪還する気持ちはないが事態が好転するまでこの国境に落ち着きたい旨を伝えた。タイへの要請で中国政府は、不安なウイグル人に食料と衣類を送ったが、やがて時が過ぎて中国は軍隊を召集して国境の城塞を補強し、かつ武器を発送した。その結果は定石通りで、ことさら驚くべきことではなかった。

八四三年の春、中国派遣軍が予告なくウイグル人のキャンプを襲った。ウイグル人は追い散らされ、のちに中国人が「ウイグル殺戮の丘」と名づけた場所で数千人が殺された。それ以上のウイグル人が降服し、ほかは南方のシルクロードまで逃げのび、甘州すなわち甘粛回廊、またはタリム盆地のコチョに定着した。可汗も逃げたが追跡され、数年後ゴビ砂漠で殺されている。数世代ののち、中国北部に残存するウイグル人は中国人と同化した。

一方、皇女はすでに南下し、八四三年の晩春中国の首都にたどり着いた。ウイグル人の護衛は町の城門まで彼女を送ってから引き返した。随行していたウイグルの王子を彼女が殺害したという噂もあったが、はっきりしなかった。皇帝は大臣たちを集め、皇女の処遇について意見を求めた。ウイグルに対する敵意が強いことを挙げて帰国を認めることに反対する者もいた。しかし皇帝は彼女を庇い、「余は公主の身を案じ、悲しみに堪えぬことが多かった」「公主も深い郷愁のおもいで、いくたびも故国を想ったことであろう」と述べ、結局彼女の帰国を歓迎することに決まった。近衛兵が派遣され、北東の城門外にある章敬寺から彼女を護衛して宮中に連れ戻った。この城門から皇女が長安を出発したのは、すでに二十年以上昔のことだった。皇女の中央アジアの生活が終わった。

僧侶の話

チュッダ（八五五―八七〇年）

カシュミールの王国は周囲およそ二〇〇〇マイルで、山に囲まれている。土壌は穀物の栽培に適し、果実や花も多い。また竜種馬、鬱金香、薬草もある。……住民は革のダブレットと白いリネンの衣服を着ている。彼らは快活だが軽薄、意志が弱く性質は臆病……ハンサムだが狡猾なところがある。異教徒と仏教信者が共存し、後者の数は五〇〇〇人ほどである。

玄奘『大唐西域記』六四六年

青年は、茶色の衣をまとった異国の僧侶が筆に墨をつけ四角いざら紙に何やら複雑な図形を描くのをじっと見つめていた。僧侶は墨が乾くのを待って、紙を青年に渡しながらこまごまと指示を与えた。青年はこの写しをたくさん作って、毎月定められた日に呪文を唱えながらそれを火に燃やさなければならなかった。青年はいくらかの銅貨を僧侶に渡し、テーブルの周りに集まった群衆をかき分けて表に出た。彼がこの僧侶のところに来たのは、数か月前から頭髪が抜けはじめたからだった。彼はすでに土地の床屋に、治療薬――頭にすり込むためのスイカの葉をすりつぶして作ったジュース――の代金を支払っていた。彼はまた、ヘッド・マッサージも試みたが、いずれも効き目がなかった。その朝、彼は寺院の縁日に来て、何かもっと効果的な治療法はないかと探していたのだ。

家内安全の護符
九世紀の木版の暦より

時は八七〇年、この僧侶はカシュミール人で、名をチュッダといった。彼はシルクロードの町敦煌で十五年近く医術を業とし、郊外一二マイルのところにある崖に接した僧院に住んでいた。この日彼は、町の中心にある別の僧院の一画に屋台を立てた。この僧院は小さな建物で、わずか二十人ばかりの僧侶が周囲の塀に沿った小さな木造の部屋に寝起きしていた。彼らは小さな木造の寺門の横の最適の場所を確保し、巻物や絵画、小冊子、また「ありとあらゆる災いから身を守る」護符などを売っていた。町の人々や旅行者が僧院の内外を歩きまわり、立ち止まっては寺門を護る二王像に線香を供えた。そして中央の道に並んださまざまな屋台をひやかしてから、隣のマーケットに溢れ出して行った。さまざまな占い法を見せる土地の僧侶や旅の僧侶もいた。もっとも人気のあったのは、客に何本かの木のみくじの入った筒を与え、客がそれを振ると一本だけ離れて出てくる占いだった。みくじには一本一本、謎めいた文字が一行記されている。これは屋台の僧侶にしか判読できない。僧侶は前に置いた手引書を読んでその意味を告げるのである。また、夢や奇妙な出来事、あるいは六線星形や人相で占うこともある。暦の解説をする占い師もいた。暦はどこでも売っていた。中国の皇帝は個人が暦をもつことを禁じたが、これをもつ人々は多かった。しかし、そのむずかしい文を読んだり解釈できるほどの学識のある人々はきわめて少なかった。人々はその解説を聞くためにも、占い師に金を払うのを厭わなかった。

医術を業とするのは茶の衣の僧侶だけではなかった。本草の専門家が布を広げ、干した植物や動物を積み上げていた。針療法師や手相見もいた。脈搏専門の医者、マッサージ師、外科医、小児科医、仏教や道教の祈禱師もいる。もしこれらの効き目がなければ、悩める人々は筆記者を雇って仏教経典の写経をさせることもできた。それに仏陀への祈りが加わる。代わりに自分で、目的別に定められた祈禱を唱えてもよいし、仏事のときそれを唱えさせてもよいし、香や果物を供えることもできた。

売薬はいたるところから集められていた。ギリシア、アラビア、ペルシア、インド、チベット、および中国の伝統的な薬品はすべてこの敦煌で売られていた。実際、当時の中国の官製医薬品リストには八〇〇点もの薬品が記載され、その処方や投与に関する指示が詳細に記されている。しかし医学は本草薬の使用にのみ限られているわけではなかった。針、脈搏診断、マッサージの専門学校もあった。インドでは白内障の手術も発達していたし、ギリシアやペルシアの医師は脳の手術でも有名だった。中国では疑わしい死因に関し検屍の方法を役人に教える手引書まであった。たとえば溺死体であるか、その前に殺されたかを区別する方法などを教えている。

多くの伝統的治療のうち呪文とまじないと祈禱が基本的な部分を占めた。中国では、悪魔にとりつかれた場合に必要とされるのは、粉末にした辰砂《しんしゃ》、鶏冠石、焙ったクロトンの種子、クリスマスローズの根、トリカブト、半日間土のなかで焼いた硫砒鉄鉱、焙ったムカデ（足をはずしたものだが、これには少々時間がかかった）である。これらをよく混ぜてうらごしにし、蜂蜜を加えて錠剤にする。患者は一日一錠これを飲み、具合が良くならなければ夜中にもう一錠、服用中は「ポークと冷水と血の滴る生の肉」を避けるよう命じられる。

チュッダは子供のとき、ヒマラヤのカシュミール王国にあった地方の仏教僧院に入り、全教科課程——といっても禁欲の誓いだけだが——を終えて二十代に正式な資格をもつ僧侶となった。九世紀までには仏教の故郷北インドの大部分が、まずチュルク、ついでヒンドゥー王朝の支配下に入り、仏教は衰えていた。カシュミールの支配者——カルコタ王朝——もヒンドゥー教徒だったが、仏教にはかなり寛容だった。

仏教僧の多くがそうであったが、チュッダの知識も大したものではなく仏教学者になれるような素質はなかった。またとくに教理的、哲学的な問題に関心があるわけでもなかった。彼が僧院に入ったのは何ら信仰上の行為ではなく、たんに人の行なう生活手段であった。しかしチュッダに信仰が欠如していたわけではない。誓いは遵守しているし、仏事に欠席したこともなかった。彼は中国へ行ったことのある旅の僧侶から、こんな話を聞いたことがあった。中国では詠歌を唱える堂内の熱気が高まると、仏陀の名を唱えてわが身を切り刻み、あるいは腕の筋肉を焼き、あるいは指の根元までを焼く僧侶がいるという話であった。チュッダはこれを聞いて仰天した。釈迦牟尼はヒンドゥー教徒の度を越えた苦行を否定されたと教えられていたからだった。しかし仏陀生前の物語には、わが身を犠牲にして他人を助ける話が多い。もっとも有名なもののひとつに、仏陀がトラに向かって崖から身を投じ、飢えた子トラの餌になった話がある。また、人気のある経典『法華経』の一節には仏陀を称えるために信者が焼身する話が説かれている。「その例にならう者には——手の指、足の指を焼くだけでも——国や町、妻や子供、あるいは土地、山、森、川、池、その他すべての貴重なものを供える者にも勝る恵みを与えよう」と。

どんな宗教でも、自己傷害の行為は比較的卑近な欲求が動機となっている場合がある。性欲を回避する目的で、同時代のヨーロッパのキリスト教僧侶も自分の指を蠟燭の炎で次々に焼いたという。チュッダ自身も、中国の仏教僧で自分のペニスを切断した男の話を聞いたことがある。その僧侶の記した書物によれば、彼は自己の欲望を抑えるためではなく、女性が自分に欲望をもたぬようにするために切断したのだという。仏陀は菩提樹の下で最後の瞑想に入ったとき、彼の気を散らすさまざまな誘惑をいとも簡単に斥けたが、すべての僧や尼僧が禁欲生活を容易だと考えたわけではなかった。去勢した中国僧は、のちにその説教に数千の聴衆を引きつけたが、それが彼の雄弁のためだったか、聴衆の好奇心のためだったかは記録されていない。

僧と尼僧との許されざる関係を述べた好色な物語は広く伝えられていた。セックスの手引きであった八世紀中国の『天地陰陽交歓大楽賦』には、ある僧院での同性愛の僧侶たちと、「巨大なペニスをもち頭を丹念に剃った、背の高い、色の黒い異国の僧侶たち」と同衾した尼僧たちの話を語った一章が含まれている。これらの絵入り本も出まわっていたにちがいない。中央アジアの少数の僧侶集団はセックスを禁ずる仏教の規則を無視して妻帯し、子供も一緒に町で生活した。

チュッダは中央アジアや中国のこの種の話を数多く聞いていた。二百年前、有名な中国の巡礼僧玄奘は、仏教経典収集のためインドに赴く途中、カシュミールに二年間滞在した。玄奘はカシュミールにおける経典論議の程度の高さに感銘を受け、論議に関する著書を集めて中国に持ち帰っている。現在でも中国僧は何人かカシュミールの僧院に居住していた。チュッダは彼らの耳慣れぬ言語も、多少話したり書いたりできるようになった。彼はだいぶ前から旅をしたいと思っていた。そして八五五年の春、彼は中国の都長安の北東にある五台山へ巡礼の旅に出かけることにした。

五台はある有名な菩薩の住居であった。菩薩とは、悟りの寸前にありながら、利他行のため娑婆世界を離れずにいる者の称である。五台山の菩薩、マンジュシリ（文殊支利）は、思うように姿を変えて出現する能力をもち、たんに菩薩を拝するだけでさまざまな利益が得られるというので多くの巡礼者が集まり、異常なものを見ると――奇妙な形の雲とか、珍しい動物とか、山道で乞食に会ったとか、仏陀そのものを見たとか――その解釈を熱心に聞きたがった。カシュミールの王国は数年前から混乱状態に陥っていたので、チュッダはこの巡礼を平和と祖国での仏教の繁栄とに捧げる誓いを立てていた。旅行を決意すると、彼は仲間の僧侶たちからさまざまな注文を受けた。ある者は彼に、途中の道筋に住む友人や同朋に宛てた手紙を託した。ある経典の写本を欲しがる者、ジェードの数珠玉とか、シルクの布とかを欲しがる者もいた。また、なかには五台山のみやげを所望する者もいた。

中国の首都には三〇〇〇マイル以上、五台山にはさらに数百マイルもあったので、チュッダは一年以上は帰国できないと思った。彼の従僕で土地の貧しい家庭の生まれだった見習僧が同行を願った。チュッダは二人用のウマと、二人の荷を運ぶポニー二頭を用意した。食物や宿泊は途中の僧院か在家信者の家庭を予定した。しかしウマの飼い葉、不意の出費のための金銭、山越えに必要な余分の衣料は自分たちで運ばなければならなかった。そのほかに彼は、薬草やまじないの入った薬箱を荷造りした。

チュッダは、カシュミールの北東にあたるチベットを通るルートは、昔はよく巡礼の通る道だったが避けることにした。八四二年にチベットの最後の皇帝が暗殺されてから、この国はまだ動揺していた。カシュミールの外に出る主要な道路は四つあり、いずれも城門があり番兵がいた。シルクロードへ出るもっとも早いルートは北の城門からギルギット川の渓谷へ出る道だが、チュッダはそれも避けて西の門から出発することにした。この道はカシュミールの北西方向にあるガンダーラやウッダヤーナなど古代王国を通るルートで、それは仏陀自身前世で活躍した舞台だった。

チュッダと従僕が僧院を発ち、西に向かってジェルム川渓谷の上のアンズ畑を抜けたのは春の終わりだった。山の斜面は若草と花々――エーデルワイス、黄色リンドウ、マルタゴン・リリー、シクラメン――に覆われ、巡礼者は川の両岸に広がる首都（現在のスリナガル）を眼下に見下ろすことができた。彼らの僧院からウラル湖の湿地帯まではわずか一日の行程だった。ここからは流域は狭まって峡谷となり、果樹が姿を消してモミノキとシラカバの森林となる。峡谷がもっとも狭くなったところに石造の前哨ゲートがあった。チュッダの携行する書類はすべて完璧で、カシュミール人の守備隊は遅滞なく彼らを通過させた。このバラムラの峡谷ゲートからジェルム川に沿って五日間進むと現在のムザッファラバードに至り、さらに二日行くとジェルム川とインダス川の分水嶺を越えてパンジャブ地方、今日のカラコルム・ハイウェイのルートに出る。

道は高い山脈から南に向かい、タカシラ（ギリシア人にはタキシラと呼ばれ、それが現在の地名となっている）に達する。この町と周辺の地域は当時はヒンドゥー人に支配されたカシュミールの属領だったが、それ自体輝かしい歴史の舞台であった。紀元前五世紀、タカシラは数学・天文学・医学その他の学科課程をもつ有名な大学の所在地だった。カローシュティー文字はサンスクリットやガンダーラの言語を書くために、この地で発達したものだった。紀元前四世紀になるとアレクサンダー大王が南路インドに向かう途中この地を通り、しばらく留まって地元の人々と哲学の対話を交わしている。しかし紀元前三世紀になると、二七二年アショーカ（阿育）王の即位とともにタカシラは仏教中心地としての重要性をもちはじめる。彼はマウリア朝の王で、その領土にはタカシラとカシュミールも含まれていた。きわめて凄惨な戦闘を経て仏教に改宗したのちアショーカ王は、その治世を仏教奨励に費やし、国中に石碑を建て地元の言葉で宗教上の寛容と、人と動物のための病院の建設、また薬草の栽培を勧めた。またアショーカ王は仏陀の遺骨――仏陀は火葬に付されガンジス川流域の八つの塔や祠堂に分骨されていた――を掘り出して、国内の主要な都市に配分しなおしたと伝えられている。タカシラにはその一つを祀るためにダラマラジカ塔が建立された。

この後タカシラは多くの支配者に治められた。彼らはみな仏教に寛容だったが、紀元後三世紀と五世紀の二度にわたって北方遊牧民の侵入を受け、破壊された。僧院も塔も焼かれ、僧侶たちは殺され、あるいは逃亡し、国はかつての栄光を取り戻すことはなかった。チュッダは旅の僧侶の話でカシュミール西方の国々は仏教が衰退していることは知っていたが、それでも町の内外に遺蹟の多いことに驚嘆した。最盛期のタカシラの周囲には五十の僧院と塔が立ち並んでいたが、そのうち二つだけがまだ残っていた。

紀元後二世紀には、仏陀の遺骨を納めたタカシラの小さな塔は、さらに大きな、漆喰で固め金箔で覆った塔の中に安置されていた。その周囲にはおびただしい数の奉納塔や僧院が並んでいたが、いまではほとんど廃墟と化している。大塔の金箔は剝落し、これを装飾する仏陀や菩薩の諸像は首を落とされ、また傷められていた。塔の周囲の浮彫りは仏陀の生涯を物語るものだった。チュッダは右まわりに回って（不浄でない右手がつねに塔に接するように）、黙って礼拝した。彼は果物と香を供え、塔にはシルクの旗を飾った。それは彼が中国から戻るまで、何千という遺蹟で何千回も繰り返すことになる行為だった。

僧と従僕はタカシラのその他の遺蹟をいくつか参拝してから旅を続けた。道は今度は北西に折れインダス渓谷に入ってフンドに至り、そこから山中に戻り、マカム川の川岸の、アショーカ王の残した岩の石碑を通ってから、マラカンド峠を越えてスワット川に出る。この渓谷の国はいまは北方のチュルク系ヒンドゥーの王たちに支配され、彼らは川を見下ろす岬の上に大きな城塞をいくつも建てていた。モンスーンの雨がこの渓谷の低地に密生するブドウや果樹をうるおし、秋には紫色のサフランクロッカスで覆われる。

この渓谷にはまだ仏教僧の集団が居住していたが、昔と比べればその数も大したものではない。七世紀の中国の巡礼僧は一四〇〇の僧院と一万八〇〇〇人の聖職者がいたと記している。八世紀にはこの渓谷にいた僧パドマサンバヴァがチベットの皇帝に招かれ、その地で仏教の新宗派を興した。この宗派はその独特な着衣から「紅帽派」と呼ばれた。パドマサンバヴァはカシュミールの地を通ったことがあったので、カシュミールの僧侶のなかにはいまでも彼のタントラの教えを奉じている者がいる。タントリズムは仏教後期に発展した教理で、儀式と瞑想の実践によって悟りの境地に到達することを目指している。

チュッダがスワットに着いたころは、活動中の僧院の数は数千から数百に減っていた。そのためチュッダと従僕は、いつでも仏教僧院や仏教信者の家庭で宿泊できるわけではなかった。しかし彼らは仏陀の生涯と関わりのある多くの遺蹟を訪れて慰めを得た。実際、ときには巡礼者が訪れて参拝するのにまる一日を要するような遺蹟もあった。スワットの渓谷を通ってさらに北上を続ける途中、彼らはなんども脇道にそれて山中に入り、仏陀がヘビに変身して飢える人々に食を与えた場所であるとか、仏陀がわが皮膚を紙にし骨をペンにして仏法を書き記したという場所を記念する特別な故地にも足を運んだ。チュッダの聞いたところでは、中国の僧院の図書館には仏陀にならって骨をペンにし血をインクにして記した文書があるという。

道が川の上流まで続くと、マツとモミノキの森がなくなって剝き出しの岩の斜面になった。巡礼者はしばしば、はるか頭上の山腹の岩肌に刻まれた仏像を仰ぎ見たものだが、これは彼らの先輩たちが刻んだものだった。あと数日で二つの川が合流しスワット川になる地点にまでやって来た。ここで山が開け、小さな高原となる。海抜二〇〇〇フィート、すばらしい肥沃の地で空気は清涼だった。付近には巡礼者が参拝したがる二つの遺蹟があった。ひとつは仏陀が衣服を乾かしたという岩、もうひとつは仏陀の足跡を刻した岩である。二人は東の川をさかのぼって、泉の水が湖水を作っているスワット川の源流に出た。この泉はウッダヤーナの守護神で半人半蛇のナーガ・アパラーラの出生地であった。ナーガ（竜王）は仏教に改宗する前、毎年夏になると白い水の洪水を起こして穀物を奪った。真の信仰を得てからは十二年に一度だけ穀物を奪い、ほかの十一年間は住民のために穀物を残したという。

この話をチュッダはよく知っていた。カシュミールの伝説でもナーガ族の話はよく語られた。ススラヴァスというナーガもそのひとつである。ススラヴァスの生地で、農民たちの畑の監視人となった男は、以前畑の産物は一切食べないという誓いを立てた苦行者だった。これにはナーガはたいへん困った。監視人が穀物を食べたあとでなければ産物を食することができなかったからである。結局ナーガと二人の美しい娘は草の種を食べて飢えをしのぐほかなかった。

ある日、貴族の青年がススラヴァスの池に行って休息し、偶然ナーガの二人の娘に出会った。踝《くるぶし》につけた飾りの音で娘たちに気づいたのだが、青年の心を惹きつけたのは彼女たちのまなざしだった。それは一条のアンチモニーのように輝き、ストーリー・テラーに語らせれば「耳飾りのルビーはハスの花、そのまなざしはハスの茎のよう」だった。青年はその美しさに打ちのめされた。彼は一緒にポリッジを食し、招かれて二人の父親に会った。ナーガが事の次第を青年に話すと、彼は助力を約束した。畑の監視人が料理作りから気をそらせているとき、青年はそっと畑からとれた新鮮なコーンを男の食物椀のなかに落とした。監視人はなんら怪しむことなくそれを食べてしまった。以後ナーガは自由に穀物を盗《と》ることができるようになった。彼は霰《あられ》の暴風を起こして穀物を砕いたのである。

感謝のしるしとして、青年はナーガの娘の一人を与えられ結婚することになった。彼らはこの上なく幸福に暮らしたが、土地の王がこの若い女性を見て「溝にはまったゾウのように」欲情に燃えた。彼女を得ようとなんどか説得したが失敗に終わり、王は兵士を差し向け強引に彼女をさらおうとした。兵士が家の表門を襲ったとき、青年とその妻は裏口から逃げ、父の宮殿に走った。ナーガは王の所行に激怒し、恐ろしい雷光の雨を浴びせて王と王宮と家来のほとんどを焼き尽くした。ナーガの妹ラマーニヤも山の隠れ家から大量の石を運んで兄の破壊を助けようとした。ラマーニヤの到着する前に兄が勝利したことを聞いて、彼女は自分の駆けつけた村で石を下ろした。その場所はいまでも「ラマーニヤの森」と呼ばれている。

自分の行為を悔み、また住民の非難にうんざりして、ナーガは翌日の明けがた、この殺戮の場から姿を消した。彼は山のかなたに、ミルクのように白く輝く湖水を作って新しい住まいとした。そして娘とそのつれあいは、隣の湖水に住んだという。

チュッダと従僕は春から旅をはじめたが、早くも夏になっていた。カシュミールの北門からカシュガルへ行くには、実はギルギットとフンザの峡谷を抜ければ、天候の状況とポニーの具合さえよければ一か月たらずで踏破できるのだが、チュッダは時間のかかる回り道を選んで聖地への巡拝を心がけた。やっと仏教巡礼の地をあとにし、チュッダは冬の到来以前になんとかタリム盆地に入りたいと思った。

川づたいに進むにつれて道は険しくなり、曲がりくねって切り立った岩場の陰鬱な灰褐色の稜線を走り、ガレ場を突き抜けていた。土地の人たちの話では、いくつかの峠を越えて反対側のヤルフン渓谷に出るには六日かかり、途中で食料の補給は不可能ということだった。ヤルフン渓谷は北東の山中に水源をもち、バロギル峠とダルホット峠に挟まれている。セグ・ラトンがパミールで戦った戦場に近いところだった。ここから彼らは北に向きを変え、バロギル峠を越えてサルハドへ出てオクサス川を渡り、パミール山地を経てシルクロードに出る道を進むことにした。それは七四七年、高仙芝将軍の率いる軍隊がチベット軍攻撃のために中国から進撃したルートを逆行するものだった。

彼らはいざというときの飼い葉と食料を積むため別のウマを借り入れた。山道はなんども大きな岩の裂け目に渡された橋を通るが、橋といっても木の柱を岩の壁面にうがった穴に差し込んだだけの骨組の上に小枝や木切れを置いたもの、あるいは小枝をからげて亀裂の上を渡し岩に差し込んだ柱で支えただけのものだった。翌日は彼らは峡谷を発って、大氷河を渡り、峠に向かう石だらけの斜面を登りはじめた。一万五八〇〇フィートの高さでは夏でも雪に覆われていた。

いったん峠を越すと、肥沃なヤルフン渓谷への下り道は楽だった。この渓谷は穀物が実り、ブドウや果樹が茂っている。村に隣接したところには小さな平地があり、ポロの競技場になっていた。しかし昨年収穫した果物を干したものは、モンスーンの水にうるおされたスワットのものに比べて、形も小さく、味も酸っぱかった。また渓谷の川床に沿って続く緑地帯の上は何も生えていない茶色の斜面になっていた。村人たちは渓谷に吹き下ろす冬の烈風を避けるため、地中に掘った家で生活していた。彼らの唯一の出入口は屋根にあけた穴だった。

道はしだいに賑やかになり、二人の巡礼者は旅行者からタリム盆地の情報を聞くことができた。ホータンが最近、中国に忠誠を誓う地元の勢力によってチベットから奪還されたこと、中国への道が再開されたが必ずしも安全とはいえないということだった。東方はまだチベットの支配下にある町があり、またウイグルの兵士たちも残存しているという。ウイグル軍はすでに十年前にキルギス軍によって彼らの領土から駆逐され、多くは南方に逃走していくつかのオアシスの町に集落を形成していた。主だった場所は北方のコチョや東部の甘州である。彼らと中国との関係は八四三年の中国・ウイグル戦と、それに続く長安のウイグル人処刑以来悪化していた。最近も彼らは皇帝の代理としてホータンへジェードの買いつけに派遣された中国の使節を襲い、貴重な宝石を奪い、多くの皇帝側近たちを血祭にした。

巡礼たちは道を急いだ。ヤルフン渓谷は夏は水が道まで溢れて徒渉不能の箇所もあった。いまでも上流はとくに危険だった。巡礼者とウマは寒さと高度に苦しめられた。道路が洪水になったところでは峻険な山腹を越えて代わりの道を見つけなければならなかった。峡谷は暗く、湿って、寒く、太陽の光が射し込むところはほとんどない。バロギル峠への道の入口まではわずか五〇マイルの距離だが、到着するまでに五日間を要した。峠そのものを越えるのにまた二日かかったが、その後はオクサス渓谷のサルハドまで下ると、前方にパミール山地が聳えていた。これがタリム盆地に下り砂漠の道を通って中国へ向かう前の最後の障碍であった。

夏とはいえ山の景色は荒涼としていた。春とともに訪れ山の斜面を覆う緑の輝きはすでに失せ、高い渓谷に生えるクワやポプラはまだ美しいオレンジや赤の秋色をつけていなかった。その薄緑色の葉は渓谷の厳しい灰褐色の土の色のなかに埋没していた。高い峠道で見る動物はマーモットと野性のヤギだけだったが、雪線を下って夏の牧草地まで来るとヒツジやヤクを飼う牧童と出会った。巡礼者はいつも歓待を受け、牧童たちのテントに招じられてヒツジやヤクの臓物を勧められたが、僧は菜食と決まっていたので二人は携行した食物をとるほかなかった。さらに下ると渓谷は急な斜面を削った段状地となり、幅がわずか数フィートという場所もあった。川床に沿って村や町があったがどれも貧しく、旅人たちに与えるほどの食物はなかった。

砂漠に通じる渓谷に出るにはもう一つ峠を越えなければならなかった。カルリク峠の南側に広がる夏の牧草地は、年中雪の消えることがないため「ミルキー・プレーン」と呼ばれている。巡礼者たちはここでキャンプし、いつものように明けがた、太陽が昇って雪の表面が溶けないうちに出発した。土地は雪に覆われた平らな峠の鞍部に向かって広がっていた。東側のぎざぎざした山頂が雪の上に影をつくっている。キャンプに適した平地に出るには、軟らかくなった雪道をさらに二時間下らなければならない。しかしそこに着いたときも高度は一万四〇〇〇フィートに近く、気温も低かったため、彼らはキャンプを諦めて道を急ぐことにした。三時間下ったのち、ようやく二人はチュルク族遊牧民のテントが散在する緑の渓谷に出た。

このあと渓谷は北に伸び、幅を広げてタシュクルガンへ近づく。タシュクルガンはタリム盆地の南西の境界に接するサリコルのパミール王国の首都である。両側に見える雪の山頂はやや遠のいている。何日もパミール高地の岩だらけの峡谷の間を通ったあと、この暖かい肥沃な渓谷、種々の花や薬草の咲き乱れるこの緩やかな斜面に到達できたのは、なんといっても喜ばしいことだった。チュッダの知らない植物もいくつかあり、牧夫にその名前を聞きたいと思った。共通の言葉がないため、牧夫たちは巧みな手話を用いて植物の多様な用途の説明をはじめた。それは薬草らしく、チュッダはあとで詳しく調べられるよう見本を何本か摘んだ。

タシュクルガンにはあと二日の行程にまで来たが、二人はまず川を渡らなければならない。しかし洪水期で渡る場所がなかなか見つからなかった。対岸にたどり着くまでに、僧侶もポニーもずぶ濡れになった。タシュクルガンは長さ三分の一マイルほどの四角い、ごつごつした岩場の上に建てられた町だった。川にもっとも近い場所に中国軍の城塞があり、兵士たちが到来者全員の検問にあたっていた。チュッダは僧院の発行した書簡、カシュミール政府の旅行免状を見せたが、中国旅行の許可証が必要だと言われた。兵士は巡礼者に、必要な書類が整うまで待機できる町の僧院を指示した。

町の標高は海抜一万フィート、周囲の農地では穀類と豆類を栽培するだけだった。ほかの食品は軍の補給隊や交易によって得られた。僧院には壁に囲まれた小さな土地がつき、さまざまな薬草や、この標高と短い夏に耐えられる少数の野菜が栽培されていた。

数日後、二人の僧は旅行継続の許可証を受け取った。彼らの次の目的地ホータンは東方にあったが、彼らはまず北進し、カシュガルからホータンに通じる道の途中にあるヤンギ・ヒッサルで山地から出ることにした。まる一日、川に沿って進むと渓谷が開けて砂利の斜面となり、数マイル続く。北西方向に二人は、北のパミール山地から続く連峰のなかに、雪を戴くムスターグ・アタを眺めることができた。中国人はこの山塊を「葱嶺」(タマネギの山)と呼んでいる。しかしチュッダが翌日起きて、南を探しても西を探しても、山は霞のなかに消えていた。

ヤンギ・ヒッサルからホータンまでは二週間の行程で道もよく知られていたが、二人がオアシスの町から離れた第一日目から、途中の景色はこの山育ちの巡礼者にとって、まったく別世界のものであった。砂の色はいままで歩いた山地と同じ黄灰色だが、植物はほとんど見あたらず、カシュミール出発以来つねについてきた懐かしい雪の山々はまったく影をひそめた。彼らの体は高山の空気と激しい風に慣れていたが、ここでは熱気が身を焦がし、そよ風など微塵もなかった。砂はどこまでも遠く広がり、ときおりタマリスクやサラカウルに覆われた砂丘が点在するだけだった。チュッダと従僕は無言のまま、仏陀に祈りを捧げ、衣の下で数珠をまさぐった。山地では道が折れるたびに景色が変わったが、砂漠の行程では何時間進んでも新しいものは現われなかった。

道は果てしなく続くように思われた。しかし午後も中ごろになってようやく二人は小さなオアシスに着いた。一人の男が道路の木蔭に坐っている。朝出発して初めて見る樹木だった。男は周りにメロンと大きな水がめを並べていた。これを見て二人は救われたような気になった。翌日のヤルカンドへの道は曲がりくねって同じような小さなオアシスを通っていた。二人の巡礼者は、自分たちに砂漠の道を踏破する力のあることを語り合って気を良くしていた。しかし彼らは、このあと最悪の事態に遭遇することになる。

ヤルカンドで彼らは、ジェードを買うためホータンに向かう途中のソグディアナ商人のキャラヴァンに出会い、同行することにした。キャラヴァンの速度はラクダ次第なので、彼らの歩みも必然的に遅くなった。しかし少なくとも商人たちは砂漠のことはよく心得ていた。夏の砂漠の暑さを避けるために夜歩くのは、道も景色も見えなくなるわけだが、二人はじきにこの砂漠の慣例になじんだ。日没後すぐに、「大地に忍び寄る氷の息吹きのように」気温が急激に下がるので、重いヒツジ革のコートを身につける。しかし、商人の一人がときおり仏教の祠堂を見つけることがあり、巡礼者は香を灯し小さな供え物を捧げた。また二人は、キャラヴァンが日中止宿する部落で必ず仏僧の集団を見つけることができた。

ホータンの町への最後の一日は一連のオアシスを通過した。道にはヤナギとポプラの並木が続き、暗くても二人は両側の畑に果樹の影を見ることができた。町まで数時間のところで、カラカシュ川を小さなフェリーで渡った。夏の洪水で川の水かさが増しているため、動物と荷物とを安全にフェリーで運ぶのに長い時間がかかった。明けがた近くになってキャラヴァンは町に近づいた。昼間の霧はまだ立ち込めておらず、澄みわたった朝で、かなり遠方からでもホータンの煉瓦と土の城壁が眺められた。

ホータンはクンルン山脈に源を発して北に流れるカラカシュ川とユルンカシュ川とに挟まれた場所に位置している。ホータンの先で二つの川は合流してホータン川となり、しばらく砂漠のなかに流れたのち地下に吸い込まれて姿を消す。クンルン山脈の氷が溶ける春と夏には増水して乾燥した川床はたちまち水の底となるが、洪水の引くのも同様に早く、流れの跡は藪や低木が生えているのですぐにわかる。

この二つの川はかなりの地域を灌漑し、また土地の製紙業に使う水を供給する以外に、山地から貴重なジェードの塊を流してくる。そのため川の名も「黒いジェード」（カラ・カシュ）と「白いジェード」（ユルン・カシュ）と名づけられた。ジェードは主に中国にもたらされ、熟練した職人の手によって彫刻され、皇族や貴族の装身具となる。ジェードすなわちネフライトはきわめて硬質であるため、造形には細かい砂と水とダイアモンド・ドリルで長時間研磨しなければならない。したがって髪飾りやベルトのバックルのように手の込んだ彫刻作品はとくに珍重された。ホータン・ジェードはディープ・グリーンからスノウイー・ホワイトまで色もさまざまで、後者は「月光の結晶」と呼ばれた。チュッダの知るところでは、ジェードは中国医学で長寿を保つ重要な薬剤で、内臓を浄化するために服用するものであった。彼は以前、道教徒の医療士が液体のジェードなるものを売っているのを見たことがあったが、その真偽は疑わしかった。

巡礼者たちはホータンで数週間滞在した。町は仏教の活気に満ちた中心地だった。また、このように大きな僧侶集団のなかに戻ったことも安堵のひとつだった。聴講したい講話も多かった。チュッダは地元の僧侶兼医師にも会いたかった。地元にふんだんに生えている穀類や果物のおかげで、巡礼者は僧院の食堂で十分な食事をとり、長い旅路の欠食からすぐに元気を取り戻すことができた。

僧院は土壁に囲まれた大きな施設で、建物が南北を軸にして対照的に並んでいた。比較的大きな二つの建物——講義用ホールと大ホール——は木造で、木柱が急勾配の屋根を支え、屋根の先端は反りかえった軒になっていた。小さい建物とその壁の建材は、よく見かける黄色い焼き煉瓦と、タマリスクの茎を入れて補強した堅土だった。僧坊はずらりと土壁の内側に並び、床が土の小さな四角い部屋で正面に窓がついていた。チュッダと従僕はその一つに寝起きした。

ホータンには見るべき遺蹟がたくさんあった。町を囲む城壁の大門の横に、天王ヴァイシュラヴァナ（毘沙門天）の大彫像が立っていた。それぞれ四つの方位を向く四天王は悪の軍団と戦う仏教の神々のうちでも重要な像であり、それぞれが携行する武器によって識別される。南方の王ヴィルーダカ（増長天）は棍棒、東方ドルタラーシュトラ（持国天）は弓と矢、西方ヴィルーパークシャ（広目天）は剣と経巻、北方ヴァイシュラヴァナは槍と塔である。マーケットのストーリー・テラーによれば、何百年も前のことホータンの開祖がヴァイシュラヴァナの神殿に詣で後継の息子がほしいと祈った。祈りの最中、彫像の頭が開いて男児が生まれた。王は神に感謝し、赤子を連れて宮殿に戻った。しかし赤子は食べ物を受けつけず衰弱していった。そこで王は赤子を神殿に連れ戻し天王に助けを求めた。すると彫像の前の地面が裂けて乳房が現われた。赤子はそこから乳を吸った。ヴァイシュラヴァナがホータンの守護神になったのはそれからのことだ、というのがその物語だった。七二五年ホータンの王が中国の皇帝に使いを送り、皇帝のためにヴァイシュラヴァナの像を描いてから、この神は中国でも人々に知られるようになった。

ホータン王国の彫像の多くは外国で作られたものだった。カシュミールからもたらされた宝冠の仏陀像もあった。ほかにビャクダン製で像高三〇フィートの仏陀像があり、これは病気の人々が参詣した。患者の病気の箇所にあたる仏体の部分に金箔を貼れば苦痛が消えるということだった。この像は仏陀在世中インド中央部で製作され、仏陀の没後自らホータンに飛来したと伝えられている。ホータンは物語や伝説の宝庫だった。侵入する遊牧民の馬具を食いちぎって国を救ったネズミの話、カイコの繭とクワの種を頭飾りのなかに隠して中国から密輸した王女の話、貴族の青年が土地のナーガ（竜）と結婚して川の流れを復活し瀕死の町を救った話などで、これらはすべて記念碑に記され、また絵画に描かれていた。

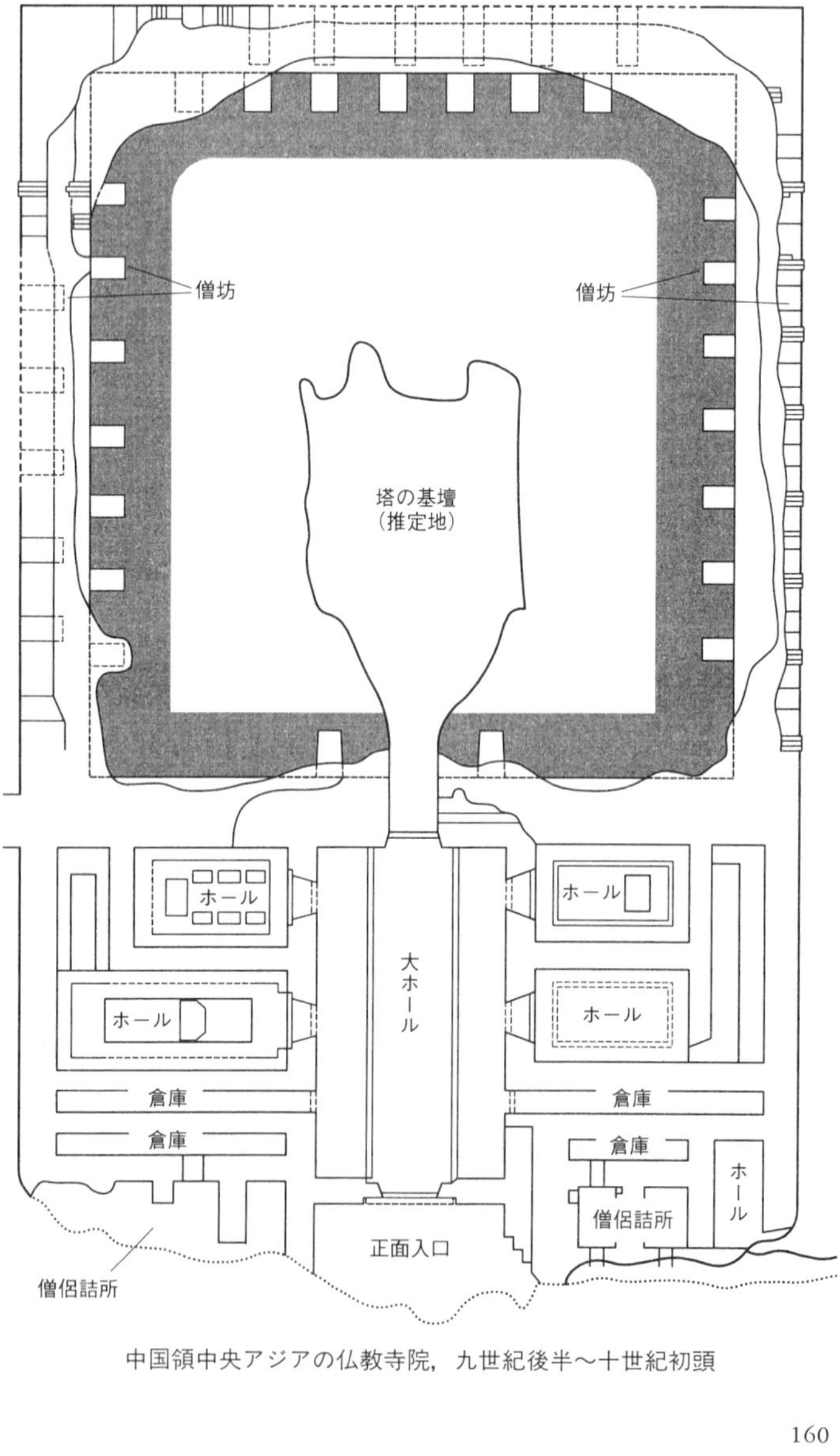

中国領中央アジアの仏教寺院，九世紀後半〜十世紀初頭

北方を守る天王ヴァイシュラヴァナ
947年の年記のある木版画より

さて、チュッダと従僕が旅を再開する時となった。彼らはホータンから敦煌までの旅を、また別のキャラヴァンに従いて行くことにした。夏の暑さも峠を越したので、今度は日中の旅であった。このキャラヴァンも大部隊で、いくつかの商人グループで構成され、チュッダと従僕のほかにも保護を求めて随伴する旅行者がいた。その仲間には敦煌の祭礼が目あてのホータンの舞踊団、親戚訪問のため二、三日だけ同行する家族、その他何人かの僧侶がいた。ラクダには織り物、美しいフェルト、シルク、そしてもちろんジェードなど、ホータンの特産物が積まれていた。

チュッダはキャラヴァンと同行してよかったと思った。ホータンから東へ向かう道はすぐに快適なオアシスを離れ、風向きが変わるごとに景色まで変わる流砂の大砂漠に入り、砂に埋もれて道もほとんど見えず、水も牧草のありそうな場所も一切なかったからだ。チャルクリクを過ぎて二日目に、彼らはミーランの見捨てられた城塞の前を通った。ここはつい十年ほど前、中国政権に忠実な土地の軍勢があちこちで蜂起してチベット支配に反抗し勝利を収めたため、砂漠の基地から南へ撤退するチベット軍に放棄された城塞だった。すでに東側の城塞の内側に並んでいた小部屋は、吹きまくる砂に削られてほとんど姿を消していた。ミーランはいままで中国軍守備隊の駐屯地だったことはなかった。この地がチャルクリクに勝る点といえば、チベットから、南方のクンルン山脈を越えて砂漠に達する地点に位置するという事実だけであった。それでも町には何人かの僧侶がおり小さな農業地域があったが、兵士たちがいなくなった現在、彼らだけで灌漑組織を維持することはほとんどできなかった。すでに水路の支流はすべて詰まっており、砂漠が農地の縁にまで押し寄せて、このような土地で生き物の育たぬことを証明していた。さらに東へ進んで、チュッダはロプ砂漠で、見捨てられた数多くの村落の廃墟と遭遇することになる。ミーランが同じ状態になるのも遠い将来ではなさそうだった。

ミーランを過ぎて三日目、ラクダがみな突然立ち止まり、膝を屈して鼻を砂の中に突っ込んだ。ラクダ係は旅行者に、砂に身を伏せて動かぬよう叫んだ。熱風が接近したのだった。チュッダと従僕は本隊から少し遅れ、小さな祠堂に礼拝のため立ち寄っていた。そのためラクダ係の叫びは聞こえず、熱風が襲うまで気づかなかった。二人は前にも熱い砂漠の颪に見舞われたことがあったが、これほど恐ろしいものではなかった。彼らは顔と口を覆い、風が吹き止むまでその場を動いてはならぬことを知っていたが、隠れる場所もなく、仲間も見えず、恐怖に襲われた。二人ともパニック状態となり、全速で馬を駆けさせ仲間に追いつこうとした。しかし旋風に煽られた砂で一寸先も見えなかった。それは彼らの住む寺院の壁画に描かれていた地獄のシーンそのものだった。ついに動けなくなり、二人はウマの背後に身をひそめた。鼻と喉に砂が詰まって息もできなかった。

数時間後、旋回する熱風は吹き始めと同じように突然止んだ。しばらくして二人は意識を取り戻したが、パニック状態のなかで荷を積んだウマを放してしまったことに気づいた。どこを探しても見つからない。キャラヴァンも消え失せ、景色も変わっていた。二人は交替で探したが、やがて夕闇が迫ってきた。高さ数百フィートの砂丘がいくつかあり、時間をかけて登ってみたが、上から見えるのはいくつも続く砂丘ばかりだった。やっとのことでウマの一頭を見つけたが、もう暗くなり、その場でキャンプして夜を明かすしかなかった。幸いなことに二人とも、水筒と食料を少し持っていた。

翌日、そしてその後数日間、二人は太陽に従いて東に向かう以外、選択の余地はなかった。水も生命の気配もない砂丘の連続と格闘を続けながら、二人は砂丘に散乱する白骨のなかに、自分たちの死の予告をなんどとなく目にした。チュッダはこの白骨が一年前のものか百年前のものか、人間の骨か動物の骨かもわからなかったが、そのことはつとめて考えまいとした。彼は自分たちの苦境に責任を感じ、従僕の恐怖を祈りによって鎮めた。三日後に水が尽き、ついでウマが弱ってこれ以上歩けなくなった。彼らはウマの死を放置するしかなかった。従僕は錯乱状態となり、砂漠の精の呼び声に応じてなんども走り出そうとした。チュッダは砂漠の精のこと、その不吉な力のことは前から注意されていた。彼は従僕を押しとどめた。ついに二人とも力尽きて、その必要もなくなった。チュッダは懸命にアヴァロキテシヴァラ（観世音）——世の叫びを聞いてくれる菩薩——に助けを求めた。ついに彼らはこれ以上歩けなくなった。従僕が倒れて発作性の昏睡に陥った。チュッダは残った所持品で小さな仏壇を作り、仏陀の像と祈禱の紙を飾った。二日間、彼は祈った。意識の内と外とをさまよいながら数珠をまさぐった。

人々が近づいてくるのを見たとき、彼はそれを蜃気楼だと思った。しかし人々は話しかけ、彼に水を与えた。彼は従僕にもと指さしたが、遅すぎた。彼はすでに息絶えていた。チュッダは新しいウマに乗せられ、従僕の遺体と彼らの残った持ち物はラクダが運び、キャラヴァンは出発した。彼はその後の数日間をあまり覚えていなかったが、完全に意識を取り戻したとき、人々は彼が砂漠の本道から二〇〇フィートは離れていなかったが砂丘の陰に隠れて見えなかったと彼に話した。パーティーの一人が砂丘の頂上に彼が残した線香の束の燃え残りを見つけたのが発見のきっかけで、まったくの偶然であった。

チュッダは敦煌の町に着いてホッとひと息ついた。彼は持ち物のほとんどすべてを失ったが、従僕の死にはもっとも心を痛めていた。青年は彼が責任をもって預かったうえ、数か月一緒に旅行してすっかり親しくなっていたからだ。これから旅を続ける前に、彼は祈って時間を過ごしたいと思った。彼は火葬の手配をし、手もとに残った金の全額を大僧正に捧げて、故人と死んだ自分のウマのために読経してもらった。また彼は写経をしてもらって故人に捧げることにした。運よく、腹をこわした書記生で、護符と交換で仕事を引き受けてくれる人がいた。この経典は故人ばかりでなく、すべてこの世の有情のためのものだった。最後に彼は従僕の最期を詳しく記した手紙を書き、これをホータンに向かう僧侶に託した。僧侶は手紙を送ることで巡礼者と連絡を保つのが普通だった。チュッダは彼の信書が巡礼から巡礼へと伝わり、最後はカシュミールの僧院に届くことを疑わなかった。

数か月後、チュッダは巡礼完成の旅に出発した。彼は巡礼を続けることが賢明であるかどうか疑問に思っていた。敦煌の僧たちは彼に、十年前に中国で起こった恐るべき仏教迫害のことを語った。それは八四五年のことで、何十万という僧侶と尼僧が強制的に還俗させられ、数千の仏教施設が閉鎖された。迫害は思想的理由と同時に経済的理由によるものだった。中国の財政は逼迫していたが、仏教寺院は税金を免除されていた。多数の僧職者が還俗すれば当然多額の租税収入、大量の銅の保有につながる。仏像を溶解して貨幣を鋳造できるからだ。しかし仏教迫害は同時に、百年前の安禄山の乱以来の路線であった内政転換の一翼をも担うものであった。幸運にも翌年、仏教冒瀆の責任者だった皇帝（武宗）が死去し、後継者は寛容な政策をとることになった。僧侶や尼僧は僧院に戻ったものもいたが、僧院の多くはさびれたままで、荒廃に陥っていた。

チュッダに巡礼を続ける意欲をかき立てたのは敦煌郊外の洞窟寺院で五台山の壁画を見たことだった。出発前、彼は故人の墓所に詣でてその冥福を祈った。祖国のために祈るという最初の誓いは忘れていた。

彼は中国に入る旅で目にした風景のことはあまり覚えていなかったが、つねにキャラヴァンの中心パーティーから離れないよう注意した。彼らは山と砂漠の境界をなす狭い土地を通り、低い峠を越して中国中央の大平原に出た。長安の大都会に着くと、チュッダは五台山参詣の許可がおりるまで滞在しただけで、すぐに巡礼団に加わった。彼らは都の北西門から出発した。ここは五十年前皇女タイへが北に向かうとき、そして仏教弾圧が始まる直前に帰国したとき通ったのと同じ城門だった。彼が同行した巡礼者は中国人の僧侶で、そのうちの何人かはあまり厳格に戒律を守っておらず、いつも昼すぎに食事をとり、自分たちの行為などいささかも顧慮していなかった。チュッダは敦煌でも、多くの僧や尼僧が町なかで家族と一緒に住み、農作業を禁じられていないのを見ていた。そのうえ彼が滞在した僧院の僧侶は一緒に食堂で食事をせず、僧院も特別料理以外は彼らに食事を出さなかった。

チュッダは中国旅行を楽しいとは思わなかった。地方を旅しても、弱体化した政府の課する重税によって沈滞の気分がただよっていた。チュッダと、同行の巡礼たちは、北への旅で止宿先を見つけるのも困難なことが多かった。僧院も部屋代を払って泊まる商人や軍人たちで占められ、断わられて戻る場合もあった。ある僧院では彼らが近づくと僧侶が中に駆け込み、何回扉を叩いても開けてくれなかった。ある寺では、箒で追い払われたこともあった。結局、土地の在家信者の善意に頼らざるを得ないことが多かったが、これがまた必ずしも好意的ではなかった。ある村では二十軒まわって断わられ、ついにチュッダは無理強いに入り込んだが、それでも食事は出してもらえなかった。

彼がいまたどっている土地は雨や川の流れでひどく侵蝕された黄土で、土地の大きな割れ目ごとに分断されていた。道に沿った町や村は貧しく、南部に頻発する叛乱鎮圧に派遣された兵士の費用を賄うための二重の課税に対し、あちこちで不平が聞かれた。五台山にすぐ近い大都市太原に着いたときチュッダは、前皇帝の時代に迫害を受けたのは仏教だけではなかったことを知った。マニ教の寺院が廃墟と化し、町に残った少数のウイグル人は長安在住の同朋に対する悲惨な迫害のことを語った。ウイグル人が祖国から駆逐されてから二年後、彼らの残存部隊は太原北東部の国境で中国軍と戦い、全滅した。このとき中国の宰相は、長安在住のマニ教僧侶を一斉に検挙する命令を発した。僧と尼僧は強制的に仏教徒の黒衣を着せられ、頭を剃られた。マニ教の聖職者は白衣をまとい頭髪を刈らないのが伝統だったので、これは屈辱であった。噂では七十人以上の尼僧が殺され、残りの僧や尼僧は流刑となり、マニ教の経典が路上で焼却されたという。そのわずか二年後に仏教弾圧が起こったのだった。

皇帝が死去すると復興計画が始まったが、新皇帝（宣宗）は皇帝の世俗的権威を象徴するよう寺院の改名を命じた。十年後の現在でも、仏教は昔日の信頼を回復していなかった。

ウタイすなわち五台の山は、海抜約九〇〇〇フィートの、頂上の平らな五つの山に因んでいる。寺院の建築群は、遅くても三世紀に五つの山頂と周辺の谷間に建てられていた。五世紀には、その数は二百を超えていた。七世紀、八世紀に寺院は繁栄し、かなりの額の国家予算を与えられ、数万の参拝者で賑わった。インド、朝鮮、日本からの留学僧は常連で、なかには数年間滞在して仏教を修め、その滞在を記録する碑文を残したものもいる。八二四年、チベットの皇帝が中国皇帝に五台山の平面図を懇望して入手し、現在ではチベットからの参拝も始まっていた。チベットの王家はすでに前世紀に公的に仏教を採用し、仏教信仰の広まるのはもっと後のことだが皇帝は、スワット渓谷の僧パドマサンバヴァがその地に住んだころ、寺院建設計画を始めている。南チベット、ツァンポ川渓谷のブサムヤス寺院の中央本堂は、日宮殿と月宮殿に隣接し宇宙を取り巻くイロンの山々を象徴する円形の壁に囲まれたシンボリックな世界の山として建設されたものだった。この建築物、またその後の仏教建築に対するチベット人の考え方は、五台山を含む中国現存寺院が基本になっていた。

チュッダは五台山に数か月滞在し、さまざまな寺院、祠堂その他すべての遺蹟を見てまわった。有名な六角形の回転式経蔵もその一つだった。経典の講義にも出席し、パトロンの用意した精進料理や特別な行事の記念祭に招かれ、また若い新入りが一定の誓いを立てて一人前の僧侶となる受戒の式にも参列した。彼自身の誓いも忘れなかった。彼は地元の画家や書記生の「潤筆」を求め、仏画や経文が出来上がるとこれを亡き友に供えた。冬もたけなわになって彼は山を降りた。寺院の建物は雪に覆われ、周辺の郊外はチュッダの胸にあふれた寂しさを反映しているように思われた。

彼の巡礼は終わり、チュッダは長安で帰国の申請書を書いた。敦煌ではさらに仕事を依頼するためしばらく滞在した。壁画写生もその一つだった。敦煌滞在中、カシュミールでそれまでのカルコタ王朝崩壊のニュースが届いた。新しい王の評判は良かったが、チュッダは次のニュースを待って出発することにした。

すでに十年以上が経っていた。チュッダは寺院の外の屋台に坐り、つぎの患者を待っていた。彼の医者としての技量は、敦煌でたいへんな人気であった。自分より前の、また自分より後の人々と同じように、シルクロードの魅力が彼をこの町に滞在させていたのだった。

遊女の話

ラリシュカ（八三九―八九〇年）

わが家の戸口の外で犬が吠えます。
わかった。恋人が来たのです。
ストッキングを脱いで、香水をまいた階段を下ります。
ろくでなしの恋人、今夜は酔っておいでです。
シルクのカーテンをかけた私のベッドに、彼を寝かせてあげましょう。
シルクのガウン、脱ぎますか。でも自分では無理ですね。
私の主人、今夜は酔っておいでです。そのまま酔わせておきましょう。
ひとりで寝るより、そのほうがいいわ。

『酔った貴公子』の曲に付した無名女流詩人作抒情詩、十世紀

ラリシュカの侍女が見ると、彼女は鏡の前に坐り、片手を上げたまま動作を中止した。小さなペキニーズが足もとにじゃれついたからだ。侍女は女主人に声をかけた――お客様がもうお着きになって、お待ちです――と。ラリシュカは黄色い油絵具のポットに筆をひたし、注意深く額《ひたい》の三日月部に塗って傷を隠した。彼女はもう若くはなかったが、濃いメークアップのため年齢を言い当てるのはむずかしかった。侍女

は女主入の髪飾りをチェックし、衣服を整える手伝いをした。ラリシュカはリュートをケースから取り出し、注意深くシルクの覆いをはずした。彼女は弦を爪弾き、両手を火鉢で暖めてから客の接待のために部屋を出た。

それは家庭的雰囲気だった。しかしラリシュカの生涯で、家庭的と呼べるようなものはほとんどなかったのだ。ラリシュカには夫もいないし子供もいない。家事も料理もほとんど知らなかった。生涯に二度だけ、自分では家庭と考える場所をもったことがあった。最初は祖母の家、二度目は八九〇年の現在住んでいるこの場所だった。二つとも、北シルクロードの町クチャにあった。

祖母も母もそうだったが、ラリシュカもエンターテナーのトレーニングを受けた。子供時代の終わり頃から彼女は音楽と歌と踊りの教室に通ったが、早くから有望な才能を発揮して、とくに頸部の曲がった四弦の琵琶クチャ・リュートの専門教育を施された。ソロの曲も弾いたがオーケストラで演奏するほうが多かった。オーケストラは三つの部門——パーカッション、弦楽器、フルートやオーボエを含む木管楽器——から成っていた。作曲の多くは三楽章で、一曲のモードはプレリュードでは木管のピッチで始まり第二、第三楽章へ発展していく。

クチャの音楽はサマルカンドから長安まで、シルクロードでは有名だった。この頃の中国音楽は二十八のモードで構成されているが、基本は主としてクチャ・リュートの旋律だった。台の上に載せて叩く小型のクチャ・ドラムの技術も、中国の皇帝や貴族の間では不可欠のものとなった。その演奏者の一人が八世紀中国の唐代の玄宗皇帝だった。彼は有名な六頭の踊り馬のほかに、三万人の楽師と踊り子を宮廷に住まわせていた。その多くはクチャの出身か、ないしはクチャ様式の奏者、演者であった。クチャのオーケストラはミュージカル・ドラマの歌にも出演した。演奏する歌のタイトルからも、それが生まれた地理的、文化的環境の広さが窺える――「チュルク族の三つの舞台」「南インド」「クチャの曲」「タカを放つ曲」、また「ブラフマンの国での観月」など。クチャの歌手はさまざまな言語で歌うことができた。たとえばサンスクリット語だが、その発音を笑う学者もいた。

ミュージカル・ドラマの多くはインド起源のものだったが、シルクロードに伝わるうちに新しい要素を採り入れ、地域の文化に適合していった。これは中国から朝鮮、日本にも伝えられ、現在でも行なわれているものがある。これらは本来のインドの神話や伝説――ヒンドゥー教のシヴァ神の登場するものが多い――から、ポロの試合の準備といった日常生活の描写までさまざまである。多くはたんなるバーレスクで、「蛮人の水かけ」などはドラムとリュートとハープを使い、冬至の季節に仮面だけをつけた丸裸の若者が戸外で演ずるものである。そのとき、踊り手はたがいに冷水をかけ合うが、観衆も油断しているとかけられてしまう。

クチャの踊り子は、伴奏する楽師とともにその演技で有名だった。彼らはクチャの王廷から、その最高の文化を示すものとしてサマルカンドや長安に派遣された。クチャの踊りはインドの踊りと同じで、腰の振り、ジェスチュアの変化、表情豊かなまなざしに力点を置くが、同時に他の地域の踊り方、たとえば男も女も踊るソグディアナの旋回ダンス「胡旋舞」なども採り入れている。音楽と歌と踊りはシルクロードの日常品で、銀器やジェードと同様売り買いのできる商品だった。シルクロードの町ではどこでも、インド、ビルマ、カンボジア、あるいはソグディアナのダンス・チームが、王宮でも町のマーケットでも踊りを見せていた。彼らの「売りもの」の踊りがシルクロードのレパートリーのなかに吸収されていったのである。

ソグディアナの踊り手
長安に近い中国唐代陵墓の壁画より

城壁に囲まれたクチャの町は、カシュガルとコチョのおよそ中間、雄大な天山山脈の山嶺が北に聳える北方シルクロードに位置している。町の周囲は約六マイルだが、クチャの王は金・銅・鉄・鉛・錫の鉱物生産地を含む東西三〇〇マイル、南北二〇〇マイルの領土を支配していた。クチャ自体は一応独立王国の形をそなえていた。その住民と言語はインド＝ヨーロピアン。タリム盆地ではどこでも小乗仏教が普及していたなかで、珍しく大乗仏教を信奉していた。クチャは多くの名士を生んだ土地だった。そのなかには仏教経典をサンスクリットから中国語に翻訳した四世紀の多作な学僧の一人クマラジュー（鳩摩羅什）や、八世紀の中国でもっとも目ざましい勝利を収めた将軍の一人コーソハン（哥舒翰）がいた。後者は実はクチャ人ではなくチュルク人だったが、ほかのシルクロードの町がそうであったようにクチャにはさまざまな人種が集まっていたのだった。

ラリシュカの記憶では、クチャはコチョのウイグル人の支配下にあった。最初のウイグル人亡命者がクチャの東方コチョにやって来たのは彼女がまだ赤ん坊だったときだった。彼らは天山山脈のかなたオルホン川の岸にあった首都カラバルガスンから、キルギス軍の接近を機に立ち退いた。八三九年から四〇年にかけての冬のことだった。その後何年にもわたって、さらに多くのウイグル人亡命者と兵士がオルホン川から南東方向に逃げて中国領内に入った。彼らは北の辺境に集まって定住の地とすることにしたが、ウイグル人の戦闘の巧みさを知悉していた中国政府は驚愕した。ウイグル人を安全に対する脅威と見なして中国はひそかに戦争の準備を進め、八四三年ウイグル軍の大部分を殺害した。このあと、まず数百人、ついで数千人のウイグル人亡命家族が天山山脈を越え、コチョ在住の亡命者集団に合流した。チベット人や中国寄りの土地の兵士たちとの小競り合いはあったが、数の力で制圧する。数年後彼らはコチョから西へ移動し、クチャのウイグル人が激増した。この頃にはラリシュカは少女になっており、彼らの到着の模様ははっきりと記憶していた。彼らは伝統的なフェルト製のテントをラクダや馬車に積み上げ、大きな護衛隊に囲まれ老いも若きも小さな毛むくじゃらのポニーに乗って、朦々たる砂埃をあげながらやってきたのだった。ウイグルの兵士たちは故郷をキルギス人に取られてから、なんとか自分たちの新王国を勝ち取ろうとする意欲に燃えていた。やがて彼らは、コチョとクチャ周辺の広大な地域の領有を主張するようになった。

クチャは異国の兵士の駐屯に慣れていた。つい最近まではチベット軍で、それ以前はこの町は中国軍の西域四大藩鎮で守備隊の駐屯地だった。クチャの王家は黄金とジェードで覆われた豪華な宮殿に住み、駐屯する異国の皇帝に忠誠を誓いながらも統治権をもち続けた。チベット人と中国人はともに、市内に家庭をもっていた。一世紀前、この町はアッバース朝カリフェートの軍隊に包囲されたことがあった。クチャのストーリー・テラーはいまでも、王が町を救うため中国に援軍要請の急使を送った話を語っていた。中国の皇帝は有名な禅僧に助言を求めたという。「クチャは都から四〇〇〇マイルのかなたにある。軍を派遣しても八か月を要する。どのように救援したらよかろうか。」禅僧は都に滞在する異国の僧に依頼して、北の守護神ヴァイシュラヴァナ軍団の助けを求めよ、と答えた。ただちに異国の僧が招かれ、彼は皇帝とともに祈禱した。まさにこの瞬間、とストーリー・テラーは語るのだが、クチャの町を覆う濃霧のなかからおびただしい数の鬼が舞い降り、アラブ軍は追い払われた。

この話はクチャが昔から仏教と異国の軍隊との二つに依存する町だったことを象徴していた。町の西門の横に立つ像高九〇フィートの大仏陀像と、市内にある数多くの寺院と仏塔は、仏教に頼ったしるしであった。また、中国軍が市内に駐屯する間、クチャの王は皇帝への貢ぎ物を捧げることに熱心だった。彼は伝説的な贈り物を送っている。たとえば雌ウマと竜との間に生まれ市内の池に住んでいたという竜馬とか、石の夢枕――この枕で寝たものはすべて、陸と海を越える不思議な旅の夢を見る――などであった。クチャはまた、サル・アンモニアックの主要な産地だった。これは充血を癒すために多くの中国の処方薬で用いられる成分であり、また天山山脈に産する金の接合に金工が使用する融剤であった。役立つ贈り物としてはクチャの温暖な風土のなかでふんだんに実る新鮮な果物類――ブドウ、ザクロ、ナシ、モモ、プラム、アプリコット――があった。クチャのアーモンドも珍重された。

ラリシュカの旅、また生計のやりくりはほとんど軍隊があれこれと面倒を見てくれた。彼女がまだ少女だった頃クチャを旅立ったのは、軍隊が原因だった。陰暦新年の元旦は正月の祭で賑わっていた。ラリシュカとその一団は、夕刻から始まる宴会で上演することになっていたが、午前中は自分たちで楽しむために町に出た。演芸類はシルクロードの交易品のように多種多様だった。楽師や歌手、踊り子たち――ラリシュカは職業がら彼らに関心があった――を見たほか、彼女はさまざまな種目を選んで目を楽しませることができた。子供のアクロバットがラクダからラクダへとんぼ返りを打っていた。退役の兵士が怪力男として生計を稼いでいた。僧侶が自分の口から内臓を取り出すという幻想的な演技を見せた。操り人形もあった。ストーリー・テラー、手品師、綱渡り、小人の芸当、奇術師、曲芸師、火食い男もいた。しかしこの日のビッグ・イベントは町の城壁の外で行なわれていた。それは新年の伝統的行事で、雄ウマ、雄ウシ、雄ラクダを選んで相互に闘わせ、その勝敗によってそれぞれの動物の群れの一年間の状態を予測するというものだった。その晩、集まったお偉方や土地の貴族たちを相手に演奏しているとき、ラリシュカは、東方数百マイルにあるコチョのウイグル軍司令部から来ていた将軍に注目された。将軍は少女に心を奪われ、彼女を連れてコチョに戻り来客を楽しませたいと望んだ。彼女は否応なく出発することになった。

ラリシュカのコチョまでの旅が、彼女の巡遊生活の始まりであった。彼女は他の数百人の男女と一緒になった。彼らの多くは戦争で捕われ奴隷となった人々で、兵士たちの跡についてさまざまな労役に従事していた。必然的に女たちの多くは売春婦になり、またならされた。ラリシュカはプロの音楽師として認められ、大きな楽団に所属してさまざまな儀式、祭または個人的晩餐会に呼ばれ上演する身分だったが、将軍はやがて彼女に、別のサービスをも望んでいることを明らかにした。彼がこの種の「パトロン」の最初の男だった。音楽とセックスのサービスの見返りとして、ラリシュカはまずは安楽に暮らすことができた。

侍女をもち、上等な化粧品をふんだんに使い、シルクの織物や宝石類で身を飾り、美しく飾ったウマに乗ってコチョの町を散歩した。

コチョに着いてからわずか数か月で、彼女はまた旅の人となった。将軍の部隊が援軍のため東進の命を受けたからだった。コチョの東ラプチュクに駐屯していたウイグル軍は、常習的に隣の町ハミを襲い、その住民や財産、家畜をさらっていた。このような掠奪に遭ったのはハミばかりではなかった。さらに南方の敦煌周辺の農地も、しばしばココ・ノールから来襲する遊牧民アザ族――ウイグルと同盟していた――によって包囲された。そのため中国の将軍張議潮は報復の準備を始めた。八四八年、張議潮は地元の軍を召集してチベット軍をまず敦煌の町から、ついで西方の他の町から駆逐した。チベット軍は八四二年、最後の皇帝が仏教の隠遁僧に殺害されてから混乱に陥り、シルクロードの守備を放棄してクンルン山地の安全な場所に退却し、その地でチベットの王位をねらう多くの競争者のために戦うことになった。連戦の勝利を収めた張議潮は唐の皇帝に使者を送ってわが忠誠を奏上すると、皇帝は折り返し彼に「帰義軍」節度使の称号を授与した。いまや八五六年となり、ウイグルとアザの密偵が、ラプチュクのウイグル軍と対戦するため張議潮将軍が北進の準備を進めていると報告したのだ。

ラプチュクは敦煌の三五〇マイル北に位置していたが、張議潮の率いる帰義軍はわずか数日で到達し、町の外にいたウイグル＝アザ連合軍を襲って彼らを城壁内の町に追い込み数多くの家畜の群れを奪った。ラリシュカのパトロンはこの戦闘で殺された。しかし彼女は自活する間もなくアザ族のチーフに求められた。数か月後、中国軍が南へ撤収したとき、ラリシュカはアザ族と一緒にココ・ノールに向かって出発した。しかし敦煌の近くで町の武装した兵士や男たちの集団に急襲された。それに続く混乱のなかでラリシュカはアザ族から引き離され、中国人に捕まって敦煌に連行された。

中国の女性のヘアスタイル，唐代（618-907 年）

敦煌では、彼女の演奏は高い評価を受け、やがて将軍付司令官のなかから新しいパトロンを見つけた。彼女は別の士官のためにもリュートを演奏したが、そのなかには彼女の弾く曲のいくつかを書きとめる者もいた。彼女は贅沢を望まなかった。また、侍女と一緒に仏教の行事に参列するのも自由だった。彼女には悪質な持病があったが、よく効く薬草を処方するという僧侶を町で見つけた。カシュミール出身のチュッダという僧侶で、薬草は最近五台山への巡礼で採ってきたものだった。二人とも敦煌では外来者であったため、彼女のパトロンが留守のとき彼らはよくそれぞれの故郷の話を交わした。パトロンはまだシルクロード東部の町に残存するチベット軍掃討のため転戦する張議潮将軍に従軍していた。彼女は土地の画家から、郊外の洞窟寺院の壁画に楽隊や踊り子を描く注文を受けたのでそのモデルになってほしいという依頼を受けた。このとき彼女は、髪を当時敦煌で流行していた中国風スタイル――束ねて長い束髪にし頭頂から傾けて垂らす――にした。

彼女のパトロンはセックスに関する教本やエロチックな版画の大コレクターで、しばしば彼女に、新しい性技や体位を説明した文を読んで聞かせ、また絵を見せたりした。彼の愛読書の一つ『天地陰陽交歓大楽賦』はこの頃の高名な漢詩人の弟（白行簡）の著書で、新婚夫婦にロマンチックな雰囲気の選び方——たとえば月光に照らされた古塔とか、春浅い書斎の窓辺とか——を教え、寄り添って坐り性技の手引書に描かれた挿絵を試す情景が述べられている。二人は寝椅子を置き、まわりを衝立で仕切る。ついで前戯のことを長々しく、しかもあからさまに叙述する。「女の表情が変わる、声がかすれる。ヘアピンがはずれ髪形がくずれる。髪が物憂げな目じりに乱れる。櫛が落ちて女の肩に三日月のように垂れかかる。」この章は「この瞬間の悦びを二人は生涯の最後まで忘れることはあるまい」と結ばれている。

観音菩薩は呼びかけるすべての人々を救う神とされているが、その祈りも空しくラリシュカは落ち着いた生活を送る運命を与えられなかった。八六七年張議潮将軍は、敦煌の東、蘭州の町から最後のチベット軍を駆逐したあと、自分の甥にあとを任せて隠退し中国に戻った。彼は百人の従者を伴ったが、そのなかにラリシュカもいた。東への長い旅行の途次に襲撃から彼らを守るため、一分隊の兵士も随行した。中国で、ラリシュカのパトロンは、今後彼女のサービスを要求しないことを宣言した。女性はしばしば男から別の男へ贈りものとして譲られたが、ラリシュカのパトロンはそれをせず、彼女を遊女として「養母」に売り渡した。彼の書類には彼女が戦時捕虜であり、したがって法規上なんら問題のないことが明記してあった。ラリシュカはまだ若く、音楽師としての才能は高い売り値となった。

長安の町は三〇平方マイルを占め、人口は二〇〇万人に近かった。遊廓は皇城の南東にあり、東マーケットに接していた。ラリシュカがこの一画を越えて町を眺めたのは数年後のことだった。マーケットの反対側は特別な地区で、高官の別荘や贅沢なホテル、また道教や儒教の寺院、地方長官たちの宮殿が立ち並んでいた。遊女の家を経営する「養母」たちはほとんどが、自身遊女上がりだった。家も、なかの女たちも土地の役所に登録され、納税し、その見返りに政府の保護を受けていた。彼らは提供するサービスの種類、雇う女たちの才芸によって、グレードをつけられていた。最下級は政府経営の売春宿で、そこの女たちは戦時捕虜か有罪判決を受けた犯罪者、または犯罪者の妻や娘たちだった。客はセックスを求めてやって来るだけだが、ときには淋病その他性感染症を持ち帰る客もいた（梅毒は中国では数百年間現われていない）。

一方、高級なほうには「食卓の女性」となるよう数年間訓練された女たちのサービスを提供する妓楼があった。音楽的才能のほかに彼らは酒の歌や遊びをよく知っており、会話も巧みだった。彼らは酒宴のコンパニオンとして雇われ、パトロンたちと一緒に酒を飲むことを期待されたが、自分が酔わないようにする術も教えられていた。チョウジの実を嚙むのが特効薬ということになっていた。女たちの経歴はさまざまだったが、もっとも多いのは貧しい親たちに売られた者か、子供のとき誘拐された者だった。妓楼に入ってから、彼らは数年間の厳しい訓練を受ける。最優秀な女は詩作に熟達し、セックスの技術より教養の高さで稼いだ。現行のレートは一晩で銅銭一万六〇〇〇であった。

伝説的な女性の話が多い。ある女はわが身に香水をつける術に秀れ、外に出ると「ミツバチとチョウがその香りを愛でて跡についてきた」という。またある女は幼いとき香水を飲料とし、成長すると体から自然の芳香が溢れ出た。この話を聞くとラリシュカはヤモリ、いわゆる「宮廷の監視役」のことを思い出した。彼女は養母から、宮廷で飼育されているヤモリの話を聞いたことがあった。このヤモリは辰砂《しんしゃ》を与えられ、その朱色で体が染まる。そこでヤモリを殺して体をつぶし、ペーストにする。これが皇帝の夫人たちのマークとして用いられ、このマークは彼らがセックスしたときだけ消える、という話だった。

ラリシュカも宮廷の夫人たちに劣らず不自由だった。養母は彼女の監視人で、養母同伴でなければ外出を許されなかった。養母のいないときは下僕がつけられた。彼女は、洗練されたむずかしいホステスや酒宴のコンパニオンの技術を教えこまれる年齢を超えていた。そのため最初からすぐ、音楽の才を生かした売りものにされた。しかし、きわめて熱心で寛容なパトロンの接近を拒むことはできなかった。それが養母に快く思われなかったのであろう、彼女の妓楼での立場も心地よいものではなくなった。ラリシュカは自分の金を持っていなかった。食料から衣類、化粧品、香水、楽器など一切を養母に頼っていた。男を見つけて身受けしてもらい、男の愛人となる女もいたが、本妻の地位を得るものは稀で、年をとって捨てられる者が多かった。

長安にいたときラリシュカは、ほかの女たちから長安でもっとも有名な遊女の話を聞いたことがあった。もともとは貧しい家庭の出身だったが彼女は詩を作って客から金をもらい、養母に頼ることなく生活することができた。やがて彼女は郊外の愛人の家に移ったが、本妻が嫉妬して女同士の争いが絶えなかった。そのためなんども別居していたとき、遊女は愛人のために悲しい情熱的な詩を作った。

山路は険しく石の道は危険だけど、
私を苦しめるのは道ではなくてあなたを想う心。
氷の割れる響きを聞いてあなたの優しい声を思い出します。
遠い山の頂きの雪を見てあなたの白い顔を思い出します。

卑俗な歌を聞かないで、春のお酒も飲まないでください。
閑なお客と囲碁の夜ふかしをしないでください。
一緒に暮らせる日が遅れても、
永遠《とわ》に誓った愛の言葉を忘れないでください。
冬の日にたったひとりで行くこの旅は辛いけれど、
私の願いは満月の夜にあなたと再会することです。
あなたとお別れして、何を差しあげることができるでしょうか。
涙の光に濡れたこの詩だけです。

結局愛人とは別れることになり、彼女は道教の尼僧院に居を定めた。しかしこのことで彼女の生活が不自由になることはなかった。彼女の開くパーティーは評判となり、若き貴顕紳士や役人、僧院のお偉方が集まった。酒や食べ物の売り上げでだいぶ裕福になったという噂が広まった。しかし彼女が下女をなぐって死なせたという嫌疑で逮捕されたとき、誰も援けに来てくれなかった。ラリシュカはこの罪状の真偽すらわからなかった。債権者を怒らして事件を捏造されたのだと言う者もいた。いずれにせよ彼女は裁判にかけられ殺人罪の宣告を受けた。判決は死刑だった。刑は八七一年に実行された。

ラリシュカは長安に二十年近く住み、ひと続きの部屋と侍女と抱き犬を与えられたが、この地を故郷と考えたことはなかった。住む家は養母のもので、彼女は雇い人だった。彼女はパトロンを見つけて愛人にしてもらい、別に一軒の家を持ちたいと思ったが、そのような男は現われなかった。何人かリュートの腕前を見込んで通ってくる男もいたが、彼女を拒否する男のほうがはるかに多かった。彼女は妓楼のなかで齢を重ねていった。年ごとに、年齢の衰えを隠すため化粧の時間が長くなった。緑色の目と薄色の頭髪だけではもはや男を惹きつけることはできなくなっていた。ラリシュカは目の周囲や口もとに増えた皺を隠すために厚化粧をした。上流の女性たちの間で額にマシコット――黄色の鉛――を塗ることが流行していたので、遊女たちもその例にならった。彼女はインジゴの小枝を使って目ぶたを塗り、両頬に小さなつけぼくろを描いた。眉を引き抜き、インジゴの枝で額に高くチョウの羽根のような二本の線を引いた。彼女のリップスティックはワックスと、芳香性の果実と花の灰とを混ぜたオニカで出来ていた。爪にはバルサムのエキスに明礬を混ぜたものを塗った。最後に彼女はさまざまな香料を体につけた。衣服には甘いバジルの香水を振り、腰に吊した小さな、細かい刺繡のシルクゴーズのバッグには、芳香のある別の草や花が入っていた。このような支度をしたあとでようやく彼女は客に会う準備ができたのだった。

稼ぎが少なくなるとラリシュカはますます家のなかで若い妓に稽古をつけたり、養母の後釜をねらって彼女とおしゃべりをする時間が多くなった。ラリシュカは稽古を受ける弟子たちが大好きだった。なかでも一人の女はリュートに特別な才能を発揮した。クチャの音楽は長安では昔ほどの人気がなくなっていた。シルクロードからもたらされた他の多くのものもそうだったが、中国が政治的崩壊の時期に際して国産文化の見直しと促進に力を入れはじめたため、クチャの音楽もはやらなくなっていたからである。それでも居酒屋やレストランは西域の女たちでいっぱいだった。

花のような容貌の西域の遊女たちが

ワインウォーマーの横に立って春の息吹きの笑い声を立てる。
シルクゴーズのドレスで踊り、
「酔うまでは、きっとどこにも行かないで」とささやく。

八八〇年の秋、叛乱軍が南から首都に進撃中という噂が広まった。何年も前から、叛乱はなんども起こっていた。これらはすべて、消滅するか、ないしは政府軍に鎮圧されて終焉した。しかし、戦闘があるたびに、すでに激減している国庫は枯渇し、結果的に生じる増税は国民の不満を高めた。滞納で破産した農民は叛乱軍が入っても失うものはなかった。しかし政府は、百年前の安禄山の乱以来、真剣に叛乱を恐れたことがなかった。

長安の市民は叛乱の話には慣れていた――このたびの話も八七四年以来流れていたものだった。しかし市民は、政府軍は絶対に叛乱軍を帝都に侵入させることはないと信じ、彼らが首都に通ずる最後の峠を越えたと伝えられても相変わらず楽観的だった。だが不幸にも彼らの進撃を阻止するために派遣された軍隊は役に立たなかった。首都に駐在する部隊は金持ちの子弟からの召集兵だったが、父親が誰でもよい、代役の意志あるもの――病人もいた――に金を払って息子を兵役から逃れさせていた。結局この混成軍が、首都に進撃する叛乱軍によって総崩れになった。

先発隊の到着は午後遅くだった。皇帝（僖宗）と夫人たちは、前の晩にこっそりと逃亡していた。兵士も市民も、この機を逃さず皇帝の財宝を掠奪し、叛乱軍には何の抵抗もしなかった。将軍の一人は都の城門まで出向き、叛乱軍の指揮者に歓迎の挨拶をしたほどだった。彼はこの指揮官が次の皇帝になる可能性を考え、自分を印象づけることが大切だと考えたのだった。叛乱軍の首領は勝利にあたっても度量が広く、自分が挙兵した目的は一般国民に利益を与えることだと宣言したので、長安の市民は彼とその兵士たちを歓迎した。しかしわが家にバリケードを立てて閉じこもっている人々も多かった。彼らの恐怖も理由のないことではなかった。軍規は保たれることなく、勝ち誇った兵士たちは市内の掠奪を始めた。叛乱兵は主に金持ちや要人をねらったので、ラリシュカと仲間の遊女たちは難を逃れることができたが、町に出ることは控えた。三日後、叛乱軍の首領（黄巣）は、新王朝の皇帝たることを自ら宣言した。

兵士たちは掠奪のかどで裁判にかけられることになり、指揮官たちも統制力を回復した。八八一年五月までに事態はようやく正常に戻り、遊女たちは市内の兵士たちを相手に特別に多忙となった。しかし、やっと市民が新しい体制に慣れはじめたとき、兵士たちがいなくなった。皇帝の軍が勢力を盛り返し、西から進撃してきたのだった。再び市内は兵士に蹂躙された。彼らは叛乱軍とまったく同様、軍規は保たれていなかった。再び市民はバリケードを築いて屋内に立てこもり、最悪の事態を待つことになる。

ラリシュカは叛乱軍が町に退き皇帝の軍と戦った日のことをいつも思い出すのだった。兵士たちが妓楼になだれ込んできたとき、彼女はそれがどちらの軍隊かわからなかった。それほどひどい混乱だった。あとになってはじめて叛乱軍の側だとわかったが、彼女にとってはどちらも同じことだった。皇帝の軍を市外へ押し戻したあと叛乱軍は、まず、皇帝の軍を歓迎したという理由で今度は市民に戦いを挑んだ。叛乱軍の首領は兵に「町を洗い流せ」と命じたが、水ではなく血で洗われることになった。

ラリシュカはほかの女たちや侍女たちと一緒に二階の部屋にいた。金属ドラムの音、走る蹄の響き、叫び声、悲鳴がしだいに大きくなった。女たちは抱き合い、何が起こったのかをしゃべろうとする者もいなかった。男たちが部屋に闖入した。剣をひっさげ、顔は血だらけだった。養母と老年の下僕はまっさきに切り殺され、兵士は抱き合う女たちを力ずくで引き離し、代わるがわる畳の上で強姦した。ラリシュカはいちばん若い妓に戸棚の中に隠れるよう言ってあったが、兵士の一人が彼女の悲鳴を聞きつけた。ラリシュカは男が戸棚を開けたのを見て、自分の上にのしかかる男に嚙みついた。男が苦痛で手を緩めたすきに彼女はもがいてすり抜け、少女の前に身を投げて彼女を庇った。兵士は怒り狂って剣を振り上げ、ラリシュカに斬りつけた。彼女が息を吹き返したとき、彼女の横に少女が横たわっていた。着物はずたずたに裂け、体は突き刺され、首は切り落とされていた。兵士たちは去ったあとだった。仲間の女たちはみな、彼女の愛犬まで、死んでいた。

ラリシュカは一刻も留まっておれなかった。自分のリュートも置いたままだった。彼女は路地から路地へと走り、兵士が近づく音が聞こえると戸口に身をひそめ、ついに都の西門に出た。あの虐殺の場から、できうるかぎり遠ざかりたいのが彼女の唯一の願いだった。広々とした郊外まで走って、ようやく彼女は足をとめた。もう夜になっていた。振り返って彼女が目にしたのは、遠くに燃える首都の炎だけだった。これが彼女の長安を見た最後だった。

ラリシュカは西へ逃げた。故郷クチャのある方向だった。ほかにも避難者がぞろぞろと歩いていた。砂漠の入口にある国境守備隊の中国兵も彼らを制止しなかった。彼らの皇帝に対する忠誠心も薄れていたのだった。守備隊は小部隊を残して大半は叛乱軍との戦闘に援軍として呼び戻されていた。それでも皇帝はシャトウ・チュルク族の助力を得るまで長安を奪還できなかった。八八三年長安は回復されたが、叛乱の首領をはるか東に追いつめたのは翌年の夏になってからで、彼は虜囚の恥を嫌い、自ら喉をかき切って自殺した。中国の皇帝は長安に戻ったが、それはごく短い間で、再び別の叛乱が起こって都を去った。このとき、中央支配権の欠如に乗じて中国全土の諸侯が事実上の封建体制を作り上げた。八八六年、なんとか

牛車に乗る楽師たち，敦煌出土絹本画より

外見上の秩序は回復されたが、首都は廃墟と化していた。皇帝は首都の西方にある町に皇居を定め、その地で死去した。八八八年、年齢はわずか二十七歳だった。唐王朝の崩壊はまさに時間の問題だった。意外なことに王朝は九〇七年まで続き、その後中国帝国は数多くの王国に分割された。それが再び統一されるのは、宋朝の出現する九六〇年になってからである。

国境を越えたときラリシュカは商人の一団に加わった。彼らは戦乱を聞き中国への旅を諦めてシルクロードを引き返す途中だった。彼女は食物を乞わねばならなかったし、自分を運んでくれるものなら何でもよかった。でも数か月後、彼女は無事クチャに到着した。そこで彼女は家族とめぐり合い、援助してくれる友人たちを見つけて自分の家をもつことができた。少女ラリシュカがクチャを離れたのは二十六年前の八五五年だった。世紀の終わりに帰郷したとき、ウイグルの影響力は行政面だけでなく、衣装から芸術、宗教、文化まで、いっそう色濃く現われていた。いまではウイグルの可汗はコチョに夏の王都を置き、冬の宮殿は天山山脈の北、ベシュバリクにあった。その支配権はクチャの西方にも広がっていた。以前、クチャのオーケストラは王室や公的儀式に演奏するのがつねだったが、いまはウイグル軍楽隊がホルン、ドラム、ゴングを用いて高音の騒々しい音楽を奏でていた。

ラリシュカの家の女たちはウイグルの兵士たちに人気があった。しかしラリシュカ自身は、しばしば昔の音楽のほうを愛好する年配の人々に呼ばれてクチャの歌を演奏した。彼女は決して叛乱兵のことを語らなかったが、長安のあの夜のことを忘れることはなかった。額の傷と違って、その記憶が薄れることはなかった。侍女はしばしば彼女が物思いにふけり、涙が頬を流れ落ちるのを見た。

尼僧の話

ミャオフ（八八〇―九六一年）

無常の世界を譬えれば、
夜明けの星か、流れる水泡、
夏空の雷光、
揺れる火影、まぼろし、また夢のようだ。

『金剛経』終章の祈禱より

ミャオフの部屋は暗く、煙が朦々と立ちこめていた。小さな仏壇の上の壁にかけたアミターバ・ブッダ（阿弥陀如来）の画像の前に、花と果物と香が供えられていた。臨終の儀式に則って僧正はミャオフに、仏陀の左右どちらの手に往生したいかを問い、極楽で得られる至福を述べ、十方の仏陀に祈りを捧げて死後それぞれの仏陀が順次歓迎してくれるであろうと説法して彼女を安堵させた。最後に僧正は僧侶たちに「無常経」を唱和させた。

ミャオフは敦煌の大尼僧院の前院長だった。時は九六一年、中国は分裂後半世紀を経て宋王朝のもとで再び統一されたという情報が最近町に届いていた。ミャオフの父親は敦煌帰義軍政府の役人で中国人だが、母はチベット人だった。チベット帝国は七八一年から敦煌を支配し、八四八年地元の軍によってチベット兵が駆逐されたあとでも、町に残留するチベット人が多かった。チベット帝国のほうも長年にわたる分裂と内乱に苦しめられたが、中国と違って新皇帝が出現し国土の再統一を果たす兆候は見られなかった。

ミャオフはつねに、敦煌の外の世界のことを知りたがった。好奇心の強さは子供のときからで、父親や祖母から聞いた話がきっかけだった。父親は唐王朝時代を過ごした若い頃の話を豊かな追憶を交えて語った。母方の祖母も同じ思いでチベット全盛期の話や、敦煌に見られるよりはるかに壮大な仏教寺院のことを語った。ミャオフは臨終の床につき僧や尼僧の読経の声に囲まれながら意識の線上をさまよい、若き日日の記憶を追った。

彼女は再び少女に戻っていた。僧院本堂の中にロープをめぐらした場所を作り、そこで行なわれる叙階式に臨む準備をしていた。建物と式場を浄める儀式がすみ、叙階の当事者と役僧たちが香の立ちこめたホールの中に残った。仏陀と菩薩たちを描いたシルクの色とりどりの旗が木の柱や垂木に吊されていた。ミャオフは最初の受戒に臨む地元の少女たちの一人だった。自分の番になり、彼女は進み出て仏陀の大彫像の前にひれ伏し、ついで尼僧院長に拝礼した。尼僧の一人がナイフを取って彼女の頭髪を根もと近くから切り落とし、それを他の尼僧の捧げる小さな盆に置いた。再びミャオフは、三度ひれ伏した。彼女が目を閉じ仏陀の名を唱えている間に、頭が洗われ、つるつるに剃られた。そのあと十戒を誦し、もういちど仏陀の前でひれ伏し、式に立ち合った尼僧と僧に礼を述べた。彼女には尼僧の衣と托鉢用の鉢が与えられた。儀式の翌日彼女は仏陀の像と政府の認印のある証明書をもらった。交付料はロバ二頭で、これは父親が支払った。ミャオフはやっと、僧院と国家の認可する見習いの尼僧になった。

ミャオフの両親は敬虔な在家の仏教信者だったので、娘が僧院生活に入ることに反対しなかった。父親は、娘の生まれた日がちょうど叛乱軍が首都長安を占拠し、自分の母と姉が殺された日に当たるので、この道に入るのも定められた運命だと、ときどき口にしていた。八八〇年冬のことである。その後数か月経って叛乱軍から逃れてきた人々が長安のすさまじい破壊の話をもたらし、市内に残った女性で強姦と死を免れたものはほとんどいないことを報じた。ミャオフの父親は、八八一年クチャに戻る途中敦煌を通ったラリシュカという遊女から、さらに詳しい話を聞いた。彼女は額に青黒くなった生々しい傷を負っていた。彼女は仲間の遊女たちが叛乱兵に強姦され殺された模様を、また自分が最年少の娘を守ろうとして負傷したことを語った。ミャオフの父親は三年間の母の服喪休暇を与えられた。それが中国の昔からの親の服喪期間だった。しかし彼は叛乱軍が最終的に鎮圧される八八四年まで、長安に戻って故人の土地でしかるべき葬儀を行なうことができなかった。彼は一人で出かけた。唐王朝が名目上統制を回復したとはいえ、中国はまだ安定していなかったからだ。首都は無政府状態に近く、皇帝も戻っていなかった。

数か月して彼は長安の掠奪に関する自身の見聞をもって敦煌に帰ってきた。八八〇年に首都にいた科挙の受験生が作った詩も携えてきた。この詩は長安に侵入した叛乱兵に捕まった若い女性が事件を語る内容だった。ミャオフはそれを読むことを許されなかったが、いく晩か彼女は父親のすすり泣く声で目を覚ました。このあと、彼女は父親に知られずにこの詩を見る機会を得た。読むにはむずかしかったが、なんとか努力して二連ほど読んでから、彼女は読まなければよかったと思った。詩句は、できれば忘れたい情景を伝えるものだった。それは敦煌の寺院の壁画に描かれた地獄絵のどれよりも恐ろしいものだった。

どの家からもどぶどぶと泉のように血が噴き出している。

どの場所からも犠牲者の大地を震わすような悲鳴が聞こえる。踊り子や遊女はひそかに暴行を受けているにちがいない。子供や優しい乙女たちは親の腕からもぎ取られ、生きたまま引き裂かれる。

自分の誕生日が祖母と伯母の殺された日であることをミャオフが知ったのはこのときだった。尼僧になる決意をしたのもこのときだったかもしれない。尼僧になるといくつか有利なことがあった。したがってすべての尼僧が職業としてこの道を選んだわけではなかった。尼僧になるとまず勉強ができた。しかし多くの僧、さらに多くの尼僧は、それでも字が読めるほどにはならなかった。つぎに尼僧は政略結婚を避けることができた。中国の皇女で何人かは表面的にはこの理由で道教の尼僧院に入っている。また、親の説得で尼僧になった者もいた。そのほうが持参金を払わずにすむ手段となり、また僧院の社会で影響力を得る機会があったからである。当時の記録に、新入りの尼僧の父に僧侶がマメ十八ペックの貸付を行なった契約がある。このローンは当時としては異例の無利子だった。この社会では僧侶が金貸しの主たるもので、通常は法定の六パーセントを超える利子を取っていた。借り手は収穫後の旧暦八月末日にローンを返済しなければならない。もし違反すればその所有物は没収される。

八九一年にミャオフが僧籍に入ったのは、まだ十一歳のときで、仏教の規則の定めるその最低年齢は二十歳だった。そこで彼女の父親は娘のために、早期に尼僧になる許可を沙州節度使に求めた。許可証が作られ、節度使は自分の苗字の下に花押を記し、大きな四角い印章に朱肉をつけて三か所に押印した。もちろん娘が尼僧になりたいという希望に不賛成の親もいた。有名な尼僧たちについての当時の記録集があり、そのなかに、ある僧侶がしぶる父親を説得した記録が載っている――「もしあなたが娘の計画に賛成すれば、娘は家庭に栄光をもたらし、あなたに祝福と栄誉を与えることになるだろう。娘はあなたを導いて苦しみの海を越え、涅槃の世界に連れて行くだろう。」また尼僧院長ミャオインについての話もある。ミャオインの家の外に、贈り物をもつ訪問者を乗せた馬車が何百台も並んだ。そして彼女は皇帝の多くの家族にもまして裕福になったという。僧院の生活が提供する祝福には、精神的なものと物質的なものの両方があったことを、この記録集は伝えている。

ミャオフが尼僧になったあとで、ある土地の僧侶が節度使に対し、仏教徒規則に違反していると異議の申し立てを行ないミャオフと他の四十人の尼僧の名をあげた。この僧侶はつぎのような文を残している――「この親たちはみな娘が尼僧になることを許し、娘たちもみな喜んで戒を受けた。しかしながら、なかには年齢に達しない者、またこれまでも仏教の教えに従わず在家の規律にも違反している者がいる。彼らをよく監督し厳しい訓練を課すべきである。」尼僧たちの違反がそれぞれどんなものであったかは不明だが、尼僧制度そのものに対するかなりの偏見が、とくに比較的教条的な僧侶の間に見られた。女性は男性よりも転生輪廻の下段に置かれ、仏教経典も、仏陀が女性の弟子を受け入れたのは仏母からの長い説得を経てやっと教団の一つとして認めたにすぎない、と明記していた。僧侶によっては女性の受戒を拒否する者もおり、僧院に入れて聴聞するのを許さぬ者もいた。しかし敦煌には五つの尼僧院があり、その最大の寺院には二〇〇人の尼僧が生活していた。

叙階式の課程も男性に比べて女性のほうが厳しかった。十二歳になると男児も女児も最初の戒――不飲酒、不邪淫、不殺生など――を受けるが、男は十八歳で全階程を受け、僧院規則で定められた二一五ないし二六三の戒を受けることができた。しかし女は十八歳になっても階程の中段までしか進まず、さらに二年間の研修を経なければ全階程を修了できないことになっていた。研修期間の延長が定められたのは、伝

タントラ仏教の神ターラ

説によれば、十八歳で仏陀から全戒律を授けられて聖職についたある尼僧が、実は妊娠の初期だったことが発覚して以来のことだという。二十歳になると女性は全階程を充たすため、二九〇から三八〇の戒を受けなければならない。しかしミャオフは以前から、チベットやインドの僧侶たちにターラ女神のことを聞いていた。観音菩薩と同格で、彼らの国では多くの人々が礼拝しているという女神だった。早く悟りの境地を得たいので変成男子になりたい、と彼女が祈るとターラ女神は答えた――「男性の体には悟りを欲する心がいくらでもあります。しかし女性の体には直覚力を養う作用をするものがありません。ですから私が、苦の世界が尽きる日まで、女性の体内の直覚力を高めるために働きましょう。」

ミャオフは初めて戒を受けたとき、「すばらしい祝福」（妙福）という意味の法名を授けられた。叙階式が行なわれたのは敦煌の浄土寺で、そこには数か月前、戒律の勉強のため行ったことがあった。同級生のうちには何年も前からこの寺にいて今回の受戒に備えている者もいた。また、彼女のように外から来た者もあった。彼らのクラスは大広間で経験豊かな僧や尼僧たちの指導を受けた。ミャオフは尼僧生活の実際――床の拭き方、食事の仕方、歩き方（これは袖口の広い上衣のときと袖口の細い下衣のときとで違っていた）、先輩に対するお辞儀の仕方、口のきき方、衣の着方、寝具の整え方、旅行のときの衣類のまとめ方など――一切を教えられた。また翌日にはさらに、客の接待の仕方や、これらの職務を他の尼僧に申し送る方法まで教えられた。彼女は経典の抜粋を教えられ、一日中それを唱えるよう命じられた。そのうえ、一日の仕事に従事しながら特定の祈禱を唱えることになっていた――

眠りからはじめて目覚めたとき、
生きとし生ける者が
広大無辺の宇宙のように広い救済の知恵に目覚めますよう
お祈り申し上げます。

少年たちと少女たちは中庭を挟んで両側に建つ男女別の寄宿舎で生活した。その周囲には境内の建物が密集していた。寄宿舎の便所は野菜を栽培する庭に接して立っており、下肥を庭まで運ぶのが楽だった。土壁の内側のこの小さな庭のほか、寺院は周囲に広い農地を所有し、奴隷労働者や小作の農夫に耕作させていた。収穫物は寺院内の穀倉に貯蔵され、有利な利息で貸し出されたり、さまざまな必需品、たとえば料理や照明用のオイルを作るのに必要なタイマの種子などを購入するときの通貨として使用された。
これらの取引で得られる収入はかなりの額になった。これをさらに補足するのが寄付と叙階式の収入、経典や法事の売り上げだった。しかし寺院はもっとも大きな収入を製粉所と搾油所から得ていたので、いとも容易に地域でもっとも裕福な機関となった。多くの地域住民にとっても、つねに何かを収奪するように思われる世俗の権力に引きかえ、寺院は各種のサービスを提供するので大切な存在だった。政府といえば兵役、収税、法の強制がつきものだった。税を喜んで払う者はいなかった。多くの地元の地主たちは、自分の土地を寺院の抵当に入れて納税を免れ、しかも以前と同じように働いて収益を上げることができた。またなかには、僧侶の免税権を利用する者もいた。彼らは金で叙階の証明書を買い、自ら僧ないし尼僧として登録するが、いぜんとして家族と一緒に町や村で生活を続けていた。しかし法律はどちらの味方だかわからなかった。僧籍に入れば契約違反とか土地の不当な配分といった民事事件でも有利と考える者もいたが、犯罪の処罰は恐怖の的だった。逮捕された犯人の多くは再び牢獄から戻らなかった。ある者は自白を引き出すために拷問にかけられ――これが事件訴追のかなめだった――その結果死ぬ者もいた。またある者は判決を待つあいだ不潔な監房で病死した。事件が判決に至ると、もっとも幸運な者は比較的軽い刑――軽重の差のある棒叩き――ですむが、もっと重い刑になると男は辺境の地に送られて兵役に処せられ、女は政府所管の売春宿に入れられた。もっとも重い犯罪には死刑が宣告された。しかし、毎年新年の初めに皇帝が大赦令を出すのが通例だったので、死刑囚の多くは刑の執行を免れることができた。これとは対照的に、寺院には牢獄がなく、人々が面倒なことがら――翌年の収穫用の穀粒、冬の料理用の鍋、わずかな土地などのローン――に巻きこまれると、援助してくれた。寺院は貧しい人々には雇用を、富裕な階層には贖罪を、そして両者に租税回避地を提供したのだった。

『金剛経』口絵（部分）
二頭の獅々を侍らす僧スブーティ（須菩提）の図

ミャオフは意識を取り戻した。自分のベッドの周りの祈禱座に数人の僧と尼僧が坐っているのに気づいた。彼女は目を集中しようとしたが、リズミカルな低音の読経が彼女の思いを再び過ぎ去った昔に戻した。彼女は十人の尼僧とともに説法室の畳の座敷に坐り、金剛経を唱えていた。部屋はほの暗かったが、暑い、乾燥した夏の陽射しが洩れ、彼女は落ち着かなかった。時は九〇〇年。彼女は十年近く市内にいくつかある尼僧院の一つで見習い僧を務めていたが、いよいよ叙階の全課程修了の準備をしていた。

見習い僧として僧籍に入ったのち数年間、ミャオフは使い走りや他の尼僧の手伝いに使われていた。そのうえ彼女は経典の講義と、戒律師と教導師のクラスに出席しなければならなかった。戒律師と教導師は僧の規則と仏教の教えを彼女に説く僧侶たちだった。また、字が読めたのでミャオフは経典を与えられ、仕事中もそれを読み、暗記し、詠唱するよう命じられた。座禅の仕方も教えられ、また経典と祈禱を原語で詠唱することができるようにサンスクリット語の音声勉強も始められた。

仏教の聖典はサンスクリット語のトリピタカ（三蔵、文字通りには「三つのバスケット」の意）で知られる三つの部門から成っていた。「経蔵」（仏陀の教え）と「律蔵」（僧侶の戒律、すなわちヴィナーヤ）と「論蔵」（仏陀の没後、僧侶たちによって書かれた諸経典の注釈書）である。偽経と考えられる種類の経典、たとえば『十王経』のようなものはこれら聖典のなかに入っていない。仏陀の時代の文章でないことは確実で、おそらくもともと中国語で書かれたものだったが、これら偽経も、僧侶や在家信者の間ではよく唱えられた。

全戒律を受けることは、最初の叙階と違ってはるかに時間も長くかかり、複雑な儀式だった。受戒候補者はさまざまな年齢にわたっていた。この式のために隣接する寺院に特別な戒壇が作られることになり、その建造に一週間以上を要した。荷馬車何台分もの土が説法室の前の中庭に運ばれ、四角く木枠で囲った中に土を盛った。枠内が一杯となり土が山のように盛り上げられると、人夫が重い木柱で突いてまっ平らにし木枠の上部と同じ高さにする。同じ方法でなんども盛り上げては固め、その上に小さな祭壇を作った。それから土を削って階段を作り、外辺に柱を立て、色とりどりのシルクの旗や幟で飾った。寺院のなかの戒壇はたいてい他所でも同じように一時的な建造物だが、五台山には大きな石のブロックを積み上げた常設の戒壇があり、側面はハスの模様を描いたジェードで覆われ、上には緑色のシルクのカーペットが敷かれていた。中国仏教の盛時、五台山では毎年数百人の僧や尼僧が受戒したという。

ミャオフの受戒式は偶然、毎年恒例の春の精進料理の宴と重なっていた。秋の宴と同様、この費用は敦煌の節度使の負担だった。節度使張承奉将軍は、チベット軍を駆逐したかの有名な将軍の子孫だった。式が終わってから、新たに受戒した二十人の僧侶、尼僧は節度使から「三組の僧衣」――集会用の衣（カーサーヤ、袈裟）と上衣（ウッタラーサンガ）と内衣（アンタラヴァーサカ）の三衣――を与えられた。そのあと彼らは宴会場に入り、祈禱を唱えてから食事が始まった。受戒の式は早く終わっていた。午前中に宴を終わらせなければならなかったからで、正午過ぎの食事は許されていない。ただし僧侶が午後労力を要する仕事に従事した場合は例外で、このときは「夜食」が認められる。宴に参加したのは千五百人を越える地元の人々――役人、兵士、富裕な在家の有力信者、それに敦煌の寺院関係者たち――だった。寺院の厨房は食事の準備で数日前からたいへんな忙しさだった。

宴が終わり、僧と尼僧の多くは寺院を出て町や近在の村にあるわが家に戻った。家で年老いた親の面倒を見たり農地の手助けをしなければならぬ者もいた。ミャオフには義理の姉がいてその種の仕事を切り盛りしていたので、家に戻る必要がなかった。それより寺院での生活がしたかった。彼女は以前から寺院社会の規則に関する数種の経典を読んでおり、その命ずるところと同僚の多くの僧・尼僧の行為との懸隔の大きさに驚いていた。彼女は将来地元の尼僧院の長となり、この規則をもっと厳格に守らせたいと思った。

このようなことを思い出してミャオフはまた意識を回復した。しばらくの間、彼女は懺悔をすませたかどうかを思い出すことができなかった。数か月前、病気が重態となったことに気づいて彼女は懺悔の実践として『十王経』を七回写経することにしていた。一巻終わるごとに彼女は書き記した――「弟子ミャオフは迷いの世界におりますが心に悟りを念じ、この経典を謹写して七巻とし、心を一にしてこれを奉納します」と。さらに遺言して布地を遺し、死後一定の間隔をおいて供物と祈禱を捧げる代金にあてた。この

四天王の一つを支える邪鬼，敦煌出土の絹本画（九世紀）

祈禱は死後冥界の十王の前に順次出廷し、俗界で犯した悪事の罰を宣告される当日ごとに唱えられる。敦煌郊外の洞窟寺院の壁画にこの十王が描かれていた。彼らは中国の法官の衣服を身につけて机を前に着座し、亡者がその前に引き出されている。悪事が列挙されたときこれに抗弁する者は、わが過去の行為を映す鏡のなかを見せられる。ほかの亡者はすでにその運命が宣告され、大きな首かせを嵌められ、斧を振るう鬼どもによって火焰の地獄に追い立てられる絵であった。

『十王経』の始まりは、「いかなる人間でも、もしこの経典の写経を依頼し、あるいは受容し、読唱し、あるいは口唱するならば、生の望みの絶えたあと、決して畜生や餓鬼、地獄の生き物に生まれ変わることはない。また八大地獄のいずれにも陥ることはない」と宣言している。一定の日——初七日、以後七日目ごとに四十九日まで、その後百か日と一周年目の一日および翌年中の一日——の供え物は、死者をして人間以下のものに転生することを防いでくれる。

ミャオフは戒律を守る生活をしたいという初心が、最初の受戒後に送った尼僧院生活の現実によってたちまち砕かれてしまったことに良心の呵責を感じていた。尼僧院自体、以前彼女が受戒の勉強をした大寺院と比べて資金が潤沢でなかった。大寺院の僧侶は、困窮

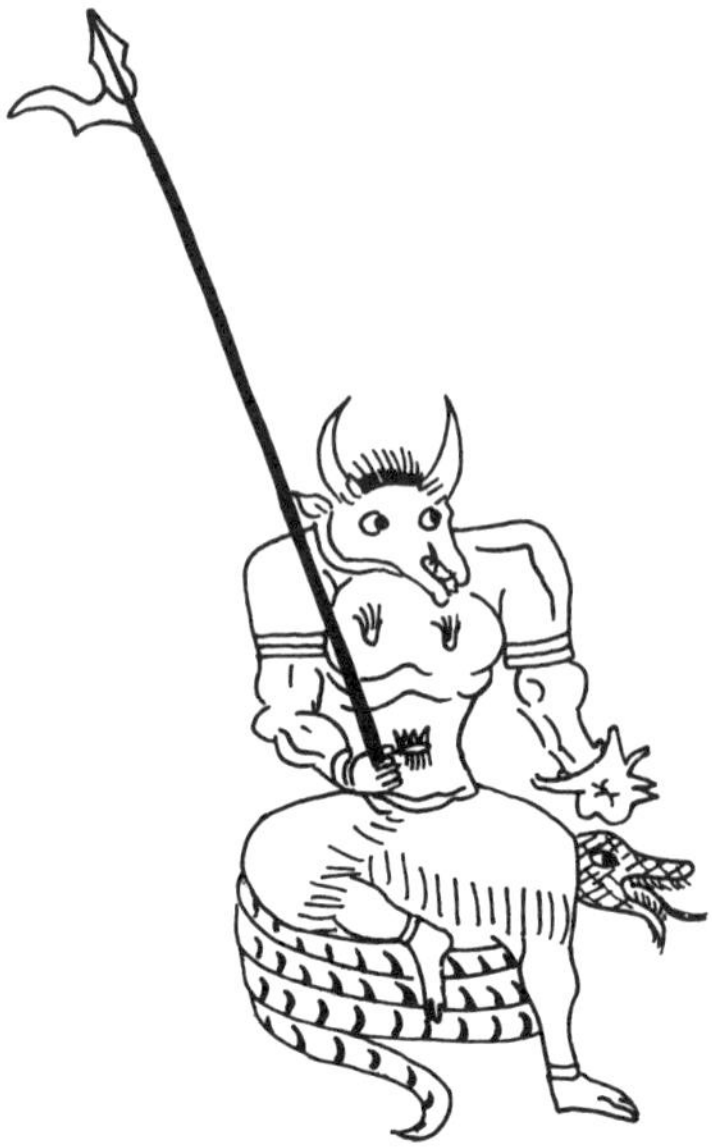

地獄の入口を守る鬼
十世紀の『十王経』絵入り写本より

すれば食物でも品物でも寺の貯えから「拝借」できたが、このような「借り」は必ずしも返済の必要のないことをミャオフはすぐに気づいていた。そのうえ彼女の教導師はしばしば寺院の品物を第三者に高い利息で貸しつけ、元金は寺に返したが利息は着服していた。借り手が返済できないことも多く、その代償として一定の年月自分の土地を僧に自由に使用させた。僧が死んで遺言が公表されたとき、その遺産の豊かさに誰もが驚嘆したことを彼女は覚えていた。遺書は寺の財産と考えられる項目と自家用の財産とを分けて書いてあった。前者は寺院と教団に贈られた。このなかには「シルクとフェルト七点、上質のシルクスーツ二着、毛布類、毛皮の縁取りのあるマント数着、布製・革製の靴数足、十五オンスのシルクと黄金のベルト、金銀の皿、銅製の皿、蓋と把手のついた木製の油壺、五歳の雌ロバ、五歳の雄ロバ」が含まれていた。自家用財産には寺院の保管物を投機して得た土地や数多くの物品があり、これらは甥や従兄弟、また同僚の僧などさまざまな人物に贈られた。見習い僧の一人にも彼は「上質のホワイト・シルク一点、両手付角形深鍋一箇、銀七オンスに相当するランプの本体、象牙の小皿、その他さまざまな品目と四歳の雄ウシ」を遺贈していた。

しかし商売と高利貸は男の領域で、尼僧が財産を蓄積する機会はなかった。多くは孤児か土地の農夫の娘たちで、家元から与えられるものもなかった。僧も尼僧もみな町で托鉢を行なったが、ある者にとってはそれが唯一の収入源だった。ミャオフの家は貧しくはなく、受戒に際してもかなりの金額を彼女に与えた。しかし彼女は収入を増やすことにした。病人や臨終の人のために読経をすればいくらかの報酬が得られた。写経も、専門の書記生はたいがい男性で、聖職者が関わることは珍しかったが、同様に収入になった。かくして数年の間にミャオフはしだいに財産を増やし、またいくばくかの土地に投資して穀類の形の年金を得、地元のエリートで彼女の教養を誉め、しばしば贈り物をしてくれる人々のなかからパトロンも現われた。彼女は子供のときから父親に中国の古典を読むことを教えられ、また見習い僧になったときからサンスクリットの勉強を始めていた。祖父からはチベット語を学んでいた。彼女は土地の有力者の妻たちとおしゃべりをし、町のゴシップや中国とチベットからの最新のニュースを聞いて楽しんでいた。

最後の受戒を終えてから十年後の九一〇年、八四八年以来敦煌を治めた張氏が曹氏と交替した。その最初の統治者曹議金も張氏と同じく中国に忠誠を誓い、敦煌を「帰義軍の地」と称した。中国の唐王朝は数十年間弱体化し無力な政権を維持したのちに崩壊したばかりで、曹氏が敦煌を統治するほとんど全期間にわたって中国はいくつかの王国に分裂していた。一〇〇〇マイル以上も遠方の敦煌の地で支配権を取り戻す力はもちろんのこと、本国を再統一するほど有力な王国もなかった。それでも敦煌の統治者は中国中原の領有を自称する継承王朝に次々に使節を送りつづけ、その見返りに節度使の称号を授与されていた。

九六〇年になった。曹氏はなお、敦煌を統治していた。当時の王で熱烈な仏教保護者だった曹元忠も中国継承王朝の一つから「節度使」の称号を与えられたが、彼はわずか六年前の九五五年には中国訪問さえしていた。ミャオフのベッドサイドでは、僧と尼僧は長い徹夜の行で眠りを覚ますために濃い緑茶を飲んで読経を続けていた。ミャオフは教団の長老の一人として職務上からも年齢的にも重視されていた。四十歳になるかならずで敦煌最大の尼僧院の院長に指名されたときは反対する者もあった。しかしミャオフは厳しくかつ手際よく尼僧院を管理した。もっとも重要なことは、寺院の仕事をきわめて如才なく指導したことだった。在任中に尼僧院は所有する土地を増やし、水車が二基、搾油機も一台増えた。

僧と尼僧は「不純な」ものには直接携わらないことになっていた――金・銀・奴隷・農業・酪農・毛布・深鍋、また水車・搾油機などである。その代わりとして各僧院には所属の家族――実際は奴隷の家族――が永続的に雇われ、僧侶のために労務に従事した。そのような家族がミャオフの尼僧院所有の水車や搾油機を扱っていた。彼らは自分たちのために仕事をすることを許されず、その場合は僧院の許可を申請しなければならなかった。賃貸料として生産物――製粉と油――は一定の割合が物品で寺院に納められ、寺院はこれを専門の業者に渡して所有する機器の維持と修理の費用に当てる。主要な修復作業が終わったとき、ミャオフはいつも尼僧と職人たちのために宴会を開くよう命じた。僧院も業者に、作業に必要なもの――濾し器に必要なゴーズ、粉を寺の倉庫に運ぶためのウシ――を提供した。倉庫に出し入れされる全品目を詳細な目録に記入するため、管理者として尼僧が一人任命されていた。

製粉機は水力で動かした。これは灌漑用の水量を減らすことになるので、地方政府は農作物の成育期に水を使用することを禁じた。分水路の水門に南京錠がかけられ、役人が錠を管理した。もし春か夏に灌漑用水以上の水が得られた場合は例外が認められて水門が開いた。これがまた宴会の機会となり、水車用水路に明かりを灯して夜会が催された。地方政府は春と秋に、製粉所と搾油所にも課税した。

製粉所は尼僧院にキビとコムギ粉を納めた。濾し器に残った粗挽きの粉は奴隷の家族の食料に用いられ、ふすまはウマの飼料になった。搾油用のタイマの種子は購入しなければならなかったが、とれた油は料理用と、仏殿でつねに灯されるランプの補給用に使われた。尼僧院所有の土地のある部分は、とくにこの費用を捻出するために区分されていた。油の種子はまた、家畜を肥らせるためにも使われた。

尼僧院の物音がミャオフの部屋に洩れてきた。つねになく騒々しい音だった。しかし彼女はすぐ、夏安《なつあん》居《ご》が終わってみな盂蘭盆《うらぼん》の準備をしていることを思い出した。夏安居は、モンスーンの雨が僧侶の活動を抑止するインドから伝わった行事だった。砂漠にモンスーンはなかったが、それでも僧侶は陰暦五月から七月までの夏のさなかに安居に入った。僧侶はこの期間を懺悔と座禅で過ごすことになっていたが、いつもは市内に居住する僧侶が寺院に戻ってくるため神経のすり減ることが多く、寺に定住する僧侶たちは部屋も道具も共用しなければならなかった。この夏も尼僧の一人は、井戸水を飲みに部屋の前をばたばたと走るものがいると言ってこぼしていた。ミャオフは違反の尼僧をたしなめてくれと要望されたが、これはミャオフの友人の一人で大金持ちの地主の娘であった。尼僧院としては娘の母親の援助を失いたくなかった。とくに盂蘭盆に近く、昔から在家信者の惜しみない布施が入る時期にあたっていたのでなおさらだった。

ミャオフの想いは、仏陀の弟子の一人が地獄から母親を救ったという盂蘭盆の中心的な物語へと転じていた。弟子の名はマハーマウドガリャーヤナといったが、中国語ではムーリャン（目蓮）として知られている。ミャオフはマーケットで巻物を広げるストーリー・テラーを想った。巻物にはムーリャンの母親が地獄のうちでももっとも深いアヴィ（阿鼻）地獄に堕ちるさまが描かれていた。人々はこれを見て恐怖のあまり息を呑んだ。ストーリー・テラーはムーリャンの母親がなぜこのようなめぐりあわせになったかの説明をはじめた。

ムーリャンは商用で外国に出かけるとき、母親に金を渡して、乞食に食を与え、仏僧の供養に使ってくださいと頼んだ。母親はその金を隠し、ムーリャンが帰宅したとき、金はおまえが言ったように使ったよと嘘をついた。両親が亡くなったあとムーリャンは僧侶になった。彼は母親が極楽にいないことに気づいて、母親を探しに出かけた。冥界の王ヤーマ（閻魔王）は部下の倶生神、司命、司録を呼びつけた。ムーリャンは出発し、三途の川を渡る。川岸では地獄に堕ちる宣告を受けた人々が泣き叫び、ウシの顔の鬼に追い立てられて川を渡ろうとしていた。一人がムーリャンに話しかけた。

お願いです、まだ家にいる息子や孫たちに知らせてください、
白ジェードで棺や柩を作っても何の意味もないことを。
黄金も、墓に埋められてしまえば無駄に朽ちてしまうことを。
果てしない悲嘆も、哀悼のしるしも、まったく役に立たないことを……。

もし彼らが死者の苦しみを取り除きたいと思うならば、
功徳を積んでわが魂を暗黒から救い出すしかないことを。

ムーリャンは五道王の領土に入った。その声は「雷鳴のように響き、その爛々と燃える眼はさながら電光のよう」であった。ここで彼は腹を切り裂かれている男女と、顔の皮を引き剝がされている男女を見た。「ムーリャンでさえも」と、ストーリー・テラーは絵巻を広げながら血みどろの細部を示して語った――「これを見て気を失ったほどだ。」五道王は彼に、おまえの母は犯した罪の重さによってすでに阿鼻地獄に送られたと語った。ムーリャンは八大地獄を巡回する。これらの地獄のさまを描く数巻の絵巻のなかで、ムーリャンの物語はつぎのように続いている――

鉄の円盤が降ってきて体に突き刺さり、
足の下には猛火が燃え続け、
皮膚は切れぎれに引き剝がされ、
骨も皮もことごとく黒焦げだった。
ブロンズ色のカラスがつねに心臓をついばみ、
どろどろに溶けた鉄がつねに頭から注がれていた。

ストーリー・テラーは同じ調子でしばらく語りつづけ、聴衆に与える効果を楽しんだ。ムーリャンの母親はさらに凄惨な場所にいた――と彼は聴衆に語った。「そこは、みなさんの心臓が鉄か石で出来ていたとしても恐怖で震えあがるにちがいない。」これが阿鼻地獄だった。ここでムーリャンは、母親が四十九本の長い針を打ち込まれ鋼鉄のベッドに釘づけになっているのを見つけた。彼女はベッドから解かれて息子に会ったとき、その声は体内に金属の棘を飲まされていたので「まるで五〇〇台の壊れた馬車のように、ががら、ががたがた」と鳴るだけだった。母の話では、体が千回ばらばらになっても、看守のひと声でまた元通りになり、また苛まれるということだった。

母親は十分に悔悟したと訴えたが、地獄からの解放を認められなかったので、ムーリャンは母のもとを離れなければならなかった。そこで彼は仏陀のところに戻って懇願すると、仏陀は自ら彼女を救いに出かけることを承諾した。仏陀は公平であり、地獄に堕ちた者でも救うことができた。ムーリャンの母はまだカルマの負債を支払わねばならなかったため、このときは餓鬼道に転生し、いくら食べても飢渇を癒すことのできない定めに苦しんでいた。息子が母親にご飯と水をもって行くと、それは火に変わってしまう。仏陀はこれを見てムーリャンに、陰暦七月十五日に贖罪の大供養会を開くよう命じた。この日は夏安居の終わりの日で、この日だけは餓鬼も満腹するまで食事のできる日であった。食事をしたあとムーリャンの母は姿を消した。仏陀は母親が餓鬼道より一段階上の畜生道に転生し、黒いイヌに生まれ変わったことを説いた。ムーリャンは母親を見つけ、一緒に七日七晩祈りつづけた。その後彼女は再び人間に変身し、のちに天道に入ることを許され、カルマの負債はここに完済された。

ミャオフは夢うつつにこの地獄の幻影を見て身を震わせた。つき添う尼僧の一人が彼女の手をしっかりと握った。彼女は自分の罪がムーリャンの母の罪ほど深いとは思わなかったが、天道に生まれ変わるほどの善行を積んでいればよかった、少なくとも再び人間に転生したいと願った。彼女は数珠をまさぐり、『観世音経』を唱えはじめた。これは彼女の愛唱した経典の一つで、いつもこの経典の小さな絵入りの冊子を持ち歩いていた。観世音ないし観音は「アヴァロキテシヴァラ」菩薩すなわち「慈悲の顕現」の中国名である。

彼女は最初寝たきりになったとき、書記生に依頼して遺書を書かせた。数人の僧と尼僧が証人に呼ばれ、書き終わった遺書は僧院長の僧正に手渡された。ミャオフは尼僧院の内部に自分用の大きな家屋と地所、加えて侍女のための区域を所有していた。彼女の遺書は、まず第一にこの侍女の処置と可動性の物品の処分に関わるものだった。この侍女と自分の姪に遺贈することにした。物品に関しては、所有者が死去したあと、とくに相続人が現われなければ、オークションにかけることも珍しくなかった。寺院規則にはこの種のオークションに関する規定も記されていた。付値は、その前の付値が三度叫ばれるまでは競り上げることができたが、そのあとで競ることは違法とされた。「不穏当な言葉づかい」も禁じられていた。しかしこれでオークションが激昂するのを防ぐことはできなかった。ミャオフは以前、隣同士の僧院の富裕な僧侶が最高級のシルクをめぐって激しく競り合うのを目撃したことがあった。

ミャオフはシルクの衣も何着か所持していたが、これは寺院の規則では着用が禁止されていた。シルクは、それを紡ぐカイコの殺生によって生産されることがその理由だった。僧侶のなかには、中国中原産の最高に贅沢なシルクで作らせた法衣用の衣すなわちカーサーヤ（袈裟）を持っている者がいた。袈裟はたんなる長方形の大きなパッチワークで、片方の肩から羽織り、ショールのように胸のところで合わせる。パッチは木綿や麻の古切れまたは残り切れで作り、僧侶の清貧な生活を象徴するものであり、色の濃い、光沢のあるシルクの袈裟は、衣の意義と僧の誓いを嘲笑するものだった。ミャオフはこのシルクの僧衣を、数千フィートにおよぶ綿布とともに地域の教団に贈ることにした。これらが、ほかの僧や尼僧、裕福な市民や法事の布施をした人々からもらった物品、また教団の法要で配られた物品につけ加えられた。

九三六年、敦煌で催されたこの種の法要の一つには記録が残っている。寺院財産として列挙された品目にはシルク・ブロケード、キルト製品、ゴーズ、フェルト、木綿その他の布施、および家具と生活用品があった。それまでの三年間に七万フィートを越える木綿の布地が教団に寄贈され、さまざまな費目――ホータンの女王に贈る上質シルク、地元の役人に贈る鞍、儀式の発起者たちへの比較的小さな贈り物など――を控除したあと、僧と尼僧は一人につき六〇フィート、見習い僧には三〇フィートが個人用に支給されている。それでも四〇〇フィートがあまったが、これは教団が将来の出費に備えて保存したと考えられる。中国の銅貨や銀塊はずっと以前から使用され、紙幣制度も商人の間で確立しはじめた時期だったが、十世紀の敦煌では布地と穀類が通常の通貨だった。中国州部は多様な一〇〇〇枚の貨幣を中央の四角い穴に通し一連としたものだけを扱った。一千枚の貨幣は銀一オンスとだいたい等価とされ、重さは一ポンド半以上あった。しかし敦煌の地元の人々の間のローン業務では、元金も生ずる利息も、州の税金と同じように物品で――穀類か布地で――支払われるのが普通だった。

盂蘭盆の日の夜が明けた。この日は尼僧院のもっとも多忙な日の一つだった。盂蘭盆は主要な布施の祭なので、とりわけ重要で、尼僧たちも朝早く起きた。尼僧院の周囲にはあちこちに供え物を入れる椀が置かれた。人々は先祖がムーリャンの母親のような運命に遭わないように、供え物をするのだった。午前中の宴が終わると町の通りは、宗教行事にはつきものの僧侶の行列を見にきた人々であふれた。僧も尼僧も、マーケットや僧院、尼僧院に通じる路上に屋台を立てて、経典・占い・薬品の店を出した。道路は音楽と笑い声と、さまざまな見せ物で賑わった。ストーリー・テラーは、ミャオフが夢うつつに見た通り、絵巻を広げてムーリャンの旅の話をはじめた。

しかしミャオフは祭を見に現われなかった。彼女は夜のうちに息を引き取っていた。

寡婦の話

アーロン（八八八―九四七年）

香を捧げてお願いします。ルーリンの神の送る雷光の速さでわざわいが私に降り注いでおります。私の祈りが星の神ラフーの耳に達しますように。私を脅かす百鬼を追い払ってくれますように。また私を元気づけ、私の病いを日々年々薄めてくださいますように。願わくはしあわせと祝福が得られますように。このわざわいが去り、私の罪をお許しくださいますように。

六十四歳の敦煌の女性の祈り、十世紀頃

寡婦アーロンは薬店で買ってきた小さな束の包みを注意深く開いた。それは特別の注文品で、その日の朝アーロンがまだ身仕度に格闘しているとき、薬屋の少年がやって来て、その到着を知らせてくれたものだった。このような珍しい薬は値段が高く、寡婦アーロンは最近勝訴したのは仏陀のおかげと感謝の祈りを捧げた。ようやく彼女は自分の土地からいくばくかの収入を確保し、このような買い物もできるようになった。これでいままでのギャンブルの借金をも清算できるかどうかはまだわからなかったが、少なくとも孫のためにいくらかは残してやることができそうだった。包みを開くと、なかから宝物が現われた――それは小さな、ひからびた白い虫であった。

時は九四七年、六十歳になった寡婦は悪性のリューマチ性関節炎に苦しんでいた。乾燥した砂漠の夏は

星の神ラフー

まだ我慢できたが、寒い冬の夜になるとしばしば激痛に見舞われた。彼女はいままで、通常用いられるさまざまな薬草、鍼《はり》、マッサージから悪魔払い、祈禱などあらゆる治療法を試みたが、冬を迎えるごとに痛みはますます激しくなった。いまでは両手も使えず、服を着るのも困難だった。幸い彼女にはまだお手伝いの少女がいて家事の面倒を見てくれた。ある友人が彼女に特別な薬――雪を戴いた山の頂上にしかいない虫――のことを知らせてくれた。それはリューマチの高熱の治療には特別に効くという話だった。彼女は薬屋に頼んで少し取り寄せてもらうことにした。それは一年近く前のことだったが、ようやく数日前チベットの商人たちが久しぶりに町を通ったときに入手したものだった。彼らはチベット高原で産出する薬を定期的に店に補給していた。

寡婦アーロンは、町の最高齢者の一人だった。夫も息子も、大勢いたいとこたちも先に亡くなり、友だちも大かたは死んでしまった。しかし彼女自身の生活も病気で寸断されていた。彼女の最初の記憶は、腹痛のためベッドで身をよじったことだった。それが何歳のときかを覚えていないが、父親が薬を買いに町に出かけたことははっきりと記憶している。父は翌日の夕方、ウコンの根を買って戻ってきた。母親がそれを磨りつぶして粉薬にし、無理やりに彼女に飲ませた。子供時代を通じて激しい腹痛に苦しみ、やがてその黄色い薬に慣れていった。成人しても彼女は家にウコンの根を置き、重厚な食物の場合は食前に予防薬として服用した。

彼女の両親は敦煌の町から北東へ二日の行程、隣の町まではちょうど半分の距離のところで公共のホステルを経営していた。この道筋には村落がなく、たまに井戸か泉の脇に数本生えたポプラの木蔭に、泥とタマリスクの茎を入れて造った壁のある宿泊所が二、三あるだけだった。敦煌の役所はこの宿泊所の持ち主に糧食——穀類と飼い葉と薪——を支給したが、生活には不十分だった。周辺の土地はじめじめした塩のクラストで覆われ、草木は一本も生えていなかった。ラクダでさえこの地を嫌った。馭者は一日中いうことを聞かぬ怒ったラクダを扱い、ようやくここにたどりついたときはたいてい不機嫌だった。

アーロンの子供時代の第二の大事件は、珍しく彼女自身は病床についていなかったが、やはり病気と関連していた。ちょうど夏の初めで、敦煌に疫病が発生した。節度使は全僧院と尼僧院を管理する大僧正に至急の書簡を送り、疫病の原因は僧侶たちの精神力の欠如にあると訴えた。大僧正はすぐに返書を送り、傘下の全寺院でただちに懺悔と祈禱の連続法要と徹夜の読経を始めると約束した。アーロンの両親は、この疫病のことを旅行者から聞いた。たぶんこの旅行者が感染物質を運んだのであろう。数日後、二人とも発病した。敦煌に住むアーロンの伯父と伯母に知らせたが、彼らがやって来たとき、両親は亡くなっていた。

アーロンの伯父と伯母の家は敦煌の市内にあったが、町を囲む城壁の外に土地を持って農作業をしていた。数年前まで彼らはもっと農地に近い部落に住んでいた。そのとき、アザ族の盗賊が襲撃隊をつくってココ・ノールから山越えで来襲し、彼らの若い息子を奪い去った。アーロンの伯父は、同じく子供や動物、財産を賊に奪われた人々で組織された民兵に加わって彼らを追跡した。数週間経って彼らは何も得ずに帰

耕作の場，敦煌の洞窟寺院より，七世紀

還した。賊を見つけることはできなかったが、これ以上深く遊牧民の土地に入り込むのを恐れたためだった。その後、機会あるごとにアーロンの伯父は土地の民兵に加わり、あるいは南に向かう旅行者に同行して、ツァイダム盆地やココ・ノール近辺の草原にいる牧夫たちに会って息子の消息を求めつづけた。夫婦にはほかに子供たちもできたが、女の子ばかりだったからだ。

その家族も裕福ではなかったが、季節の人夫を雇って農作業を手伝わせる程度の余裕はあった。彼らに支払う賃金――通常は穀類と夏の作業着一着を支払った――以外に、土地の役所に税金を納めなければならなかった。そのうえアーロンの伯父は、一家の筆頭者として夫役《ぶやく》の義務――一定期間、無償で政府の労役に従事する――をも負っていた。しかしこれはいつも代理を雇ってすませていた。地方政府の租税は穀類と布地の二本立てで、当時はこれがキャッシュの銅貨や銀塊よりも一般的な通貨であった。土地一畝（約七分の一エーカー）に対する世帯主の課税はコムギ四升（一升は約三パイント）、キビ三・五升、タイマ〇・五升と定められていた。さらに土地二五〇ないし三〇〇畝に対して布地一反（約三〇フィート）が課せられ、大多数の農民はこれほどの土地を所有していなかったので、税は隣人たちとの共同負担とされた。布地の納税は夏の初め、穀類は収穫後であった。全世帯は農地を狭く区分して流れる灌漑用水システムを管理する責任と、地方政府に薪を供給する義務を負わされた。薪は周辺の地域から集められるタマリスクとポプラの木で、これは軍事用の狼煙台に使用された。

アーロンは美しい少女だった。両親は中国語を用いたが、二人ともシルクロードのさまざまな民族が結婚を重ねた混血の子孫だった。アーロンは知らなかったが、その祖先は中国系、チベット系、チュルク系だった。彼女の黒い頭髪と緑色の目は、敦煌では珍しい特徴ではなかったが、それでも彼女の美しさは評判だった。結婚したのは十七歳のときだった。彼女と、夫となる青年は、祭のときになんどか会った。アーロンの伯母はすぐ、青年の両親に連絡し、結婚に賛成かどうかを尋ねた。そして仲人を雇い、必要な準備を整えた。花婿の家は町の北方、軍の狼煙台と城塞の残骸のある近くに、わずかな土地を一区画所有していたが、収入の主たるものは家作だった。市内に何軒かの家を持ち、それを賃貸していた。農地の仕事には人夫を雇っていた。耕作も灌漑も困難で収穫もあまり上がらなかったが、それを手放さなかったのは、地相見がこの土地を見て墓地には理想的な場所だと言ったからだった。そしてそこに先祖代々の墓を立てた。家族は結婚の吉日を決めるため占い師に相談した。占い師は暦を調べた。アーロンの生まれ年は子《ね》、青年は丑《うし》だった。暦には子年生まれの者は旧暦五月から十一月までの間に、丑年生まれの者は三月から六月までの間に結婚すべしと記されていた。しかも可能な二か月のうち、結婚に最適の日は、暦によれば三日間しかなかった。花嫁と花婿の誕生日を聞いて、占い師はこの三日のうちもっとも幸運な日を決定した。

中国の貴族家庭の婚姻は複雑な行事だった。まず目録交換の日取りを決める。目録にはそれぞれの家族の詳細、花嫁の持参金、花婿の財産を明記する。すべてに両家が満足したあと、また別の日を選んで「盃の儀式」となる。このとき花嫁と花婿は酒盃と誓詞を交換し、ひきつづいて両家が贈り物を交換する。花嫁側の贈り物のなかには四匹の赤い魚の泳ぐ図柄の入った二本の杖と二箇の椀を含めるのが習わしだった。魚は富裕の象徴だった。もっとも裕福な家庭になると、黄金製の杖と椀を贈ることもあった。結婚式の前日に、さらに贈り物が交換される。式の前夜に花嫁の持参品が陳列される。式の当日になると、花婿が花嫁の家に迎えに行く。花嫁は全体がまっ赤な衣装を着て輿《こし》または馬車に乗り、楽隊や歌手もそろったカラフルで賑やかな行列をつくって花婿の家に向かう。式場では両人はさらに酒盃を交わして誓いを固め、全員が祝賀の宴席につくのである。

比較的貧しい家庭では、これらの儀式のいくつかを省略するが、宴席だけは欠くことができない。場合によっては花婿が花嫁の家に来ることもあった。しかしアーロン側の家族はしきたりに則って贈り物を交換した。定められた日にアーロンは輿に乗って新郎の家に行き、二人は酒盃を交わして誓いを固めた。二人の知人はすべて宴席に招かれ、彼らはみな、驚くほどの持参金を与えてアーロンを大切に扱った伯父と伯母を褒めそやした。しかしアーロンはこの結婚式を、なんら大きな喜びをもって思い出すことはできなかった。式の当日の朝、周期的な激痛が始まったのだ。伯母は不吉な前兆だと言った。アーロンは薬草の浸剤を飲み、伯母が石を温めてシルクの布で包んでくれたものを腹に当てたまま、新郎の家へ不快な思いで向かったのだった。

花嫁の行列がしばらく進むと、新郎の家族が財力を誇示したかったのであろう、この日のために盛大な楽隊を雇っていた。ドラムの響きと甲高いホルンが、狭い路地にぎっしりと建てこんだ家々の土塀に鳴りひびいた。店の主人もストーリー・テラーもみな仕事を中断し、道の片側に立って見物した。子供たちが明るい陽光を浴び、見物人の間を走りまわって、けたたましい騒音がますますひどくなった。

当時敦煌に流布していたセックス手引書があり、これは中国中原で書かれたものだが、新婚初夜のことが記されている。

新郎は已が「緋の鳥」をはずし、新婦の赤い袴を緩める。男の白い棹が立つ。女はそれを愛撫して喜ばす……男の舌は女の舌を求めて二人の心が結ばれる……。男はペニスの先を唾で濡らして女のワギナに、あたかも祭壇に供物を捧げるかのようにうやうやしく挿入する……やがて「息子」は、あふれるほどの精液を女の体内に射出する。そのあと二人は、籠に入った特製の布を取って局部を拭う。この瞬間から夫婦は結ばれ、その陰陽の旅が絶えることなく続いて行く。

結婚後アーロンは、夫とその家族の家で暮らした。当時敦煌でよく読まれた詩で、結婚後義理の家族と気の強い嫁との確執を諷刺したものがある。「わがままな嫁」と題する詩で、夫を殴っては罵声を浴びせる若い嫁のことを描いている。これといった理由もなく、それが彼女の性格のようだった。夫の両親がたしなめようとしても耳を貸さず、怒り狂って台所の鍋釜をことごとくひっくり返した。その怒りは「水牛に等しく、その笑い声は錆びたウィンチのきしむ音のようだ」と詩は述べている。

姑とさらに口論を続けたあと、彼女は仮病を使って寝室に引きこもり、起きようとしない。夫が部屋に入ると彼女は涙を流し、夫の両親が自分を召使か奴隷のように扱う、と訴えた。夫が何もしないので彼女は離婚を求めた。夫の家族は喜んで応じた――「おまえの着物も、おまえが家から持ってきたものもみなお返ししましょう。新しいベッドカバーも作ってあげました。その代わりすぐにここから出てお行き、二度と会わないと約束してちょうだい。」若い嫁は言い残した――「私にはお金も仕事もないけれど、せめて老いぼれの鬼の家から出て行ける。」

離婚は中国の法律では、夫婦の性格の不一致、ないしは妻が夫の両親の言葉に従わない場合に認められた。このような場合の離婚証書の一例には、冒頭に結婚のあるべき姿――「夫婦相互の愛情は水と魚のごとく」と述べられているが、つづけて、「クリームとミルクを混ぜても結局二つに分離して流れてしまいます。ネコとネズミがどうして同じ家に長くいつづけることができましょう。私どもは父と父の子供たちに、兄と弟たちに、その妻や子供たちに相談しましたが、もはや夫婦と呼ばれることはあり得ません」と記されている。証書には若い女性として他家に入ることに伴う種々の問題は記されていなかった。

詩では、この若い女は「自由気まま」に暮らせる村に落ち着く。注記して女が因襲を無視した、と書いてある。彼女は「女の仕事」を好まず、腕に竹の籠をさげて山野をまわり、山菜を集めてなんとか自活する。「おかあさま、わがままは私の性分です。妻のなすべき仕事をさせたいとお思いでしたら、私の皮をなんど剝いでも無駄でしょう」と彼女は言う。

この詩は、嫁を選ぶならその人物のすべてを知ることが必要であり、決して仲人口に頼ってはならぬという教訓で締めくくられている。シェイクスピアのケイトと違って、この場合じゃじゃ馬を馴らしたのは結婚ではなく離婚だった。しかし若い嫁の喧嘩相手はつねに夫の身内で夫本人ではなかった。夫は両親に反対することを拒否すれば孝行息子のように振舞えるが、それは結局妻を失うことになるのだった。

アーロンは離婚――当時あまり普通のことではなかったように思われる――はされなかったが、妊娠はした。これは彼女の人生の第二の決定的事件であり、これまた愉快なことがらではなかった。陣痛が長時間続き苦痛は激烈だった。出産を楽にするため、バルサムの種子の粉末の入った薬を飲まされた。夫の母はベッドの下で護符を燃やした。母子ともに無事だったのを見て誰もが驚いた。そのうえ、生まれたのは男児であった。
分娩後、彼女は出血による衰弱がひどかった。僧侶の医師がシトラガンダという薬を処方してくれた。これはワインを混ぜ、タマリスクのマンナ、マツの樹脂、カンゾウ、レマンニアの根、それに「熱い血」と呼ばれるものが入っていた。かつて八世紀にこの薬剤のサンプルがインドの王から中国に送られたことがあり、ある中国の薬物学文献には以下のように記述されている――「外国人は幼児を捕まえ、その足を切断して薬の効力をテストする。彼らは切り口に薬を塗って子供を立たせる。もし子供が歩行できれば薬効が証明される。」もちろんこの種の、外国人の野蛮な行為に関する荒唐無稽な話は、当時のシルクロードで知られており、のちには他の地域に伝わっていった。

アーロンは赤ん坊を母乳で育てようとしたがうまくいかなかった。夫の母親はナスの湿布を乳首に当て、受診を勧めた。しかし結局は乳母に頼ることになった。最初の出産後、アーロンはつづけざまに流産した。流産を免れても病弱な嬰児で、数時間ないし数日で死んだ。失敗を繰り返すたびに彼女と夫は近所の仏教寺院へ行き、死んだ子供の冥福を祈って僧侶に読経してもらった。しかし少なくとも彼らには家を継ぐ息子があった。観音菩薩の像の前で息子の冥福を祈る哀れな母親とは違っていた。

アーロンと夫は裕福になっていった。結婚後数年たって夫の両親が亡くなり、その全財産を夫が相続した――子供のうち生存者は彼ひとりだった。アーロンも伯父と伯母の所有していた土地の一部を受け取った。残りはいとこたちと彼女の妹とで分割された。土地はすべて注意深く管理する必要があった。賃借人は家賃の支払いを怠ることもあった。しかし年ごとに納税後も黒字が増え、借り分も返済することができた。ときには利息を取って貸付を行なう余裕もできた。毎年の作付時に穀粒の借出しをする必要もなくなり、アーロンを手助けする女召使を買うこともできた。アーロンは自分の代わりに持ち運びをする人間を得たことを喜んだ。彼らはこの若い娘を、土地の小役人に貸したローシルク三点とスパンシルク二点の代償として手に入れたのだった。彼女はアザ族の娘で、地域の軍と掠奪団との小競り合いがあったときに捕まり、戦時捕虜の奴隷と見なされて売買が可能だった。結婚式の当日アーロンの花婿は恒例の祈りを述べたが、まるでその祈禱がつぎつぎと実現されていくような勢いだった――

金と銀が年ごとに私の金庫を満たしますように、
コムギとコメが収穫ごとに私の倉を満たしますように。
中国人の奴隷がこの財宝の管理に当たり、
外国人の奴隷が私の動物の面倒を見、
足の速い奴隷が私の騎乗に従い、
頑強な奴隷が私の畑を耕し、
美しい奴隷がハープを弾き、私の酒盃を満たし、
細腰の奴隷が歌い、踊り、
こびとが私の食事の椅子のかたわらでキャンドルを捧げますように。

アーロンがわが生涯を顧みたとき、結婚の記憶はそれ以前、またそれ以後の事件によってかすんでいた。しかししばらくの間は幸せな人生だった。彼女には寺院に供え物をし、友だちとギャンブルを楽しみ、ときどきは美しい衣類を新調する余裕があった。彼女は手先が器用で、シルクで経巻の包みを刺繡し、それ

を尼僧院長で親友のミャオフへプレゼントした。残り切れで匂い袋を作り、他の友人たちに贈った。彼女はまた、父方の祖父の処方を用いて香を製することもできた。必要な材料は沈香《じんこう》、ビャクダン、エゴノキの樹脂、オニカ、ボルネオ産クスノキ、および麝香《じゃこう》で、これらを一緒に挽き、ゴーズで濾《こ》して蜂蜜を混ぜる。しかしもっと面白かったのはギャンブルで、これは尼僧院長には内緒だった。女友だちとはマージャンやカードなどいろいろなゲームをやったが、みながいちばん楽しんだのはダブルシックスだった。これはバックギャモンと似たゲームで、二人がダイスの目に合わせて黒と白のカウンターをやり取りする遊びだった。女たちは中庭の木洩れ日の下で、脚まで着色したふかふかのクッションのついた木製の椅子に腰かけ、細かい彫刻を施したダブルシックス用の卓に身を乗り出してゲームに熱中した。賭けものはわずかで、コイン数枚にすぎなかったが、敦煌の町のティーハウスやワインショップで男たちはもっと大きなものを賭けた。郊外で催されるポロの試合や競馬では、賭けをしない人はいなかった。

やがて、二つの悲劇に見舞われてアーロンの生活が変わった。まず、彼女の夫が五十歳で死んだ。彼は前ぶれもなく発病し、医師、僧侶、悪魔払いの努力も空しく三日で息を引きとった。彼女がまだ喪に服しているとき、今度は息子が逮捕された。息子は町の防衛隊に徴兵されていた。彼の任務は町の南東にある洞窟寺院の再建工事の間、仏陀の大彫像を護衛することだった。町の防衛部隊は近隣の強壮な男たちから成り、武器――弓矢、楯、槍――を持って派遣された。この武器は兵役の終わりに返還しなければならなかった。武器の返還が少しでも遅れると木の杖で七叩きの罰が課せられた。しかしアーロンの息子は、武器をすべて返さなかった。これは遅延よりはるかに重大な違反だった。役所の認可なく武器を売買することは厳禁されていた。当局はそれが盗賊団や外国軍の手に渡る可能性を恐れたのである。事件は当局に報告され、捜査が始められることになった。アーロンの息子は逃走したがすぐに追跡され、逮捕されたのだった。

アーロンの息子は数年前に結婚したが、妻は分娩中に死んだ。アーロンと息子と孫は、土地の収益に支えられて生活を続けていた。息子が逮捕されたのち、アーロンには土地の管理がむずかしくなった。彼女は詩のなかの嫁とは違って、家事以外のことは夫と息子に任せていた。穀物は何を育てるか、臨時の人夫が必要かどうか、収穫はいつにするか、これらはもっぱら夫か息子が決めていた。

息子の判決がおりるまで隣の町の牢獄に収監されることが決まったとき、裁判所は文書を作成し、息子の留守中アーロンの義理の弟に土地使用の権限を与えると定めた。彼が穀類の売買、作付、収穫の責任をもつことになった。同時に土地の税金を払い、労役の義務も生じた。連行される前、息子は叔父とともに裁判所に呼び出され、この契約書が読み上げられた。息子が帰ったとき土地は息子に戻されること、もしどちらかが約束に違反した場合はヒツジ一頭の弁償を支払うことになっていた。双方が各条文を認め終わると、書記をかねている裁判官は契約書の末尾に二人の名前と証人の名前を書き、四人がサインした。読み書きのできるのは裁判官だけだったので彼が署名し、あとの三人はさまざまなしるしをつけた。普通は契約書の自分の名前の下に人差指を置き、指の節の位置で三本の横線を引く。ときには契約者が人差指の輪郭を引いたり、手のひら全体の輪郭を描くこともあった。

契約の直後アーロンは息子の裁判費用の足しにするため、遠縁にあたっていた証人に、土地の三分の一を譲渡した。当路の人物に少々の賄賂を使っても損にはなるまいと彼女は考えていた。友人のミャオフにも金を与えて尼僧院で祈禱してもらった。彼女の義理の弟は残りの土地の管理者となって喜んでいた。彼女にもその収益の一部を渡した。これはどちらの側にも借りにはならなかった。結局彼らは一家であり、たがいに助け合う義務があった。

その年の遅く、アーロンの息子が拘禁中に死亡したという報せが届いた。彼女はこれまでも息子の釈放を確実にする何の方策も取らなかった。死因についても、なんども問い合わせをしないことにした。拘置中の死因は法律のもっとも避ける領域だった。しかし彼女は息子のために葬式と法事を行ない、長いあいだ観音菩薩に、彼が畜生、餓鬼、あるいは地獄の鬼に生まれ変わらないようお助けくださいと祈った。その後彼女は毎日のように寺院に出かけた。

敦煌の女たちは多くが女性のクラブに所属していた。アーロンもその一員で、尼僧院の境内にある小さな建物に定期的に集まっていた。ときおり、僧か尼僧が彼らに仏陀の話をした。またときにはみなで読経し、祈禱することもあった。集まりごとに、日時、場所、参会者リストを記したその詳細が、回覧紙でまわされた。みな、名前の下に各自のしるしをつけ、回覧紙を次の人に渡す。しかし、しばしばクラブのニュースはたんに口頭で伝えられることがあった。この場合でも会長は記録として回覧紙に記入した。

この集会の目標と目的は、創設のときの会議で承認され、文書に記された。文書は「私たちは両親から生命を与えられた」で始まっている――

しかし、その価値を高めるのは友である。友は危険のときの支えとなり、災いから救ってくれる。友との交わりにおいては、ただのひと言でも信頼の証しとなるだろう。祭の日に、わが助け合いの会は、会員各自オイル一カップ、製粉一ポンド、ワイン十升分を、また正月の精進日にはワイン十升分、ランプオイル一椀を寄付するものとする。もし会員にして大小にかかわらず仕事を軽視し、あるいは祭のときに騒ぎをおこし、目上の指示に従わない者があれば、全員で門口に押しかけ祭に要するワインシロップを罰金として徴収する……。脱会したい者があれば竹の笞の三回叩きに処する。

四人の役人を含む十五人のメンバー全員が、その条文に「太陽と月を証人とし、山と川にかけて誓う」ことを示す各自のしるしをサインしてある。この文書はその目的に関する付記——「これらの規則は不信の行為をあらかじめ防ぐことを目的とし、今後の会員の注意事項として書きおくものである」——で締め括られている。

会員はクラブに対し恒例の寄付——普通は穀類——をすることになっていた。会合に遅れてきた者や、まったく姿を見せなかった者も、代償を払わされた。これは穀類の醸造酒で支払われることも、また土地のブドウで作った高価なワインの場合もあった。会員の葬儀費用はクラブの財産で保障された。会員の多くは老人で貧しかったため、このことはたいへん重要だった。クラブはまた、会員がムーリャンの母親のように死後地獄に堕ちないように、法事をも営んでくれた。会員はまた、ほとんど全員が直接尼僧院に贈り物をし、五つの戒——不殺生、不窃盗、不妄言、不飲酒、不邪婬——を受けることによって、死後の救いを得ようとつとめていた。ワインの贈り物や寺院の供養でしばしばワインが言及されることは、少なくとも戒律の一つが厳格に守られてはいないことを示している。もっと裕福な女性たちのクラブは、洞窟寺院に奉納する絹本画や壁画のスポンサーになり、会員のためにさらに大きな功徳を積むことができた。

アーロンの息子が死んだ直後、彼女の義弟は町の民兵組織に入隊させられた。民兵団は遠方の村をなんども襲撃している武装盗賊団と戦うために組織されていた。彼の不在は数か月間続き、土地は未耕のままだった。アーロンは四十年以上も前彼女のいとこが盗賊団にさらわれたときの状況を覚えていた。数年前に亡くなった彼の両親は、結局彼を見つけることができず、すでに死んだものと諦めていた。まるでこの回想に答えるかのように、義弟の留守中、騎乗した一人の男が町に入り、自分がその息子であると主張してまっすぐ役所に行き経歴を語った。彼の話では、自分は最近の盗賊団のなかにいたが、敦煌の近くまで来たときウマ二頭を連れてようやく脱走してきたという。まだ小さな子供のときに捕らえられ、アザ族の誘拐者に連れられてココ・ノールに行ったが、わが故郷の町敦煌のことは忘れたことがない。両親の家も土地も、場所も思い出せないが、自分の中国名だけは覚えている。自分が権利をもつはずの土地を所有したい。それ以外に生活の手段がない、という話であった。

役人たちは彼の話を信じた。そして予備審問で、男の家族がもと土地を所有していたこと、その一部が耕作されずにあることがわかると、それ以上審理をせずに土地を男に与え、世帯主としての正規の権利証を渡してしまった。それがアーロンの土地だった。役人は彼のウマも買い取り、穀類と布地で支払った。若い男は土地に行って家を建てた。寡婦アーロンはこれを聞いてびっくりした。しかし彼女は役所といざこざを起こしたくなかったので、義弟の帰還まで待ち、そのあとでこの不法居住者に挑戦することにした。いずれにせよ彼女はいぜんとして裕福な生活を続けた。前に土地の一部を譲渡して得た金も、全部使い果たしてはいなかった。

義弟は数か月で除隊になったが、事の成り行きを聞いて彼女同様びっくり仰天した。彼は、男が本当に自称する人物かどうかを確かめるために、男に会って尋ねた。男はきわめて乱暴で質問には回答を拒み、土地の放棄を拒絶した。男は義弟に、世帯主に間違いないという役所の発行した書類を見せた。男の幼い時を覚えていてこれに反論する生き証人はいなかったので、寡婦と義弟はそのままにしておくことにした。

彼らはこの男が本当に自称する人物であるのかどうかわからなかった。現われたときと同様、突然男は姿を消した。噂によれば、男は遊牧の生活様式が身についてしまって、男の言う「ひどい土地」の単調さと労苦に堪えられなくなったということだった。男はウマを買い、鞍嚢に荷物を詰めて南東に向かい、南山山脈を越えてココ・ノールの養家に戻ったのだった。しかし、それで問題が解決したわけではなかった。短い滞在だったが、男はアーロンの大勢いた親類の一人と親しくなっていた。彼女のほとんど知らない青年で、貧しい家に生まれた遠い親戚だった。青年はある寺院で育てられ、自分の所有する土地も財産もなかった。闖入者が町を去ったとき、この青年がその土地に赴き、男の甥と称して土地の所有権を主張した。

十年近く、青年は土地を引き渡さなかった。さらに悪いことに、土地の収益の一部をもアーロンに渡すことを拒んだ。寡婦アーロンの財産が減りはじめた。彼女はますますギャンブルにのめり込んでいった。そして借金が増えた。彼女は持ち物の多くを売り、また質に入れた。ある冬など、料理用の鍋まで土地の僧侶から借りなければならなかった。もはや寺院に多額の寄付のできる身分ではなかった。クラブへこれまで納めた物品によって、せめて葬式代はいただけるだろうと喜んでいる始末だった。彼女は刺繍のポプリ・バッグや他の手芸品をもっとたくさん作って売りたいと思ったが、すぐにリューマチの関節炎がおこり、手がかじかんで縫いものができなかった。

孫が成年に達する前に、彼女と義弟は土地を取り戻す何らかの手段を講じることにした。これがなければ、孫に遺してやれるものがなかった。自分名儀の土地がなければ、どうして孫は人並の妻をもらえるだろうか。あるいは失うことになるかもしれない多額の費用と危険を覚悟して、彼らはこの事件を法廷に持ちこむことにした。寡婦アーロンは、息子が逮捕されたあと息子と義弟との間で取り交わされた同意書の写しを、まだ持っていた。しかしこれが唯一の証拠書類で、土地の登記はとうに期限切れだった。事務官はアーロンと義弟と青年から供託物を受け取って書類に記録し、件《くだん》の契約書を添えてこの事件の担当を命じられた役人に提出した。

判決は供託物を記した書類に添えられていた。裁判官は、土地に居住する青年がアーロンの遠縁であると主張しているにもかかわらず、彼女には土地の収益を「針一本、草の葉一枚」すら渡さなかったことを挙げた。同時に彼は、寡婦が老齢になって生活を支える手段のないことを述べ、寡婦に土地とその水利権を与えるという、彼女に有利な判決を下したのである。

寡婦アーロンは残りの人生をまずは安全に暮らすことができた。孫もやがて、自分で農作業ができるほど成長した。毎年冬至から数えて一〇五日目にあたる先祖詣での孔子の祭に、彼らは一緒に、いろいろな供え物やピクニック用の食べ物を持って父の墓に詣でた。草をむしって墓を掃除し供物をそなえることもあった。アーロンはギャンブルも続けたが、いまでは関節炎やその他すべての災いを和らげる祈禱に支払う余裕もできた。これらの災いを彼女は、まさに「雷光の速さでわが身に降り注いだ」と感じたのであった。実際彼女の人生は、シルクロードの「ひどい土地」を耕作する何万人もの農民の生活と比べて良くも悪くもなく、まったく変わりのないものであった。

役人の話

チャイ・フェンタ（八八三―九六六年）

役人の職分は人々のしもべになることであって、人々を働かせることではない。農地で働く住民は収入の十分の一を提供して土地の役人を雇い、自分たちに公平な処置をとってもらうことを求めている。それなのに、住民から給料を受け取りながら怠けて何も仕事をしない役人をいたるところで見ることができる。なかには仕事を怠けたうえ、住民のものを盗む役人さえいる。一人の男を家に雇ったとしよう。その男がもし賃金を受け取りながら仕事を怠け、そのうえ君の財産や道具を盗んだとしたら、君はきっと激怒して男を罰し追放するだろう……。役人の場合でも下僕の場合でも、道理はまったく変わらないのだ。

柳宗元『役人、薛《せつ》を讃える文』より、九世紀初期

チャイ・フェンタ（翟奉達）は就学したばかりだった。数人の他の生徒と一緒に寺院の小広間に坐っていた。先生は軍隊の若い事務官で、一人一人に筆と、すでに裏に字の書いてある紙を配り、生徒が墨をするのを手伝った。それから先生はフェンタの隣に坐り、『千字文』の最初の五文字の書き方を示して紙の上段に沿ってその文字を左から右に書いた。フェンタは自分で筆を持ち、紙の下段の余白に文字を写そうとした。最初の文字は「千」で、三筆で書けるので簡単だった。先生はフェンタが正しい筆順で書いてい

るのを見て満足すると、隣の生徒のほうに移った。

フェンタは父からすでに『千字文』の最初の部分を教わっていたので、写している文字の発音の仕方もわかっていた。この本は六世紀中頃に書かれたもので、中国のすべての学校で入門書としてまだ使用されていた。各文字は一度しか使わず、文は四音節構成で韻を踏み、記憶しやすくできていた。教室の生徒は年齢も能力もさまざまで、なかにはもっと高度な入門書、たとえば『開蒙要訓』とか『太公家教』、あるいは『王梵志詩集』などを写す生徒もいた。王梵志の教訓と語調はシェイクスピアの『ハムレット』でポローニアスが息子に与える教訓と酷似している。王梵志は少年たちに孝行と金銭の扱い方、世渡りの方法など世俗的項目にわたって訓戒している――「たとい秘密を打ち明けられても決して口外してはならぬ。たといゴシップを聞いても、それを他人に話してはならぬ。たとい面倒な事件を見ても、見なかったかのごとく振舞え。つねに自分だけ余計に取らぬよう注意せよ。親族でない者の保証人になるな。無関係な人々の調停をするな。」これらの入門書の勉強につづいて、学生たちは孔子の書その他さらに高度の教科書へと進んだ。

時は八九〇年、フェンタはちょうど七歳だった。彼の父親は事務官だったが読み書きはやっとできる程度、母はまったくできなかった。しかし彼らは自分の土地を耕す人夫を雇い、家事の仕事をさせる召使をおく余裕があった。したがってフェンタと兄は学校に通うことができた。父の願いは息子たちが中国の科挙に合格し、中央政府の官吏となって家名を上げ、自分と妻に老後の安らぎを与えてほしいこと、またできれば中国中原にある先祖代々の故郷に隠棲したいことだった。しかし首都からのニュースはかんばしいものではなかった。フェンタが生まれた八八三年には叛乱軍がまだ長安を占拠していた。翌年になってようやく賊軍は駆逐された。しかし唐の皇帝は復位したとはいえ、今後皇帝がどれほど長く権力の座にいつづけることができるかは誰にもわからなかった。

フェンタの家族は長安から一〇〇〇マイル離れた敦煌に住んでいた。この町は八四八年張議潮将軍がチベット軍を駆逐してから、事実上張氏の支配下にあった。フェンタの父は昔、フェンタを連れて敦煌郊外の仏教遺蹟にある洞窟の壁画を見に行ったことがあった。壁画の一つに、勝利を収めた将軍とその軍勢を描いた絵があった。フェンタはその日のことを、ちょうど竜神の祭と重なっていたのではっきりと覚えていた。母は戸口の上にヤナギの葉を束ねて吊り下げて病気除けとし、フェンタと兄には小さな木製の彫物をベルトに吊させた。フェンタが母に「どうして」と尋ねると母は、これは今日現われる鬼や不吉な獣――ガマガエル、サソリ、クモ、ムカデ、ヘビなど――からおまえたちを守ってくれるお守りだよと教えた。どうしてこの日に現われるのかと尋ねると、母は五月五日だからねと答えた。なんで五月五日なのと重ねて聞くと母は怒り出し、ピクニックの支度をしながら「籠のコオロギと遊んでおいで」と、彼を追い出してしまった。

一家で洞窟寺院まで遠足に行き、月牙泉や鳴沙山を見に行くことにした。家族はウマに乗って出かけた。フェンタは母親の前にまたがり、召使はロバに乗ってついてきた。敦煌の南東一二マイルの洞窟寺院までの道は、町とそれに続く農地の間を曲がりくねって進んだあと、石ころの多い砂漠を数マイル行くと、洞窟を掘った半マイルほどの崖に出た。早朝に大勢の町の人々と一緒に出発したのだが、この洞窟渓谷の北端を示す天王寺が見えたとき、太陽はすでに高く昇っていた。やがて彼らは崖の麓まで来た。小さな渓流に沿って生えているポプラの木蔭で休息しているあいだ、召使が昼食の準備をした。

渓谷は見物人でいっぱいだった。渓谷にある寺院から僧侶が出てきて寺門の外に店を並べていた。両親はそこで運勢を見てもらい、香を買った。そして彼らは洞窟寺院の巡回をはじめた。数百の洞窟がハチの

コオロギ，中国の版本百科全書より

巣のように崖にうがたれ、とうてい一日では見られぬ数だったが、彼の両親は前になんども来て見ており、好きな窟がいくつかあった。大仏寺には像高一〇〇フィートの巨大な彩色像があり、彼らはその足もとに跪いて香を焚いた。像には登って背後にまわる木の桟が渡してあった。フェンタは魅了され、ぐらぐらする桟を駆け登ったり駆け降りたりした。像の爪先は、それに触れて幸せを得たいとこれまで何千本もの手が伸び、色がすっかり剝げ落ちていた。その爪先さえ頭上に見上げなければならぬほどだった。ついで彼らは最近発掘された窟へ、それから観音菩薩像のある別の窟へと足を運んだ。両親は菩薩像の前に来て、奉仕の僧に供えものの果物を渡すと、僧は祈禱してそれを浄めてから菩薩の足もとに置いた。彼らは線香を灯し、砂がいっぱい入った大きなブロンズの壺にそれを立て、やはり僧侶に浄めてもらった木綿のスカーフを像にかけた。やっと両親は動き出した。フェンタはもう退屈しはじめたので両親は彼を連れて桟道を渡り、数段登ってチベット軍に勝利した張議潮将軍の絵のある窟に行った。

壁画は洞窟の左手の壁の、歴史画の下段に描かれていた。張議潮将軍は赤いシルクのガウンをまとい、二人の馬丁に曳かれたまっ白な軍馬にまたがっていた。その前方を四人の武将が露払いをつとめ、そのうちの二人は大きな青い傘を担いでいる。将軍到着のときの日傘である。道路に沿って騎乗した兵士たちが列をつくっている。先頭の二組はドラム隊で、それぞれ左腕に大きな樽ドラムを抱えている。次の二組はトランペット隊で、青く塗った長い楽器を吹いて将軍の接近を知らせている。そのうしろに二人の旗手が続く。青い円形のモチーフを描き黒い房のついた大きな赤い軍旗が風にひるがえっている。旗手も、連隊旗をもつ四組の兵士たちも、みな頭から足の先まで鎖かたびらの甲冑に身を固め、そのうしろから青や赤のガウンを着た隊長たちや旗手が続く。道の中央では一団のプロの楽師と踊り子たちが祝典の舞踊を催し、将軍のうしろには何列もの騎兵隊が続いていた。フェンタは長い間じっと壁画を眺め、その色彩と動感に魅了された。

午後も半ばになって彼らは再び出発し、月牙泉と鳴沙山に向かった。町の方角に八マイルほど戻ってから、西へさらに一マイルまっすぐに進んだ。洞窟見学の興奮で疲れ、フェンタは眠ってしまった。目を覚ますとすでに、三日月形の湖水を囲む大砂丘に着いていた。湖水はあくまでも青く、あたりは砂ナツメの花の香りに包まれていた。見物人が大勢湖岸を散歩し、南岸の小さな祠堂の階段に群れていた。ここにも露店が立ち並んでいる。フェンタはすぐ、一人の行商人が子供の玩具を売っているのを見つけた。男の背負う木枠のパックから、さまざまな形と色の商品――リボン、独楽、帽子、ガラガラ、人形、操り人形、車輪のついた動物のおもちゃ、虫籠その他さまざまのもの――が吊り下げられていた。フェンタは把手のくびれた小さな両面太鼓を選んだ。

家族全員で他の人々と一緒に、いちばん大きな砂丘の一つに登った。斜面を登るのがたいへんで、フェンタの母はなんども滑ったが、みな大笑いをして冗談を言い合った。てっぺんに着くと、みな一列に坐って足を前に突き出した。大勢の一人が大声で叫ぶと、みな下に向かって砂もろともに駆け降りる。数秒すると、深い鳴動がまさに砂丘の中心から聞こえ、湖水の周囲に反響した。フェンタは砂丘そのものが巨大な太鼓のように、足もとから鳴り響いているように感じた。彼は母親にかじりつき、二人の体はまろび転びつ滝のように落ちて行った。数秒後、彼らは下に着いた。

フェンタは学校が嫌いではなかったが、国家試験（科挙）を受験する能力がなかった。でも父親は夢を見つづけていた。フェンタと同じ生徒たちは、町のエリートの子弟から叙階を待つ僧職志望者までさまざまであった。生徒でひとり孤児がいた。面倒を見る親戚がなかったので、役所は寺院に彼を引き取るよう命じた。ほとんど絶え間なく彼は僧侶たちの使い走りをしたり卑しい力仕事をして重宝がられた。穀類からカラスを追い払うのが仕事のひとつだったので、彼は「カラス追い」と綽名された。しかし時間があればクラスに出ることを許され、いまではなんとか僧侶の叙階を受けたいと望んでいた。

フェンタも自分では仏教に関心をもち、毎日読経をした。しかし同時に四季の変化や天体の動きに関する書物にも魅力を感じた。夜になるといつも彼はわが家の中庭に出て、仰向けになって夜空を見つめた。寺院の図書館には天文学や易学に関する書物が何冊かあり、彼は儒教の古典を修了したあと、これらを勉強することを許された。そのなかに星図があり、遠い昔中国の三人の偉大な天文学者の作った星座が図示されていた。フェンタはすぐに天体の名をほとんど覚えた。つぎに恒星や惑星にまつわる伝説や、月の二十八宿、日蝕・月蝕の表わす意味、彗星や新星の研究にも手をつけた。これによって彼は、叛乱者安禄山の死がすでに二百年前「たてがみ座」（プレイアデス星団、「すばる」）と呼ばれる星団を一つの惑星が突っ切ったことによって予言されていたこと、また遊牧異国民、戦争、処刑にも関連をもつものであったことを学んだ。また僧侶の一人は彼に、図書館所蔵の数種類の暦を見せてくれた。そのなかに何部かの版本があり、その一冊は首都長安の印刷物だった。しかしフェンタがもっとも興味をもったのは、わずか三フィート半の長さの一枚の紙に小さな文字で印刷された暦紀だった。八七七年、フェンタの生まれる六年前の暦紀で、多くの詳細な記事が載っていた。フェンタは何時間もつづけてこれを調べ、その神秘を解明することを決意した。

暦法に関する知識も、シルクロードでは他のすべてのものと同様、多くの地域の影響力の混合物だった。敦煌では中国の暦紀が使用されたが、この頃には中国の暦法学者はインドやアラビアの天文学を吸収して彼らの専門知識を充実させていた。彼らは暦数論、色彩論、元素論、陰陽道、星位論を加味したのだった。中国の天文学者は計算には太陽暦を使用し、これを陰暦・陽暦の混用暦に変更した。陰暦は年間三五四日しかなかったので、周期の修正――閏月の付加――を施して三六五日以上になる太陽暦の周期に適合させた。したがって新年の始まりも不定となり、同時に穀物の作付や収穫、あるいは他の農作業の時期も、一定の日を定めることが不可能になった。しかし暦紀の基本的な役割は農耕生活の行事を定めるというより、公的生活を規制することに意義があった。

これは「天命」の思想に基づくものだった。この思想は古代中国の哲学者の説で、もし現行の支配者がその権限を維持するに十分な徳目を具えない場合は人民に叛乱の権利を与えるという考え方である。皇帝も人間も、大地も天空も、星辰や日月も、すべて陰陽を要素とする一体となった自然の理法の現われであり、もし皇帝が自然の理法に反してその役割を無視し不徳の政治を行なったときは、宇宙全体の調和が乱されてしまう。これが日蝕や月蝕、あるいは彗星となって現われる。したがって皇帝は臣下の天文学者に、いかなる天体の異状な動きを予言しても穏当な解釈をなさしめることが自分の利益となった。さもなければ、叛乱者はこの異常につけこんで皇帝の支配権欠如のしるしと宣言し、叛乱を正当化することになるだろう。中国では王朝の始まるたびに帝室の天文学者は、新しい暦紀を作って皇帝が自然の理法に通じ、その調和を乱していないことを明らかにするよう指示された。しかし、それでも凶兆が現われると、それは天文学者自身の錯誤とされ、その計算が宇宙の運行と合わなかったしるしと見なされた。

したがって天文学者の仕事と暦紀の製作は最高レベルの厳密な監視を受けた。皇帝に指名された天文学者だけが暦紀の製作を許され、それが各地方に配布された。しかし、たんに暦と呼ばれる民間の暦紀も発行されつづけた。八三五年のある記念碑にはつぎのように刻されている――「四川と淮南の地方で印刷された民間暦がマーケットで売られている。毎年帝室天文台が公認の新しい暦紀を発行する。これが役所から公布される以前に、これら暦の印刷物が帝国の隅々まで行きわたっている。暦紀を皇帝陛下の贈り物とする原則を、これは破壊するものである。」

木版による印刷術は遅くとも八世紀に中国で発明され、仏教徒がこれを利用して仏教を普及した。もっとも古い版本には短い祈禱文に四天王や観音菩薩など人気のある画像を刷ったものがあり、寺院近くの屋台で売られていた。しかし暦の版元もこの新しい技術のもつ力に気づき、やがて私的に印刷された暦も、中央政府の監視の目があまり届かない南東部、南西部で売られるようになった。唐朝政府が官許暦紀の出版独占を試みたのは、政治的と同時に経済的動機に由来するものだった。暦紀は全役人にとって必要であり、他の国民のあいだでも要望が強かったので、海賊版の出版は販売によるかなりの国家収入を損なうことになる。八三五年の記念碑以後、地方行政機関が私製の暦紀を印刷すること、またそれを私的に所持することを禁ずるという規制処置が定められた。おそらく世界最初の出版条令であろう。しかしこの規制法が愚弄されたことは、敦煌の寺院が図書館に長安発行の民間暦を所蔵している事実からも明らかだった。この暦は長安の東マーケットのなか、それに接して皇帝や高官たちの宮殿や別荘のある目と鼻の先の、一家の印刷工房で製作されたものだった。敦煌では暦の私的製作は法律違反とさえ思われていなかった。

皇帝の禁令は間を置いてなんども布告されたが、暦はいたるところで製作され、中国全土で安い価格で販売された。「天干地支」の中国的システムに基づいて月日とその名を記し五大元素（水・地・金・木・火）を挙げるほか、これらの暦には特定の活動はどの日が安全か——たとえば髪を切る吉日から結婚、葬式、旅立ちの吉日まで——を記してあった。日の吉凶は中国では長い歴史をもっており、これが暦に記載されるよりずっと以前から、別個に「日暦」が製作されていた。

フェンタが熱心に調べた八七七年版の暦の中段にはインド伝来の暦法、十二年周期の動物たちが描かれていた――小さな動物の挿絵が入り、それぞれの年に生まれた人に向けた結婚に関する忠告が述べられている。下段には護符と地卜《ちぼく》の解説があった。護符は悪魔除けに用いられる。暦そのものも護符としてベッドや戸口に吊り下げられた。また護符を別の紙に写して壁に貼ることもある。八七七年版の暦はとくに「家内に秩序をもたらす」ことを意図していた。地卜すなわち「フェンシュイ」は住宅や墳墓の位置を定める図形である（「フェンシュイ」は「風水」と書き、元来「風景」を意味する中国語だった）。ちょうど皇帝の悪行が陰陽のバランスを崩すのと同様、住居や墓地の位置を誤ると住人に災いをもたらす。敦煌の人々は、最上級の役人から極貧の奴隷にいたるまでほとんどが、自分たちの日常生活を脅かすにちがいないと信ずるさまざまな迷信を抱えていた。暦を買う人々の大半は謎めいた文字の羅列を判読できず――実際わけのわからぬ文字がたくさんあった――、もし何か解釈を求めたい場合には専門の占い師を雇うのが普通だった。それまでは暦自体がお守りの役を果たしたのである。

フェンタが私家版の暦を作るために必要な理論をすべて修得するには、まだ何年もかかるだろう。しかし彼はほかにも関心をもった。幼い子供たちだけを教えていた寺院の学校から、彼は地方政府の管理する公立の学校に進学し、ここで書物の転写を続けていたが、二十歳になったとき、中国紳士の流儀にならって詩作を始めたのである。字もいまではかなり上達し、読む本もずっと高度なものになっていた。いま写しているのは易断に関するものだった。写本の末尾に自署と九〇二年六月二日の日付を記したあと、余白に数篇の自作の詩を書き入れた。古典の詩句で重々しく飾った二連句で、一儒家の大志を歌ったものだった――「青年にして詩も狂詩も学ばぬ者は、花咲く樹木のしぼんだ根っ子のようなもの」という意味だった。

フェンタの学友二人が公立学校から政府直轄の儀礼アカデミーに移った。そこでは儀礼作法の訓練を受ける。敦煌には儀式の順序や役所関係の社会的行事に関する何冊かの手引書があり、たとえばポロの試合の始まる前のお辞儀の仕方とか、公的祝宴のときの適切な音楽の選び方などが指示してあった。また、書簡作成専門の手引書もあり、あらゆる場合の文書の雛型が示されていた。これらの書簡はたいてい時候の挨拶と決まり文句――「一月二十四日、いまだに寒く」とか、「六月、いつになく暑く」――ではじまっている。特殊な目的のもの――たとえば「友人間の手紙の書き方」「弔意文の作例」「祝文の形式」など――もあり、より一般的なものも章別に作例が並んでいる――「同僚職員間の挨拶文例」「一般市民に対する親切な問い合わせ文その他の文例」「在家信者の仏教僧および道教僧宛の書簡とその返書」「親戚同士の手紙」。これらは、考えられるすべての情況に対処するもので、前夜の祝宴で酔態を演じたことをホストに詫びる悔恨の手紙の文例まで含まれている。

昨日は飲みすぎ、酔って羽目をはずしてしまいました。しかし私の使った暴言暴語はすべて正気で口にしたものではありません。翌朝このことを人々が話すのを聞いて事情がわかり、そのため狼狽身のおきどころなく、恥ずかしさで地の中へもぐりたい思いです。身のほど知らずに頂きました結果です。賢明なるご慈愛によりなにとぞ私の不心得をお咎めございませぬよう、伏してお願い申し上げます。近くお詫びにまかりこす所存でありますが、まずは書状によりご賢察いただきたく。意を尽くせませんが、よろしくご斟酌くださいますよう、お願い申し上げます。

アカデミーの学生たちはいずれ政府に任命される予定で、ほかの役人に代わって適時適切な文書を作成し得ることが期待された。この種の作文手引書のような文書は、寺院の図書館とは別に、役所の文書館に保管され、公文書館キーパーが管理していた。

フェンタが初めて詩作を試みてから五年たった九〇七年、唐王朝崩壊の噂が敦煌に達した。息子を中央政府の官吏にしたいというフェンタの父親の希望は打ち砕かれた。中国中原では新王朝の設立宣言がなされたが、国土の大部分は独立の諸王国に分裂していた。敦煌では、地方政府は唐の暦紀と退位した皇帝の称号をなお三年間使用しつづけた。その後張氏の支配が無血の政変によって曹議金の率いる曹氏に代わった。その頃にはフェンタは学校を終え、結婚していた。父親と同じく、彼も地方政府の事務官となったが相変わらず勉強と写本をつづけ、またより充実した自分の仕事、たとえば『金剛経』を奉持し、読経し、あるいはたんに所持するだけで功徳が増すという不思議な物語の収集などをはじめていた。

金剛すなわちダイアモンドは仏教徒の堅固さ、迷妄を破砕する力の象徴である。『金剛経』が初めてサンスクリットから翻訳されたのは紀元四〇二年頃で、訳者は有名なクチャ出身の翻訳僧クマーラジーヴァ（鳩摩羅什）。十世紀までにこの経典は中国の仏教徒のあいだで大いに愛唱されていた。経典はすべて、本来仏陀が生存中に述べた説法と考えられ、マウリア王朝のアショーカ王（阿育王）の第三仏教会議（結集《けつじゅう》）以後書写されたものである。これらは「如是我聞」の句で始まり、その説法が最初になされた場所が述べられる。『金剛経』は初め北インドのある公園で行なわれた説法と記録されている。また大群衆が聴聞し、そのなかに一〇〇〇人以上の僧侶がいたとも伝えている。経典そのものは仏陀と老年の弟子スブーティ（須菩提）との間の対話で、数十巻から成るきわめて長い『智慧の完成経』（『大般若波羅蜜経』）を一巻に凝縮したものである。両経典とも中心的大乗経典で、ほかの大乗経典と同様、写経、読経、唱経、および経典の解説によって後代に伝えることの功徳を説いている。

フェンタの写本はこの経典にまで範囲が広がって、仏陀が須菩提に、仏教の中心的教義を解説するために質問する場面に及んだ。それは、物質世界は妄想である、したがって個人的な人物も存在しない、物質も存在しないという、非二元の論と呼ばれる部分だった。質問の一つはガンジス川の砂粒の数に関するものだった。仏陀はこう問うた――「ガンジス川の砂の数だけガンジス川があったとしよう。これらの川にある砂の数は多いと思うか。」しかしこの質問はトリックで、砂粒は物質世界のものであり、仏陀がその前に説明しているように物質世界は妄想である。ガンジス川も存在しない、須菩提も存在しないように、砂粒も存在しないのである。

仏陀はまた、救いに導くこの経典の重要性を解説している。彼は再び須菩提に問いかける――「もし善良なる男または女がこの三千世界を金、銀、ラピス・ラズリ、水晶、瑪瑙、ルビー、カーネリアン（紅玉髄）の七宝で満たしたならば、あるいは七つの王室の宝庫をパールとゾウと栗毛の駿足のウマで満たしたならば、その男または女は功徳を積んだことになるだろうか。」須菩提は頷いて、功徳は相当なものになりましょう、と答えた。しかし仏陀は、もしその人物が『金剛経』のなかの四つの文章だけでも理解し、これを他の者に解説するならば、その功徳のほうがさらにずっと大きいであろうと教えた。

この章句を写経したあとフェンタは、中国の昔の皇帝の作と伝えられる文で『金剛経』の功徳を頌した一連の讃歌を筆記した。その献辞に彼は、「今後永久に、信者と、故人と、亡き霊魂と、わが両親およびすべての人々に対し、幸せが春の草のように育ちますように、穢水《おすい》が秋の葉のように払われますように」と自分の願いを記し、一在家仏教徒と自署した。

フェンタの教育は国家試験に受験できるほど十分ではなかったが、それでも地域行政に職を得る助けとなった。彼は軍の補佐官になった。彼の地位は文官であって武官ではなかったが、張議潮将軍がチベット軍を撃滅して以来敦煌の地域は中国皇帝から「帰義軍の地」と呼ばれて守備隊駐屯地の扱いを受け、職員にも軍の位階がつけられていた。それは中国が遠くパミール山地にまで砂漠の全域を支配した時代の、シルクロードの過去の栄光のなごりだった。その時代はとうに過ぎ去っていた。

長年にわたる研究ののち、フェンタは暦数計算に手をつけられるほど高度な知識を身につけた。九二四年、彼は北斗七星の図もつけた完全な原稿を書き終えた。その後数年間、彼は書記生を雇って暦の写しを作らせたが、紙は古紙の再使用をせざるを得なかった。中国中原で作られる上質の紙は稀覯品で値段も高く、土地で作られる紙もなかなか見つからなかった。その結果紙を捨てるということはほとんどなく、ことに経典の文字が書かれている場合は、紙自体が礼拝の価値ある神聖なものと見なされて、廃棄はとうてい考えられぬことだった。これは中国の宮廷でのことだが、ある僧侶が経典の文字を写した紙が便所で使用されているのを見て腹を立て、一篇の詩に寄せてその怒りを吐露している――

儒学者は五経を学び、仏学者は三蔵を学ぶ。

儒学者は礼節を尊び、忠孝の徳ありと見なされて官吏に選ばれる。

だが科挙に際して彼らの書く文字は仏典の文字と変わらない。しかしなかにはこれを考えず、仏教聖典をないがしろにしてこれを便所の紙に使うものがいる。その犯せる罪はガンジス川の砂粒の数ほど多く、悔恨の一生をなんど重ねても罪を拭いきれるものではない。

彼らの肉体は五百年にわたって地獄に堕ち、糞溜めの虫けらに生まれ変わるにちがいない。

フェンタが紙をそのような目的に使ったかどうかはわからないが、九二八年、文章を書く適当な紙を探していたとき、偶然若いときに書いた詩が見つかった。彼はそれに短い感想文をつけた――「この詩は私の若年の作で、まだ詩作の方法も知らなかった……。書いたのは二十歳のときだった。今年偶然この詩に再会し慚愧にたえない。」

フェンタの暦作りは評判になった。彼はまず敦煌の教育長秘書官に昇進し、ついで母校の「博士」となった。当時の中国の「博士」は、主として名門官立アカデミーの教授のために、あるいは医学ないし天文学の専門知識をもつ宮廷事務局直属の教授のために置かれた地位であった。その地位は行政トップの九官の一つにランクされていた。（中国には数万人の書記官、事務官がいて厖大な帝国の運営に当たったが、このような高官に出世するのは少数のエリートに限られていた。）新しい地位とともにフェンタは、名誉ある中国政府の称号「銀青光禄大夫国子祭酒」を授与された。しかし敦煌はもはや事実上中国領ではなかった。このような称号が町の役人に授けられても、それは前代の痕跡にすぎず、また中国中原ではほとんど意味をもたなかった。

フェンタの妻は九五八年に死んだ。彼は七十五歳になったが元気で、まだ働いていた。一人の弟子に暦法の知識を教えていた。最近彼は公共事業局副局長に昇進した。地域の建築計画、道路や灌漑用水路の維持、度量衡の標準化などに責任をもつ地位だった。数年前彼は敦煌地区の地理と伝説に関する著作をまとめたことがあり、これと他の著者による地理学上の論文とが、新しい任務の参考資料として役立った。

仏教徒として生涯独身の生活を選んだわけではなかったがフェンタは仏教の信仰を持ちつづけ、とくに兄弟や孫に先立たれてから信仰心が深まっていた。彼と妻はしばしば寺院に寄付を行なった。ある年、それは特別な豊作のあとだったが、馬車五台分の穀類を町の貧しい人々に提供した。寺院もなんどか慈善事業を行なったが――寺院の薬局が貧乏人に無料で薬を与えるところもあった――、このような行為の共催されたことも、広く行なわれた記録もない。貧乏人は地域の役所の援助と個人の慈善が頼りだった。どちらも期待できず、自分の持ち物をすべて売却したり質入れしてしまうと、多くは犯罪生活に入ることを余儀なくされ、田舎を掠奪する盗賊団の仲間になった。

フェンタはそのような状態に陥るおそれはなかった。彼には土地の収益と給料と、暦作りで得られる売り上げのほか、役得というさまざまな臨時の収入もあった。裕福になるに従って彼はさらに多額の寄付を行ない、新たに発掘された洞窟に描く仏画の制作を依頼することもあった。こうしたフェンタの寄付が土地の有力者の目にとまり、それが彼に社会的な地位をもたらしたかのごとくであった。洞窟の主要な彫像群は町の商人ギルドが費用をもった。彼らもフェンタと同様、世俗的恵みと超世俗的恵みの両方を願っていた。

妻が死んだときフェンタは、自分のためではなく妻の冥福を祈る目的で十巻分の写経を依頼した。フェンタの輪廻転生に対する信仰はインドの思想、仏教思想、中国思想の混合したものだった。それによるとフェンタの妻は、ほぼ三年間を冥界で過ごしたのち別の肉体の形で生まれ変わるという。どんな形かは彼女の生存中の行為すなわちカルマによってさまざまである。しかしその運命が定められる前に、死者は十人の裁判官——冥界の十王——の前に順次出頭しなければならない。最初は死後七日目ごとに七回出頭する。フェンタの妻は九五八年三月二十三日に死んだ。三月二十九日、フェンタは妻が秦広王の前に出頭する日に合わせて、最初の写経を妻に捧げた。そして仏陀の画像制作を依頼し、また供養の宴を張った。その後七週間にわたり、それぞれの日に六回写経を捧げ、六回の供養を行なった。五回目は妻が閻羅王の法廷に出る日で、この日に合わせて彼は『十王経』の名でも知られる『閻羅王予言授受経』を捧げた。この経典には十王の法廷と罪人の運命のことが述べられている。

七週目の法廷がすむと、フェンタの亡き妻は次の法廷まで死後百か日を待たなければならない。フェンタの熱意は冷めることなく、この日のために彼は、ムーリャンが母を救うために地獄巡りをしたことを述べた経典の写経を依頼した。この物語は、陰暦七月十五日に遺族は僧と尼僧のために供養の宴を催すこと、その功徳によって亡くなった人々や先祖に恵みが与えられることを、仏陀が説く話で終わっている。これが盂蘭盆の由来となっている。

その後法廷には二回出頭するだけでよかった。最後から二番目は一周忌に、そして三周忌には五道転輪王の前で最後の審判が開かれる。妻の最後の出頭に合わせてフェンタが写経を注文した十番目の経典は、因果応報の論義であった。最後の日にフェンタは、妻のための十回の供養と十巻の写経のことを、この王が忘れないように記録に留め、つぎのようなあとがきをしたためた——

右に挙げた諸写経の功徳はわが亡き妻の冥福を祈るために捧げたものである。天竜八部衆、観音菩薩、地蔵菩薩、四天王、八大守護霊よ、なにとぞご来臨の上ご照覧あれ。なにとぞ亡き妻が地の恵みを享受し、幸せな場所に転生し、善き人々と遭遇しますように。専心してお願い申し上げます。

フェンタの努力が亡き妻の助けになったか否かは別として、彼自身の世俗的幸運は上昇する一方だった。彼は「賜緋魚袋」とか「行沙州経学博士」など、さらに多くの称号を授与された。暦作りも続け、弟子の指導も怠らなかった。フェンタは生存中の九六〇年、中国帝国が宋朝によって再統一を果たしたことを知った。しかし先祖の土地への旅は実現しなかった。彼の称号と官位は中国文官の名称を使用してはいたが、それは彼をして中国ではなくシルクロードの市民として位置づけるものであった。

画家の話

トゥン・パオテ（九六五年）

凡庸な画家は外形に心を捉われるが、呉画伯の描線は分裂し飛散している。ほかの画家は対象の正確な形態を綿密に模倣するが、呉画伯はこれら凡俗の技巧を超越していた。曲線や直線を引くときも、直立する柱や接続する屋根の梁を描くときも、呉画伯は線引きや定規を一切使わなかった。人物のちぢれた顎髭や、ふさふさした長髪がこめかみのあたりで波打ち揺れ動くさまを描いても、画伯の描線は力に溢れ、その毛髪はまるで肉体から遊離して飛動しているように見える。画伯は現代のわれわれの理解を超えた不思議な秘訣をもっていたにちがいない。高さ八フィートの大画を、腕から描きはじめても足から描きはじめても、生き生きとしてあたかも皮膚の下に血液が脈打っているような、不思議な驚嘆すべき人物像を描くことができた。

画家呉道子論、『歴代名画記』（八四七年）より

敦煌の町には画家のギルドがあった。トゥン・パオテ（董保徳）はそのマネージャーをつとめる大家で、敦煌政府の管轄する美術アカデミーの会員だった。時は九六五年、敦煌は中国の新生宋王朝に名目上忠誠を誓っていたが、九二〇年以来地元曹氏の支配下にあった。自ら王を名のる曹元忠が現在の支配者で、パオテのパトロンだった。

美術アカデミーに加えて、曹元忠は政府管理の印刷局を設立していた。そこには公務木版技術者としてレイ・ヤンメイ（雷延美）が雇われていた。その仕事はパオテと同様に王からの委嘱が主で、二人はしばしば地元のティーハウスに行き、ダブルシックスの卓を囲みながら仕事の話を交わした。ヤンメイの仕事のなかには文字と絵の彫版もあったが、彼は書記生でも画家でもなかった。王の委嘱で、上段に観音菩薩の画像、下段に経文のついた祈禱書を製作する場合、書記生が経文を書き、画家が別の薄い紙に画像を描く。ヤンメイはあらかじめ目的に合う大きさに切って平らにした版木に、この紙を墨の面を下にして貼りつける。版木には土地のナシやナツメの木を用いることが多かった。両方とも柔らかく感触がなめらかだったからだが、入手可能な場合はキササゲ材を用いた。しかしこれは輸入材で値段も高かった。墨は紙の裏にはっきり映っていた。ヤンメイは文字が浮き上がって見えるよう墨の余白部分を巧みに彫り込んだ。つぎに別の版木に画像を彫る。今度は二つの版木に墨を塗り、地元で作られたザラ紙を上に押し当て、乾いた刷毛でこする。刷り上がった紙はすぐに地域の寺院に配布された。画像の版木のほうは別途観音菩薩の多様な像を作るために、のちに再利用される。これが曹元忠の委嘱した最初の仕事ではなかった。曹元忠が王位についた一年後の九四七年に、盂蘭盆を記念して彼は祈禱文の印刷を依頼している――

弟子帰義軍節度、瓜沙等州観察処置、管内営田、押蕃落等使、特進検校太傅、譙郡開国侯たる曹元忠がこの版木の製作を依頼する目的は、この神の町が平和と繁栄に恵まれるよう、敦煌全県が安泰であるよう、東西の道路が開通するよう、南北の兇渠が順化するよう、厲疾が消散するよう、戦闘の銅鑼の音が今後響かぬよう、耳目に楽しみが伴うよう、そしてすべての人々が幸福と幸運に浸れるよう祈念するためである。

この願文数部と印刷された祈禱文が、一九〇七年にオーレル・スタインが敦煌で購入した古文書・古画のなかに含まれている。

敦煌王曹元忠と妻の翟夫人とは、その統治期間を通して精励な仏教保護者だった。祈禱文を依頼してからは毎年数多くの物品を寺院に奉納した。これらは綿密に記録されている。九八四年の正月にも恒例の供養と布施が行なわれたが、このとき翟夫人は「多彩な刺繡を施した」経櫃《きょうひつ》を奉納した。経巻は十巻を束ね、ふつう古紙を裏に張った布張りの四角い経櫃に入れて、棚の上に保管される。束ねた経典は、たとえば「大般若波羅蜜経自第一巻至第十巻」のように内容の詳細が目録票に記され、この票を経櫃の端に貼って、棚の上に置いてもすぐ見分けがつくようになっている。

このとき翟夫人の夫が寄贈した品目のなかに、上質の紙一巻があった。これは中国の工房で作られたもので、タイマの紙パルプとコウゾの樹皮から精製したものだった。この紙は型に入れて作るが、この型は細い板で囲った木製の四角い枠で、その全面にタケの細片で編んだ膜を張りタイマあるいはウマの毛の紐で固定する。紙パルプを型に注ぎ、むらなく広げる。漉《す》いた紙のシートを裏返して乾かす。それまでに紙作りの職人はさらに美しさを求めて薄いシルクのシートを膜の上にかぶせ、出来上がった紙にタケの線の跡が残らないようにしておく。紙が乾いてから刷毛でサイズをかけ、黄蘗《おうばく》で染める。これは黄色の染料で、アムール・コルクガシの樹皮を煎じて作る。この染料は虫除けになり、水をはじく特性をもっている。このような上質の紙は図書館で経典を写す際に使用されたが、七八七年にチベット軍が敦煌を占拠する以前でもこの町での入手はほとんど不可能だった。したがって印刷職人も書記生も、もっと目の粗い、地元で作られる紙で間に合わせるのが普通だった。彼らはまた古い書類の山を漁った。大部分はチベット時代からの契約書や役所の書類だったが、なかには表にだけ書かれ、裏が利用できるものがあったからである。染料はほとんど使われていなかった。スクラップは学校の教師にまわされ、生徒の文字練習用紙となった。

曹元忠は絵画をも依頼し、比較的小さな絹本画と近郊の洞窟寺院の壁画の両方を描かせた。王を見習う者も多く、トゥン・パオテのような専門の画家は多忙だった。トゥン・パオテには人生を楽しむ理由があった。数年前彼はこの職業のトップに立ち、いまは快適な生活を送っていた。彼には政府から授与された称号があり、とくにそれを誇示したわけではなかったが、地域社会ではそれがまた重要なステータスになっていた。そのうえ彼は名誉称号――「太子賓客」「銀青光禄大夫国子祭酒」――を授与されていた。この職業にはつきものの欠点――世話焼きの役人や怠惰な職人とのつき合いなど――もあったにちがいないが、彼の場合は熟練の技術をもち、ほかと比べても報酬が高く、しかも仕事が多かった。敦煌の市内および郊外には少なくとも十五の寺院や尼僧院があった。そのうちもっとも重要なものは町の南東一二マイルほどの場所に位置する莫高窟の名で知られていた洞窟寺院だった。

そこは東向きの崖が渓流の上に、高さ一〇〇フィート以上にわたって不規則に聳え、各方向に約一マイルほどの凹凸がある。渓流に沿ってポプラとニレが生え、夏の洪水期以外は水がほとんど流れていない。四世紀以来、シルクロードを旅する仏教徒や在家信者たちが崖に沿って数段の洞窟をうがった。初めは座禅用の小室として掘り、のちには礼拝の場として精巧な壁画や彩色彫像を奉納して洞窟を飾った。パオテの仕事の大部分は現存する洞窟壁画の修復と、新たに委嘱されて洞窟を飾ることだった。

三年前の九六二年、パオテは曹元忠の委嘱を受けて、新しく掘った洞窟を装飾する仕事を監督した。洞の掘削そのものは未熟な人夫たちが行なった。まず崖の前に足場を組むのに適した場所を選ぶ。つぎに目指す洞窟の天井にあたる高さにまで足場を立ち上げた。十世紀半ばまでには崖はほとんど掘削され、木造の桟道と梯子でつながれた数百の洞窟が黄色い岩肌にハチの巣のようにうがたれていた。古い洞窟はしばしば作り直され、ときには広げられたり、たんに壁画の上塗りをされることもあり、また町周辺の別の洞窟遺蹟が利用されることもあった。

崖を構成する岩塊はきわめてもろく、掘削は容易で、つるはしとシャベルさえあればよかった。人夫は洞の天井部分から始め、崖を掘削して土砂を籠で運び出す。辛く、どろまみれの、しかも退屈な仕事だった。崖の側面を吹き抜ける風に煽られて岩の上の斜面から砂が降ってくるため、人夫たちはうんざりした。労賃の一部として彼らは、渓流沿いの寺院で食事を支給された。役僧が二、三日ごとにやってきて進捗状況を調べ、洞の大きさを決める。王がもっとも大切なパトロンだったので、工事のはかどり具合、予算内で完成するかを確認したかったからだ。

掘削の予備作業が終わると、石工たちが天井と壁面をさらに削り、床を突き固めて平たく滑らかにする。窟には主室から短い通路でつながる小室が作られていた。主室のいちばん高い天井は奥まった箱形の窪みの天井に傾斜し、主室の中央には正面にU字形の基壇をもつ石の壁を立てていた。

掘削作業が完成すると漆喰職人があとを引き継ぎ、岩の見える壁にワラと粘土を捏ねたスタッコを厚く塗って、その上から細かいスリップをかける。砂漠の暑さで、これが乾くのに時間はかからなかった。絵はフレスコ画ではなく壁画で、乾いた表面に描く。人夫と石工には穀類と食事で労賃が支払われ、漆喰職人はそのほかにレモン・オイル三リットルを受け取った。

壁と天井の装飾には、町の裕福な人々からさまざまな種類の絵を描くよう注文を受けていた。各壁画の主要な部分には浄土変相図、観世音経にある物語、また僧シャーリプトラ（舎利弗）の悪竜退治（牢度叉変相）などが描かれることになっていた。悪竜退治の話は当時たいへん有名で、同じ壁画が他の洞窟にもあったのでパオテは所蔵するファイルを一覧しただけですぐ、構図のためのガイドスケッチを見つけることができた。制作を始める前、彼は午前中を洞内で過ごして、その壁面を測りながら頭のなかで多様なシーンのレイアウトを行なった。つぎに彼は若い弟子たちに命じて壁面にしるしをつけさせた。弟子たちは紐を赤い粉末に浸してから壁面に接して紐をピンと張り、それを軽く叩いて粉末を壁面につけ、各図の上下の範囲と主要部分の配置を定める。物語の他の場面は西の壁面に描くことになった。シャーリプトラの話のうちもっとも重要な事件だけで南の壁面の下段九パネルが必要だった。

物語は南インドのある王国の宰相の話だった。彼は「物を買っても有徳の品ばかりで、その大切さは塩と胡椒が料理に大切であるのと変わらなかった」が、まだ仏教徒ではなかった。彼には息子が何人かいたが、いちばん末の息子はまだ結婚していなかった。息子に妻を探してやりたいと思い、彼は信用する召使に、黄金と美しいジェードのブレスレットと、何反ものシルクのブロケードとゴーズ、そのうえゾウ一〇〇頭を持たせて派遣した。「夜、星が出ても休んではならぬ……。もし息子の望みがかなえられれば、すばらしい褒美がおまえを待っているぞ。」はたして、ある別の王国の首相の娘で格好の少女が見つかった。宰相は結婚の交渉のため少女の家庭を訪問した。滞在中に宰相は仏教を知り、さらに詳しく知りたい思いに駆られて仏陀を探しに出かけた。彼を導いたのは仏陀が自ら発した光明だった――このとき「仏陀は悟りの境地に達した」のだった。仏陀は宰相と同国人だった若き僧シャーリプトラを彼の案内役に指名した。二人は国に戻り、仏陀を招いて説法を聞く場所を探した。しばらく探して適当な苑地を見つけ、王子から高額の値段で土地を買い取った。しかし、異端の説を信奉する王国の六人の祖師たちはこれを喜ばなかっ

た。ストーリー・テラーの言を借りれば、

怒りにあふれ、
頬をふくらませ、眼を吊り上げ、
歯ぎしりをし、歯を剝き出し、
彼らは激怒した。

彼らが王に訴えると、宰相は呼び出されて尋問を受けた。宰相が仏陀を称讃するのを聞いて、王は二つの宗教を戦わせて問題の決着をはかるしかないと判断した。宰相は喜び、「仏陀の最年少の弟子でも異端者を押し切ることができるであろう」と確信してシャーリプトラを仏教側の代表に推した。

大きな闘技場が、この試合のために町の南に設けられた。王は、もし仏教側が勝てば、自分と全国民は仏教徒に改宗する、もし負ければシャーリプトラと宰相は処刑すると告知した。宰相は当然ながら不安を隠せなかったが、シャーリプトラは、「異端者と私とのこの試合はサカナを捕らえてカワウソにやるようなものです」と言って彼を元気づけた。しかしシャーリプトラは試合の始まる直前に姿を消してしまった。宰相は気が狂ったように彼を探しまわった。でもすぐに見つかった。シャーリプトラはこの国でただひとり頭を丸めていたからだった。彼は座禅を組み、試合に必要な力を授けたまえと、仏陀に呼びかけていた。両者は闘技場に入り、仏教徒側は東に、異端者側は西に、王は北に、一般の見物人は南に、それぞれ座を占めた。

試合は双方が代わるがわる呪文を唱えて異形の姿を現出させる方式だった。まず異端の僧（牢度叉）が、

シャーリプトラの物語――仏教の獅子が異教の水牛を食い殺す図
敦煌出土，九世紀の絵入り写本より

銀河に頂上を接する崇高な山を現わした。山には見物する天人たちがあふれ、当然ながら驚嘆していた。シャーリプトラはこれに応えて金剛神を呼び出した。その足は一千マイル平方、その眉毛は「森林に覆われた山の二つの山頂のよう」であった。見物人は金剛神の勝ちと判定した。次の二つの姿はそれぞれ水牛と獅子で、これまた両方とも巨大であった。獅子は水牛を捕らえてその背骨を噛み砕いた。水牛はばらばらになってしまった。

牢度叉は、今度は広大な湖水を現出した。しかしシャーリプトラは呪文で巨象を出し、湖水の水をことごとく体のなかに吸い込んだ。このときはすでに牢度叉は「顔が紅潮し、また茶褐色になり、唇と口はかさかさに乾き、はらわたはナイフで掻きまわされたようにきりきりと痛んで」いた。それでも彼はシャーリプトラを打ち負かそうとし、魔法の力を振りしぼって毒竜を現出した。そのため太陽は翳り大地は震動した。見物人は恐れおののいたがシャーリプトラは落ち着いていた。彼は猛禽を出して空からなんども襲撃させた。一片また一片とついばむうちに、毒竜の体は残らずなくなってしまった。

こうした敗北にもかかわらず牢度叉は二匹の怪獣を現出して試合を続けた。シャーリプトラがこれにどう対抗するかを決める前に、仏陀の従者四天王の一人が天から現われ、怪獣と相対した。怪獣は恐れて大地にひれ伏し命乞いをした。それでも諦めず牢度叉は大木を出した。シャーリプトラは風神を出してこれに対抗する。風神は風袋を開いて強風を吹きつけ大木を倒した。これを見て王は仏教側の勝利を宣言した。異教徒たちは剃髪し、仏教を信奉せざるを得なくなった。

シャーリプトラの物語は、マーケット広場や寺院の縁日で店を張る旅回りストーリー・テラーの中心的な話題だった。話を進めながら彼はリュックサックから物語の絵巻を取り出し、話の進展に合わせて次々とその場面を指し示し、詳細に説明を加えた。ごく幼い子供を除いてみな、筋の展開を知っていたが、なんど聞いても楽しい話だった。

洞窟の壁面に描くとなると、この物語も必然的に異なった形態をとることになった。物語はいくつかのパネルに描かれ、一度に全部が見えて、ストーリー・テラーの巻物のように段階を追って示すわけにはいかなかったが、壁画には動きとドラマと想像力を働かせる十分な広さがあった。美術アカデミー所蔵のスケッチ集によって全体的なデザインのほか、大まかなブロックごとのシーンを定め、その順序や配置を示すさまざまなマークをつけることができた。主要な登場人物二人のラフ・スケッチもあった。しかし細部は画家の想像力にゆだねられる。トゥン・パオテは若い門弟時代からこの物語の作画に取り組んでいたので、方法はよく心得ていたが、若い未経験な絵描きは学ぶべきことも多く、スケッチ集は大切な資料だった。

計測が完了するとパオテと絵描きたちは、動物の毛で作った筆に黒い墨をつけて最初の主要な図柄の輪郭素描を行なった。素描はフリーハンドだが、なかにはスケッチ集を手本にする者もいた。次の段階は細部の描写と彩色だった。パオテはすでにアトリエにあった絵具、粉末、筆その他の画材をチェックし、新しく補給すべきものは取り寄せてあったので、今回の絵具の準備は若い絵描きにまかせていた。絵具は鉱物顔料から作られ、その大部分は中国産だった。アジュライトとマラカイトが塩基性炭酸銅で、これが昔から青色と緑色に用いられたが、さらに西方の、クチャに近い洞窟ではラピス・ラズリも使用されている。顔料にはさまざまな段階があるが、基本的には暗色の粗い砕片と、やや明色の細かい砕片に大別される。辰砂《しんしゃ》と鉛丹《えんたん》は赤色、リサージ、石黄、黄土は黄色、鉛白は白色に使用された。植物顔料は藍とガンボージを除いてはあまり使われなかった。ガンボージは黄色の樹液で、カンボジアからの輸入品だった。

昼前に絵描きたちは仕事を中断し、崖を下りて渓流沿いにある寺の食堂に行った。ここで労賃に含まれる食事が給される。彼らは仕事に打ち込み、主要な人物の彩色は完了間近だった。シャーリプトラは蓮華座に坐り、上に大きな天蓋が描かれていた。異端の僧侶が闘技場の反対側にいて彼と相対している。パオテは細い筆に墨をつけて像の上塗りを行なう。残りのシーンも同じ方法で完成するが、これは若い弟子たちが描いた。下段には絵の奉納者たちの似顔を描き、また書記生が解説文を書き加えるための渦形の余白を残した。

残りの壁面にも同様に主要な構図が出来上がり、四方の傾斜する壁の接合部には四天王が描かれた。つぎにパオテは、下段と奥の窪みの天井を考えねばならなかった。後者はデザインを同じ形式で反復する必要上、転写紙を用いて転写するのが普通だった。まずデザインの輪郭を四角い、厚手の、粗い敦煌産の紙に薄墨で何枚も描き、針で輪郭に沿って穴をあける。つぎにパオテは布製の袋に赤い辰砂の粉を詰め、これを縛って長い竿の先端に結びつけた。洞内にはすでに足場が組まれ、天井に届きやすくなっている。画家は片手で天井のしかるべきところにこの転写紙を押しつけ、辰砂の袋を紙の上から叩くと、色粉が粗い布目から洩れ、転写紙の穴を通して下の天井に淡い赤色の輪郭が出来る。この作業を長時間続けるうち、

転写紙．裏面の画像から輪郭に沿って穴をあけた墨画
蓮華座の仏陀，敦煌出土，十世紀中葉

天井全体が赤い描線で覆われた。パオテはとくにこの天井画のために、あらかじめ弟子の一人に命じて、小さな仏陀をたくさん描いた別の転写紙も用意させていた。いずれも蓮華座に坐し、ハスの花のモチーフで装飾したものだった。絵は数段にわたる構成で、外側に仏陀の座像を何列も並べ、つぎに音楽を奏する天人たちとハスの花、そして最後の、天井の中央には二匹の竜が絡み合ったさまを描いた。絵描きたちはそれぞれ異なった色の絵具を用いて絵の周辺を塗り、最後にこれを描線で満たすとすべてが完成する。壁面の下段のほうも同じデザインを施すが、こちらはすぐ手近にあるので転写紙の必要はなかった。

作業の総監督をつとめる役僧が仕事の進捗状況を見るため定期的に現場を訪れた。ほかの僧や尼僧も見にきた。ある日、剃りたての青い頭ですぐそれとわかる新入りの僧と尼僧が見学にきた。パオテは彼らに、異端の僧侶たちが頭を丸められているところを描いた壁画を見せると、みなクックッと笑った。ほとんどがまだ幼い子供たちだった。

絵描きたちが窟のなかで仕事をしていたとき、大工と彫刻家と石工の一団が入ってきた。大工たちは洞窟の入口に、寺院の瓦屋根を模した木造の日除けを作り、入口の左右に門柱がわりの厚板を立てた。石工は洞窟の中央にあるU字型の基壇に坐り、二段になった階段にハスのデザインを彫りこんだ。彫刻の人たちは基壇の寸法を測ってアトリエに戻り、中央に置く彫刻群制作の準備にとりかかった。群像はふつう三体か五体か七体で、中央に仏陀を置き両側に二人の弟子――若いアーナンダ（阿難）と老人のカーシャーパ（迦葉）を並べる。ほかの像は菩薩たちと四天王だった。この地方の石はもろすぎて彫刻に向かなかったので、石の代わりに木材やタマリスクを芯にした塑像が作られた。出来上がると基壇に据えて彩色する。この窟には、その大きさと重要性により、それぞれが中央の仏陀の異なった顕現である三つの彫像群が置かれた。第一の群像はカーテン・ウォールを背にし窟の入口に面している。ここには仏陀像の左右に二人の菩薩が描かれた。彫像群の配置は参拝者が像のすぐ周囲を巡れるように考慮され、カーテン・ウォールの裏側にも細かいデザインが描かれた。

しかし莫高窟には実は一つだけ石像があった。それは洪䛒《こうべん》の肖像で、彼は前世紀黄河より西の地域ではもっとも重要な仏教僧だった。とくに九世紀にチベット軍が駆逐されてからの敦煌が活動の中心で、中国政府から「紫衣着用の栄誉」を受けた。八六二年に洪䛒が死去したのち、熱心な仏教保護者だった張議潮将軍の委嘱によって今とは別の窟の横に記念の礼拝所が掘削され、その肖像が安置された。彩色した石像で、交脚して坐り、つぎはぎの袈裟をかけ、低い祭壇の上に置かれた僧侶の姿を表わしていた。背後の壁面には二人の従者の像と、樹木にかかった彼の頭陀袋と水筒が描かれていた。パオテの時代になっても、この彫像は元の場所にあった。しかし数十年後彫像は移され、この小さな窟は別の使用に供されることになる。敦煌諸寺院の書庫にあった何束もの写本、木版文書、絹本絵画などが、この小室に注意深く収められ、入口を密閉してその上から壁画を描いた。これが再び開かれたのは一九〇〇年になってからで、出土したもののなかに敦煌王曹元忠の依頼した祈禱書や絵画が含まれていた。

彫像とは対照的に、窟の壁画や絹本画には奉納者として活動した敦煌の人々——富裕な家庭の家族、有力者、僧や尼僧——が大勢描かれていた。しかし当時の第一の奉納者は敦煌の支配者たちだった。曹元忠の肖像も青年の姿で窟の一つに描かれている。奉納者は王の大勢の義弟たちの一人で、この人物は王の十六番目の妹と結婚していた。同じ窟で主室につづく廊の壁面の一つに、曹元忠の父親の肖像があった。父親が王子たちの先頭に立ち、それぞれ仏陀に供物を捧げている壁画だった。

曹元忠が敦煌の王になったのはこの肖像が完成して間もない頃で、わずか数年間に相ついで王となった二人の兄が死んでからのことだった。それ以前は兄弟の父が王であり、曹元忠も息子を後継者にしたいと願っていた。敦煌の王廷は九〇七年の唐の滅亡以来、中国の各地を支配したさまざまな王朝に対し定期的に使節を送っていた。また次々と代わる皇帝から与えられる栄誉を受けてはいたが、事実上自治権をもつ独立国だった。この状況は九六〇年に宋王朝が中国の再統一を果したあとでも変わらなかった。曹元忠は西方のホータン、北西のコチョ、東方の甘州など近隣の王国と、より緊密な接触をもった。とくにホータンとの関係が友好的だった。双方の使節が往来し、一度ならずホータンの王族が敦煌を訪問した。彼らは熱烈な仏教徒で、莫高窟の施主になったことさえあった。この奉納を記念して、ある美術アカデミーの会員は彼らの肖像を窟に描いた。そこでは王と女王と多数の王子たちが美しい髪飾りと宝石で身を飾り、華麗な装飾を施したシルクの上衣をまとっている。

コチョと甘州は、ともにウイグルの支配下にあった。彼らはキルギス族に敗れたあと南方への移動を強いられた亡命家族の子孫たちだった。最初、一集団が天山山脈の北にあるベシュバリクに移った。しかしその後山脈を越えてトゥルファン盆地に移住し、コチョに定住したが、ベシュバリクも夏の首都として使われた。ジュンガリアの豊かな牧草地のなかにあり、低地のトゥルファン盆地より涼しかったからである。ウイグル族の多くは土地の人々と結婚し、仏教を奉じた。コチョにはマニ教徒の社会もあった。その多くはソグディアナ人で、数百年前から大挙してシルクロードを東進していた祖国の商人たちに頼られていた。しかし最近の数十年間に、その人口はソグディアナからの亡命者——イスラム教への改宗を拒んだ家族たち——でふくれ上がっていた。コチョはしだいに不寛容なイスラム色を強めているこの西方の隣国とは、友好関係をもっていなかった。一方、マニ教と仏教とはともにコチョ近郊の洞窟寺院を後援し、中国＝中央アジア方式の従来の洞窟とは明確に異なったウイグル様式の新しい工事のスポンサーになった。またネストリウス派のキリスト教社会もあり、彼らもまた洞窟を、キリスト教的主題のシーン、たとえばパーム・サンデーに教会に集まる礼拝者などの壁画を作らせていた。また、仏教、マニ教、ネストリウス教の聖典が、さまざまな言語からウイグル語に翻訳された。ウイグル語版『イソップ物語』もこの時代の著作である。

敦煌の近隣ウイグル族に対する関係は、友好的外観とは裏腹に難題であった。曹元忠王の治世中は不安定ながら和平関係が維持されたが、九七四年に王が没したのちわずか数年でウイグル族は敦煌を攻撃して王の息子に降服を強い、ウイグルの可汗は自ら敦煌の正統な支配者を自称して中国に使節を派遣した。彼は中国の騎兵隊にウマを提供することで、長い伝統をもつ中国＝ウイグル外交関係の存続を図ったのだった。中国の史家はそれが「良馬」だと強調した。おそらく二百年前のウイグルの最盛期に、中国政府が老いぼれウマを買わざるを得なかったことに対する皮肉であろう。

すでにウイグル族が敦煌を制圧する前から、敦煌に住むウイグル人は部族集団を結成しており、その影響は王廷以下社会のあらゆる方面で感じられた。曹元忠の父には中国人とウイグル人の二人の妻がいたが、中国人の第一夫人が九三五年に死去したのちウイグル人の妻が皇太后になったのもその一例だった。このようなウイグル勢力の増大は当時の美術の分野にも顕著に現われていた。トゥン・パオテの画法は地方的中国様式と称すべきもので、唐代に完成した都会派様式を基盤とするものだったが、それ自体すでにインドやペルシアの影響を受けたものだった。七世紀の終わりから八世紀の初めにかけての盛唐時代からこの様式はシルクロードに沿って浸透していき、地域様式のなかに吸収され、かつ自ら新しい様式を吸収していった。八世紀になって、六人の中国の画家がチュルク族の土地に旅行し、亡くなった可汗の肖像画を描いたことがあった。可汗の弟は兄とそっくりに描かれているのを見て喜び、その報酬としてウマ五十頭の贈りものをした。また、中国の画家たちはチベットの宮廷に招かれたこともあり、この地で独特の様式を発展させる機縁をつくった。それはまずインド、ネパール、中国の、ついで十世紀後半からホータンの画家たちに影響されたものだった。

敦煌の美術アカデミーはこれら文化交流の影響と、過去百年間にわたるこの地の不安定な歴史をもろに受けていた。チベット軍の占領時代からチベット人画家が住み、ウイグル王国の消滅以来ウイグル人画家も居住していた。十世紀にはこれらの新しい影響が莫高窟にも現われはじめる。施主によっては特定の画家や様式を指定する者さえ現われた。画家はみなプロで、ジャンルを分けて制作することができたが、モチーフやいくつかの様式上の細かい特徴となると区分からはみ出すこともあった。窟が改修されても以前の様式が踏襲される場合もあった。現存するある壁画に、本尊の仏陀像は伝統的な中国シルクロード様式、ほかの脇侍たちはチベット様式で描かれたものがある。

大仏寺は境内にある数百の窟のなかでもっとも大きい。その巨大な仏陀像が完成したのは八世紀。敦煌が最盛期の中国王朝の支配下にあったときで、安禄山が叛乱する前であった。仏陀像は典型的な盛唐様式。窟を掘ったときに残された岩石を芯にした塑像だった。このときの人夫は大仏の背後にトンネルを掘り、大工が大仏の頭まで届く木の梯子をかけ、像を地水火風の四大から守るため、崖から突き出すような四重の塔を建てた。

九六六年までには、この窟は修復が必要になった。陰暦の五月末日、敦煌王曹元忠と翟夫人は一か月の断食に続く勤行を行なうため洞窟寺院に日参していた。大仏の木製の基壇のうち二つが腐朽していた。王とその妻は懇請を即座に受諾して修理費を負担した。工事は十九日に始まり、十日もかからずに完成した。新しい木材を町の材木置場から運び――渓谷にあるポプラ材は乾燥しすぎて使えなかった――、人夫も敦煌の町で雇い入れた。莫高窟の僧院が彼らに食料とワインを提供した。この最初の工事の最中に、付帯工事の問題が生じた。莫高窟の管理者が再び曹元忠に懇請すると、彼はこの第二期工事の資金を提供することも同意した。このため五十六人の大工と十人の漆喰職人が雇われた。工事完了の日には盛大な祝宴が催された。

トゥン・パオテのパトロンは曹元忠と翟夫人だけではなかった。「潤筆」という言葉があるが、彼に潤筆を依頼したなかには各時期の敦煌社会のもっとも裕福な階層の人々や、外国からやってきた王族、使節たちがいた。また彼はしばしば絹本画と、仏教の法要や何度もある年中行事の祭日に掲げられる旗の制作を依頼された。これらのうちトゥン・パオテにとってもっとも割の良い仕事は仏陀像の行列祭だった。

敦煌は仏陀の祭典を、五世紀以来それがきわめて盛んだったホータンから採り入れた。それは一年中、さまざまな日に、たとえば仏陀生誕の日とか、月祭の日に催された。祭典の当日には大きな仏陀の彫像を馬車に据えて金と銀、また花輪や旗幟で飾る。馬車の後には諸菩薩、四天王像をのせた馬車が続く。行列が町の外へ出て洞窟寺院に向かう前に道路を掃き清めて水をまき、町の城門をすべて閉ざし、彫像は僧侶の手により芳しい水で洗われる。

行列は砂塵の舞う道を通って石窟寺院へ向かった。馬車のうしろにすべての僧と尼僧が続くが、彼らの先頭に立つ王は新調の上衣を着用し、宝石を散りばめた柄の長い金箔の香炉で最高級の香を焚いていた。ホータンには、地域の僧侶全員が参加する行列の日は十四日あり、どの日にもホータンの高僧の彫像がこの行列に加わる。そこでは仏陀の像を運んだ馬車は五重の塔の建材にされる。その馬車は二十台以上あった。敦煌では祭式はホータンより短く簡単だったが、それでも大イベントであることは変わりなく、余裕のある人たちはみな供物や飾り物を捧げた。さまざまな旗や幟は僧侶が高く掲げ、また馬車に吊されたが、その多くはパオテの作だった。旗は幅二フィートが基準の細長いシルクで作り、ふつう菩薩や四天王の一人を描く。絵の作業が終わると、その上部に三角形のシルクの縁飾りを縫いつけ、旗を吊す環をつける。下部には一本の木または竹を巻いて固定する。つぎに画像の左右に一本ずつ、薄く細長い、色染めしたシルクの布を下に垂れるように縫いつけ、下部にも三、四本の長いストリップをつける。これと画像の下辺の間にもう一本竹などを張って固定する。シルクを提供する余裕のない人々はタイマ地の旗の制作を依頼した。しかしパオテはそれを断わった。

シルクの旗はもっと大きな図柄を描くために幅が三フィートに及ぶものまであった。これだけの大きさのものになると、パオテは詳細な極楽浄土変相図――中央に蓮華座に坐る仏陀、その周囲に弟子たち、外辺に仏陀前生のさまざまなシーン――を描くことができた。実際に作業を始める前に、パオテは注意深く全体の構図のフルサイズの下絵を描く。下部は施主の肖像を描くためにスペースを残しておくが、肖像をもっと大きく描いてくれという注文がしだいに強くなり、極楽浄土にまではみ出してしまうこともあった。ときには施主の姿が主題の仏陀と同じ大きさになることもあった。

宋王朝が都をおいた長安に住むパオテの同時代人は、敦煌をたんなる地方の片田舎としか考えず、偉大なシルクロード全盛期のことも、彼ら自身シルクロードの文化と美術に負うていたことも忘れてしまった。新しい中国の皇帝は熱心な美術のパトロンで、その宮廷美術アカデミーは文学と美術に精通した教養豊かな文化人を集めた。彼らは皇帝の収蔵する過去の巨匠たちの作品や粉本を学ぶ機会を与えられ、他を圧倒するような格調の高い、美術的に秀れた作品を描いたことがわかっている。画家の名も知られているが、彼らの作品は大部分失われてしまった。しかしながらパオテや同時代のシルクロードの画家たちは、名前はとうに忘れられたが作品は現在でも人々に愛好されている。

エピローグ

シルクロードの物語は十世紀の画家トゥン・パオテをもって終幕となるわけではないが、十一世紀以降この地域の文化は一変する。イスラムの文化と宗教が西方から拡大するに従って、中国中原に比較的近い敦煌でも、中国の影響力はしだいに薄まっていった。東西の交易も続いたが、中国南部および東部の海港を経る海上ルートが主流となった。地下水面の沈下のためか、人口の減少のせいか、シルクロードの町の多くはしだいに見捨てられ、もとの砂漠の砂地に戻っていった。中国が再びこの「西域」を植民地化し「新疆」(「新しい領土」の意)と称したのは帝国主義時代の後期になってからである。以来多くの中国人は、西域を流刑の地と考えるようになった。

十九世紀の終わりから二十世紀の初めにかけて、ヨーロッパの考古学者がシルクロードの財宝を発見したが、これは新発見の遺跡発掘「競争」が特徴だった。オーレル・スタインが敦煌を初めて訪れたのも、ドイツの遠征隊が敦煌にするかコチョにするかを決めかねて、コインをはじいた結果にすぎない。コインがコチョを決めたからである。しかしながら二十一世紀の考古学は「協力」が特徴となるだろうと期待することができる。一九九二年の中国政府の声明によって、外国の考古学者が中国の学者と協力して発掘することが認められ、以来日本とフランスの考古学者が新しいシルクロード遺跡の発掘調査を行なっている。

一九八八年上海博物館で、中国新疆地区の各地遺蹟を発掘中に出土した紀元前一〇〇〇年から紀元後一二〇〇年までの一四二点を展示する展覧会が開かれ、今後もまだまだ文化財発見の可能性のあることを証明した。

いまや貪欲が、競争にも増してこれら遺物の保存に対する脅威となっている。シルクロードの人工遺物はアンティークの市場で高い値を呼ぶため、多くの遺物が土地の人間によって盗掘され、仲買人に売却され、当該の国から密輸出されて外国のディーラーの手に渡る。これはとくにアフガニスタンのような紛争地域に見られることが多いが、中国も例外ではない。過去の来歴を明らかにするためには、証明すべき遺物の出所を知ることが不可欠であり、それがわからないと遺物は何も語ってくれない。盗掘者は当然出所を隠したので、これらの遺物はすべてジグソーパズルのようにばらばらになって来歴がわからなくなってしまう。加えてこの種の出土品は多く個人コレクターに購入されて公開されることがなく、研究者の調査に供されることもない。スタインその他今世紀初頭の研究者たちの活動をどう評価するにせよ、彼らが持ち去った遺物は現在公的施設に寄託されて常時研究者が調査できる。それでも、ドイツに持ち去られた遺物の多くは、とりわけ多数の驚嘆すべき壁画の断片は、第二次世界大戦中ベルリンの空爆によって破壊されてしまった。残ったのは手に持てる大きさの遺物で、安全な場所に疎開させたものだけだった。損失の原因となったのは戦争だけではない。スタインの時代、日本の中央アジア遠征隊のリーダーだった大谷伯爵は、数年後財政的窮迫に陥り発掘品の多くを売却した。彼の旧蔵品だった写本類は現在各国の個人コレクターや公共施設の間に分割されている。絵巻類は新しい所有者が改装し、巻末装飾まで付加したため、多くは出所を確定することも真偽を確かめることもできなくなった。

また、故意に来歴を曖昧にする連中——偽造者もいる。未解明の遺物や容易に再製し得る遺物を扱う市場のある場所には、偽造者は必ず存在する。イスラム・アフンはシルクロードの歴史的知識の欠如につけ込んだ最初の偽造者にすぎなかった。その後、買い手も偽造者も、本物の写本を入手し、当然偽造者は本物を上まわる技術を要求されるが、もし原本を細部にわたって忠実に模写すれば、容易に偽物と見抜くことはできない。

真贋を見分ける客観的テストのできる科学的方法が発達すると、偽造技術はさらに精巧となった。最近、一流のオークション会社で行なわれた古代エジプト絵画の売り立ては、使用顔料が十九世紀以降に合成された化学物質で作られたことが科学的分析によって判明したために無効となった。また、中国陶器の偽造者はいまでも古代陶器の破片を粉末にした土を使用し、どんな熱ルミネセンス・テストでも判別できないという報告もある。真実の発見を心がける人間と人を欺くことに熱心な人間との、このような競争がこれからも続けられることは避けられない。

しかしこれは今に始まったことではない。第一話に登場する商人ナナイヴァンダクは羊毛の荷の買い手を欺くため梱《こうり》のなかに砂を注いで重量を増した。彼の時代からシルクロードは大きく変わったが、そこに住む人々はいまでもさまざまな人生と体験とを味わっている。

資料紹介

本書が用いた基本的材源はシルクロードの古代都市と仏教遺蹟で発見された写本である。最大の宝庫は甘粛省敦煌で、四万点を越す写本が出土した。四世紀から十一世紀にかけて砕けやすい断崖の側面に数百箇の洞窟が掘られた(「画家の話」に記述)。そのうち一つの特別な窟は十一世紀中頃に封印され、一九〇〇年に偶然発見されるまで人目に触れることがなかった。主としてこの窟から出土した写本類(と木版文書、絵画など)は、現在世界各地に分散し、それぞれ重要な収集物とともに北京の中国国立図書館、ロンドンのブリティッシュ・ライブラリー、パリのフランス国立図書館、サンクト・ペテルスブルクの東洋学研究所、ベルリンの国立図書館に収蔵されている。これら文書の重要性は強調のしようもないほどで、デニス・トウィチェット(Denis Twitchett)教授の論文 Chinese Social History from the Seventh to Tenth Century(*Past and Present*, 35, December 1966, pp. 28–53)および、藤枝晃教授の「敦煌写本概論」(『人文』第九号、一九六六年、一—三二ページ、および同誌第一〇号、一九六九年、一七—三九ページ)にみごとに論ぜられている。

写本の多くは目録を付し英訳されている。概説としてはライオネル・ジャイルズ(Lionel Giles)の著わしたロンドン・コレクションの初期の目録 *Descriptive Catalogue of the Chinese Manuscripts from*

Tunhuang in the British Museum（London, British Museum, 1957）がある。写本に記述された物語のいくつかを明快に翻訳したものとして、アーサー・ウェイリー（Arthur Waley）の *Ballads and Stories from Tun-huang*（London, Allen & Unwin, 1960）が挙げられる。最近ではヴィクター・メア（Victor Mair）が、シャーリプトラの話（「画家の話」に記述）、ムーリャンが母を救出する話（「尼僧の話」に記述）など、多くの仏教説話を翻訳している。ヴィクター・メア著 *Tunhuang Popular Narratives*（Cambridge, Cambridge University Press, 1983）参照。

ロンドンのブリティッシュ・ライブラリーにある国際敦煌プロジェクトは一九九四年、コンピューター技術により写本類をデジタル化する目的で設置された。数千種の写本とその詳細な内容は、現在プロジェクトのウェブサイト（http://idp.bl.uk）で閲覧できる。このサイトは、本書の物語に登場する多くの人物の重要な材源でもある洞窟壁画の画像を含む別のサイトともリンクされている。出土品の詳細についてはピーター・ホプカーク（Peter Hopkirk）の *Foreign Devils on the Silk Road*（London, John Murray, 1980）というすばらしい読み物がある。ピーター・ホプカークにはまた、この地域で考古学者たちに先んじて活躍したイギリスとロシアの諜報員たちの策謀を扱った著書 *The Great Game*（London, John Murray, 1990）もある。ブリティッシュ・ミュージアムの出版でロデリック・ウィットフィールド（Roderick Whitfield）とアン・ファラー（Anne Farrer）共著の *Caves of a Thousand Buddhas*（London, 1990）は、敦煌遺蹟とその出土品に対し明快な背景を提供してくれる。数年前から敦煌遺蹟で調査をはじめたゲッティ保存研究所（The Getty Conservation Institute）も、最近写真を豊富に載せた概観書を出版した。

四つの主要な第二次的材源についてはすでに「はしがき」で述べた。シルクロードの歴史に関する概括的研究書はまだ比較的少なく、あっても多岐にわたる民族や地名が登場するため、専門の研究者でさえ敬遠する傾向がある。ルク・クウァンテン（Luc Kwanten）の *Imperial Nomads*（Leicester, University of Leicester, 1979）と、レーン・グルーセット（Rene Grousset）の *The Empire of the Steppes : A History of Central Asia*（New Brunswick, Rutgers University Press, 1970）は概括的歴史だが、両著ともかなりの批判を浴び、現在ではやや時代遅れの観がある。最近の歴史書にリチャード・フライ（Richard Frye）の *The Heritage of Central Asia*（Princeton, Markus Wiener, 1996）がある。しかしユネスコの出版した *The History of Civilizations of Central Asia*（6 vols）の第三巻と第四巻は本書で扱った時代をカバーし、もっとも詳細かつ最新の研究を紹介している。一巻ものとしてはデニス・シナー（Denis Sinor）編の *The Cambridge History of Early Inner Asia*（Cambridge, Cambridge University Press, 1990）と、リチャード・C・フォルツ（Richard C. Foltz）の *Religions of the Silk Road*（New York, St Martin's Press, 1999）があり、研究成果を概観できる。

本書の物語に登場する四大帝国をさらに詳細に論じた著書に、クリストファー・I・ベックウィズ（Christopher I. Beckwith）の *The Tibetan Empire in Central Asia*（Princeton, Princeton University Press, 1987）、コリン・マッケラス（Colin MacKerras）の *The Uighur Empire According to T'ang Dynastic Sources*（Canberra, Australian National University Press, 1972）、バーナード・ルイス（Bernard Lewis）の *The Arabs in History*（Oxford, Oxford University Press, 1993）、およびジャック・ジャーネット（Jacques Gernet）の *A History of Chinese Civilization*（Cambridge, Cambridge University Press, 1996）がある。ジャーネットの *Daily Life on the Eve of the Mongol Invasion*（London, 1962）は、本書の扱った時代のすぐ後に続く宋代の中国人の生活を魅力的に洞察している。彼はまた、シルクロードの僧侶の生活と役割に関する貴重な業績 *Buddhism in Chinese Society*（New York, Columbia University Press, 1995,

English translation）の著者でもある。大乗仏教の教理に関する重要かつ明快な論著としては、ポール・ウィリアムズ（Paul Williams）の *Mahāyāna Buddhism : The Doctrinal Foundations*（London and New York, Routledge, 1989）を推薦したい。

最近はシルクロードへのすぐれたトラベル・ガイドでその歴史を紹介したものも出版されている。たとえばキャスリン・ホプカーク（Kathleen Hopkirk）の *Central Asia : A Traveller's Companion*（London, John Murray, 1993）などである。シルクロードの交易の歴史に関しては、アイリーン・M・フランク（Irene M. Franck）とデーヴィッド・M・ブラウンストン（David M. Brownstone）共著の *The Silk Road : A History*（New York and Oxford, Facts on File, 1986）を参照されたい。このほか四世紀の僧法顕、七世紀の中国僧玄奘の記録に始まる中央アジアのすぐれた旅行記がいくつか存在する。玄奘の旅行については、サリー・H・リギンズ（Sally H. Wriggins）が最近の著書 *Xuanzang : A Buddhist Pilgrim on the Silk Road*（Boulder and Oxford, Westview Press, 1996）で論じている。十九世紀になって、フランス・ジェズイット派の二人の宣教師ユックとガベー両神父（Abbés Huc and Gabet）が中国の北辺から歩きはじめてチベットに入り、その詳細な旅行記 *Travels in Tartary, Thibet and China during the Years 1844-5-6*（London, Kegan Paul, 1900, rpt. Dover Publications, 1987）を残した。伝道の熱意はまた、プロテスタントの宣教師ミルドレッド・ケーブル（Mildred Cable）とフランチェスカ・フレンチ（Francesca French）をして一九二〇年代に中国領中央アジアを横断させた。その記録が *Through Jade Gate and Central Asia*（London, Hodder and Stoughton, 1927）である。また一九三〇年代にはピーター・フレミング（Peter Fleming）とエラ・メイラート（Ella Maillart）がカシュガルとカシュミールに旅行し、ピーター・フレミングは *News from Tartary*（London, Jonathan Cape, 1936, rpt. Abacus, 1987）を、またエラ・メイラートは *Forbidden Journey*（London, Holt, 1937）を出版している。以上はみな一読の価値があり、シルクロード研究が進展する二十世紀後半以前の、直接体験に基づく洞察力豊かな旅行記である。

これらとは別に、オーレル・スタイン自身最初の三回の踏査旅行について明快な記録を残した。*Sand-Buried Ruins of Khotan*（London, Fisher & Unwin, 1903）と *Ruins of Desert Cathay*（London, Macmillan, 1912, 2 vols ; reprinted by Dover, 1987）がそれである。スタインを主題とした伝記が二冊あり、二冊目のアナベル・ウォーカー（Annabel Walker）の書いた伝記（London, John Murray, 1995）はいまでも絶版になっていない。

もう一人を紹介する必要がある。エドワード・シェーファー（Edward Schafer）教授で、その業績にはバクトリアのラクダに関する徹底的な研究論文が含まれ、その著書 *The Golden Peaches of Samarkand*（Berkeley, University of California Press, 1985）は中央アジアのすべて——美術から動物まで——にわたる不可欠な参考書となっている。

最後に、中央アジアの世界史における重要性を論じたものとしてアンドレ・ガンダー・フランク（Andre Gunder Franck）の論文を挙げておく。*The Centrality of Central Asia*（Comparative Asia Studies : 8）（Amsterdam, VU University Press, 1992）がそれで、入手しやすく、かつ刺激的な、すぐれた小論文である。

統治者一覧（七三九―九六〇年）

フランク王国	ビザンチン帝国	アラブ帝国	チベット	チュルク／ウイグル	中国
カロリング朝 カール（七一四-四一）（シャルル・マルテル） ピピン三世（七四一-六八）（短軀王ピピン）	イサウリア朝 レオ三世（七一七-四一） コンスタンティヌス五世（七四一-七五）	ウマイヤ朝 ヒサム（七二四-四三） アル・ワリド二世（七四三-四） ヤズイード三世	フリ・イデ・グツグ・ブ（ル）ツァン（メス・アグチョム）（七〇五-五五）	東チュルク ビルガ可汗（七一六-三四） イヤン可汗（七三四） テングリ可汗（d七四一） クト・ヤブグ可汗（d七四二） オズミス可汗（d七四四） フロンフ・ボメ	唐 玄宗（七一二-五六）

フランク王国	カルル（七六八-八一四）（シャルルマーニュ）
ビザンチン帝国	レオ四世（七七五-八〇） コンスタンティヌス六世（七八〇-九七）
アラブ帝国	（七四四） イブラヒム（七四四） マルワーン二世 アル・ヒマール（七四四-五〇） **アッバース朝** アル・サッファ（七五〇-四） アル・マンスール（七五四-七五） アル・マーディ（七七五-八五） アル・ハディ（七八五-六） ハルン・アル・ラシド
チベット	フリ・スロン・イデ・ブ（ル）ツァン（七五五-九九頃）
チュルク／ウイグル	イ可汗（d七四五） **ウイグル** モイェン・クル（七四七-五九） ボグ（七五九-七九） トゥン・バガ・タルカン（七七九-八九） タラス（七八九-九〇）
中国	粛宗（七五六-六二） 代宗（七六二-七九） 徳宗（七七九-八〇五）

ルートヴィヒ（八一四-四〇）

イレネ（七九七-八〇二）

ニケフォルス一世（八〇二-一一）

ストラキウス（八一一）

ミカエル一世ランガーベ（八一一-一三）

レオ五世（八一三-二〇）

（七八六-八〇九）

アル・アミーン（八〇九-一三）

アル・マムン（八一三-三三）

ム・ネ・ブツァン・ポ（七九九頃-八〇〇頃）

フリ・イデ・スロング・ブ（ル）ツァン（サド・ナ・レグス、ム・ティグ・ブツァン・ポ）（八〇〇頃-一五頃）

フリ・グツグ・イデ・ブ（ル）ツァ

クトルグ・ビルガ（七九〇-五）

ファイシン（七九五-八〇五）

クルグ・ビルガ（八〇五-八）

アルプ・ビルガ・パオイ（八〇八-二一）

順宗（八〇五）

憲宗（八〇五-二〇）

フランク王国	（敬虔王ルイ） 以下は王国旧領土の一部のみを支配した帝王 ロタール一世（八四〇-五五） ルイ二世（八五五-七五）
ビザンチン帝国	アモリア朝 ミカエル二世（八二〇-九） テオフィルス二世（八二九-四二） ミカエル三世（八四二-六七）
アラブ帝国	アル・ムタシム（八三三-四二） アル・ワティク（八四二-七） アル・ムタワッキル
チベット	ン（ラル・パ・カン）（八一五頃-三六） フリ・ウイ・ドゥム・ブルツァン（グラング・ダル・マエ）（八三六-四二） 中央チベット王国滅亡
チュルク／ウイグル	ククルグ・ビルガ・チョンデ（八二一-四） カザル・チャオリ（八二四-三二） アルプ・クルグ・ビルガ・チャンシン（八三二-九） ウドゥ・ゴンド（八三九-四〇） ウイグル帝国滅亡
中国	穆宗（八二〇-四） 敬宗（八二四-七） 文宗（八二七-四〇） 武宗（八四〇-六） 宣宗（八四七-五九）
敦煌	（帰義軍支配地として） 張議潮（八四八-六七）

シャルル禿頭王（八七五-七）
シャルル肥満王（八八一-七）
カロリング帝国滅亡

マケドニア
バシリウス一世（八六七-八六）
レオ四世（八八六-九一二）
コンスタンティヌス八世（九一三-五九）

（八四七-六一）
アル・ムンタシル（八六一-二）
アル・ムスタイン（八六二-六）
アル・ムタッズ（八六六-九）
アル・ムータディ（八六九-七〇）
アル・ムタミッド（八七〇-九二）
アル・ムタディッド（八九二-九〇二）
アル・ムクタフィ（九〇二-八）
アル・ムクタディル（九〇八-三二）
アル・カヒル

懿宗（八五九-七三）
僖宗（八七三-八八）
昭宗（八八八-九〇四）
哀帝（九〇四-七）
五代（九〇七-六〇）

張淮深（八六七-八六？）
索勲（八八六頃-九三頃）
張承奉（八九三頃-九一〇）
曹議金（九一〇頃-四〇）

フランク王国	
ビザンチン帝国	ロマヌス二世（九五九-六三）
アラブ帝国	（九三二-四） アル・ラディ（九三四-四〇） アル・ムッタキ（九四〇-四） アル・ムスタクフィ（九四四-六） アル・ムティ（九四六-七四）
チベット	
チュルク／ウイグル	
中国	宋（九六〇-一二九〇）
	曹元徳（九四〇-二） 曹元深（九四二-六） 曹元忠（九四六-七四）

訳者あとがき

本書はシルクロードの最盛期、中国史で言えば唐末から五代十国を経て宋朝成立に至るおよそ二五〇年間の動乱の時代に、この地に生きた十人の人々の生活を、資料に基づいて再構成した物語。著者スーザン・ウィットフィールド博士はサー・オーレル・スタイン収集の敦煌文書収蔵で名高いブリティッシュ・ライブラリー所属の敦煌学者である。原著には十二点のカラー写真と十三点の黒白写真が載っているが、本文に不可欠のものではないので本書では各一点ずつを選んだ。挿絵二十六点はすべて掲載し、巻末の索引は省略した。

登場人物はサマルカンド出身のソグディアナの商人、唐軍と戦った歴戦のチベット軍古参兵をはじめ、ウイグルの可汗と政略結婚をさせられた唐の公主、長安で黄巣の乱に遭遇したクチャ出身の遊女、また敦煌在住の寡婦、尼僧、役人、画家あるいは薬草を売る旅の僧侶など。彼らを介して語られる黄金期シルクロードの生活は、訳出にあたってあたかもその時代に生きているかのような楽しみを与えてくれた。

訳者が終始かかわったもうひとつの楽しみ（?）は、いわゆるピンインで書かれた中国文字を復元する作業だった。そのため初めて『唐書』『資治通鑑』『五代史』をひもとき、また先学の偉大な業績を知って驚嘆した。とくに中村久四郎・山根倬三『支那歴代年表』、長沢和俊『シルクロード史研究』、およびその教示による藤枝晃「沙州瓜州帰義軍始末」（『東方学報』十二、十三）、あいは『中国歴史地図集』（上海・地図出版社）などの研究書や参考書で、これらは主として東京大学総合図書館、同東洋文化研究所、明治大学および実践女子大学図書館所蔵のものを利用させていただき、これらによって約半数を解明することができた。

しかし残余の「楽しみ」には友人の埼玉大学教授小谷一郎氏を巻き込むことになった。氏によって提供された資料には『列仙伝』『神仙伝』『全唐詩』のほか、那波利貞『唐代社会文化史研究』、遊佐昇「敦煌文献にあらわれた童蒙庶民教育倫理」（『大正大学大学院研究論集』四）があり、これらがたいへん役立った。氏によって教示を受けた有益な参考資料に『敦煌学大辞典』（上海辞書出版社）がある。

小谷氏はさらに不明の箇所を先輩や同僚の研究者に尋ねてくださった。国学院大学教授土肥義和先生にはとくに貴重なアドヴァイスをいただいた。また氏の同僚籾山明教授にも負うところが大きい。

なお残った問題の文字のいくつかは原著者から直接の教示を得、最後に残った数箇所は畏友池田温氏（東京大学名誉教授）から教えを受けた。以上の方々に対し心からの謝辞を申し述べます。

ローマ字復元の過程で訳者はこれら先学の業績に接し、本書の内容にも増して多大の知識を得ることができた。また原著に数箇所の誤植を発見できたことを、原著者とともに喜びたいと思う。

最後に、終始訳者を督励し、あるいは訳者の不注意な訳文を指摘し、また原著の明らかな錯誤を是正された白水社の藤原一晃氏に厚くお礼を申し上げます。

山口静一

訳者略歴

一九三一年生
一九五四年東京大学文学部英文学科卒
埼玉大学名誉教授

主要著書
「フェノロサ・日本文化の宣揚に捧げた一生」
「フェノロサ美術論集」「河鍋暁斎戯画集」(共著)
「暁斎の戯画」(共著)「フェノロサ社会論集」

主要訳書
ジョサイア・コンデル「河鍋暁斎・本画と画稿」
フェノロサ「ルイ・ゴンス《日本美術・絵画篇》批評」
オーレル・スタイン「砂に埋もれたホータンの廃墟」(共訳)

唐シルクロード十話

二〇〇一年一月二〇日 印刷
二〇〇一年二月 一 日 発行

訳者 © 山《やま》口《ぐち》静《せい》一《いち》
発行者 川村雅之
印刷所 河内工房
発行所 株式会社 白水社
東京都千代田区神田小川町三の二四
電話 営業部〇三(三二九一)七八一一
　　 編集部〇三(三二九一)七八二一
振替 〇〇一九〇—五—三三二二八
郵便番号一〇一—〇〇五二
http://www.hakusuisha.co.jp

松岳社製本

ISBN4-560-03038-3

Printed in Japan

■オーレル・スタイン著　山口静一／五代徹訳　加藤九祚解説

砂に埋もれたホータンの廃墟

第一次中央アジア踏査行の全記録。今世紀初頭の探検でスタインは、砂中に眠るホータン周辺の古代都市を発掘・調査して厖大な遺物を収集し、現代への偉大な文化遺産として貢献した。

本体7600円

■オーレル・スタイン著　澤崎順之助訳

中央アジア踏査記

中央アジアの砂中に眠るオアシス都市の廃墟を発掘して厖大な遺物を収集し、シルクロードに花開いた文明の相を明らかにしたイギリスの探検家・考古学者の三次にわたる踏査行の記録。

本体3400円

■大谷探検隊　長澤和俊編

シルクロード探検

日本から西域に送りこまれた唯一の組織的探検隊である大谷探検隊は明治から大正期、三次にわたり西域探検を行なった。その行動の記録と成果の全貌を原典にそって平易に再編する。

本体3200円

■スウェン・ヘディン著　関　楠生訳

さまよえる湖

自らの学説を確認するためヘディンは湖を訪れた。湖面にカヌーを浮かべ、湖岸の楼蘭の古址から王女のミイラを発掘し、ありし日の西域をしのぶ、彼の旅行記中もっとも感動的な一編。

本体2233円

■ハインリヒ・ハラー著　福田宏年訳

チベットの七年

ダライ・ラマの宮廷に仕えて

ドイツ隊のヒマラヤ遠征に参加中、大戦勃発によりインドへ抑留されたハラーは脱走を企てる。苦難の旅を経て禁断の都ラサへ。そしてそこでの幼いダライ・ラマとの交友を描く永遠の名著。

本体4500円

■河口慧海著　長澤和俊編

チベット旅行記

日本人として最初にチベットに入国した河口慧海。千辛万苦を凌いでヒマラヤを越えた労苦は、死後十年以上を経て初めて理解され、チベットに関する最も正確な記録とされている。

本体2700円

価格は税抜きです．別途に消費税が加算されます．
重版にあたり価格が変更になることがありますので，ご了承ください．